城市轨道交通职业教育系列教材——城轨机电技术

省级精品在线开放课配套教材

城市轨道交通通风与空调系统

（第二版）

主　编　刘海娥　郑　松　李孝普

副主编　刘　宁　孙康萌　田　兆

参　编　高绘博　王刘欣

主　审　郝长生

西南交通大学出版社

·成　都·

图书在版编目（CIP）数据

城市轨道交通通风与空调系统 / 刘海娥，郑松，李孝普主编. -- 2 版. -- 成都 : 西南交通大学出版社，2024. 8. -- ISBN 978-7-5643-9871-2

Ⅰ. U239.5

中国国家版本馆 CIP 数据核字第 20244KC374 号

Chengshi Guidao Jiaotong Tongfeng yu Kongtiao Xitong

城市轨道交通通风与空调系统

（第 2 版）

主编 刘海娥 郑 松 李孝普

责任编辑 梁志敏

封面设计 何东琳设计工作室

出版发行 西南交通大学出版社
（四川省成都市金牛区二环路北一段 111 号
西南交通大学创新大厦 21 楼）

邮政编码 610031

营销部电话 028-87600564 028-87600533

网址 http://www.xnjdcbs.com

印刷 四川森林印务有限责任公司

成品尺寸 185 mm × 260 mm

印张 15.75

字数 392 千

版次 2020 年 9 月第 1 版
2024 年 8 月第 2 版

印次 2024 年 8 月第 4 次

定价 49.80 元

书号 ISBN 978-7-5643-9871-2

课件咨询电话：028-81435775

图书如有印装质量问题 本社负责退换

第二版前言

【编写背景】

本教材是在第一版的基础上，吸取原教材在教学实践中所取得的经验修订而成的。教材由城市轨道交通企业经验丰富的工程师和具有多年教学经验的专业教师共同编写修订。本书对标城市轨道交通专业岗位所需的基本知识与操作技能，主要内容包括城市轨道交通通风空调的基础设备的组成、结构、工作过程，城市轨道交通通风空调设备的检修维护、标准化作业流程，典型故障处理等。编者广泛听取了相关学校师生和地铁公司专家的意见，以期修订后的教材内容和形式更利于学生知识和技能的掌握，提高职业院校学生的核心素养。

【修订重点】

与第一版教材相比，本版修订教材更加突出以下几个方面：

1. 校企双元开发，对接企业职业岗位能力

校企深度融合，教材编写团队既有专业院校的骨干教师，又有城市轨道交通企业的技术人员和专家。院校教师具有丰富的理论知识体系，企业技术人员有丰富的实践经验和一线工作案例，专任教师和企业专家科学规划组织，强调工学结合，以能力培养为本，编写内容对接企业职业岗位能力，使学习者学习后具备轨道交通站务和风水电检修岗位需求能力。

2. 融入课程思政

将“爱岗敬业、精益求精、团结协作、安全生产、节能环保”等思政元素融入教材项目中，树立劳模精神，培养学习者良好的职业道德和工作责任心。

3. 以项目形式编写，采用活页式装订

教材内容由浅入深、循序渐进，先介绍通风空调设备，由单个设备到整个空调系统，从熟悉设备的组成和结构，再到设备的操作与维护、故障处理，教材编写符合学习者认知规律和职业成长规律。

4. 数字资源丰富

围绕“互联网+职业教育”的发展需求，形成以课程建设、教材编写、数字资源开发、信息技术应用等一体化的新型教材。作者团队在智慧职教 MOOC 学院平台建设了《城市轨道交通通风与空调系统》在线开放课，课程于 2023 年被立项为河南省省级精品在线开放课（课程网址：https://mooc.icve.com.cn/cms/courseDetails/index.htm?cid=csgzzt041lhe645）。课程资源包含电子课件、微课视频、实操视频、二维动画、三维动画、电子教案、试题库等。书中嵌入大量二维码，方便读者扫码学习，满足互联网时代下的学习需求。

5. 适应行业发展趋势

城市轨道交通发展迅速，专业人才培养应当与时俱进。本教材立足行业前沿，融入城市轨道交通行业新技术、行业标准和岗位规范，紧贴岗位实际工作任务，使得人才培养标准与企业人才需求标准保持一致。

【编写团队】

郑州铁路职业技术学院：

刘海娥（项目 6、项目 7、项目 8），郑松（项目 1、项目 2、项目 3）、刘宁（项目 4、项目 5）。

郑州地铁集团有限公司：

李孝普（项目 9），孙康萌、高绘博（项目 10）。

郑州中建深铁轨道交通有限公司：

田兆、王刘欣（项目 11）。

全书由刘海娥统稿，石家庄铁道大学郝长生审阅并提出了许多宝贵的意见，编者在此表示衷心的感谢。

本书在编写过程中，参考了一些国内外同行的优秀教材和资料，编者在此向这些资料文献的作者深表感谢。鉴于编者水平有限，书中难免会有不妥之处，恳请同行和广大读者批评指正。

编　者

2023 年 12 月

第一版前言

近年来，国内各大城市轨道交通快速发展，轨道交通相关专业人才需求量不断增加，全国多个高职院校增设了城市轨道交通相关专业。“城市轨道交通机电技术”是 2016 年教育部新增设的专业，主要面向城市轨道交通公司及地铁机电设备的生产制造公司，培养城市轨道交通车站及列车运行区间的机电设备的安装、调试、使用、管理、日常维护及检修等岗位群所需要的基本能力和基本技能，培养具有创新和实践精神的高素质技术技能人才。

作为新增设的专业，各院校进行了专业人才培养的探索，已向企业输送了一批高技能人才，但与之相配套的教材建设还相对滞后，为满足高职院校相关专业及地铁技术人员的需求，专业课程的设置需要进行课程内容的优化、组合和重构，突出高等职业教育的特点，培养学生的技术应用能力。

为响应国家高等职业教育教学改革，紧跟行业发展步伐，产教融合，校企合作，郑州铁路职业技术学院和郑州市轨道交通有限公司共同开发编写了城市轨道交通机电专业教材。本书将通风工程、空气调节、城市轨道交通的基础理论知识和实践知识进行了有机的整合和优化，突出了教材的实用性和针对性，便于学生将专业知识和综合应用融会贯通。本书的主要特点如下：

（1）根据一线实际工作需求及未来专业发展和培养学生的应用能力为目标设计教学内容。教材内容的选取和编排既满足专业理论的需要，又突出基本技能的训练。

（2）淡化理论，弱化一些不必要的理论论证，删减复杂的公式计算和推导，强调从基本概念、基本结构入手，突出通风空调设备工作原理、结构特点的理解和 应用。

（3）强调实用性，突出通风空调设备在城市轨道交通中的应用，列举了城市轨道交通通风空调设备的维护、常见故障的处理方法等工程实际案例，有利于启发学生分析和解决工程实际问题的思路、方法，培养相应的能力。

（4）本书中涉及的规范、标准均为最新。

（5）以“实用、必需、够用”为原则，既保证基本的知识内容，又注重知识的实用性，突出高等职业教育的特点。

本书可供高等职业院校和城市轨道交通相关专业培训人员使用，也可供其他专业技术人员参考。

本书由郑州铁路职业技术学院刘海娥担任主编，郑州铁路职业技术学院郑松、郑州市轨道交通有限公司田兆、山东职业学院高亚南担任副主编。其中项目 1、项目 3、项目 4 由郑松编写，项目 2、项目 5、项目 6、项目 7 由刘海娥编写，项目 8 由田兆、高亚南编写，项目 9 由李孝普、任艳江编写，项目 10 由孙康萌编写，项目 11 由陈卓编写。刘海娥负责全书统稿。全书由石家庄铁道大学郝长生老师担任主审。

由于编写人员知识水平的局限性，书中疏漏与不足之处在所难免，敬请广大读者不吝赐教，提出宝贵意见。本书在编写过程中，得到郑州市轨道交通有限公司的大力支持，在此表示诚挚的感谢！

编　者

2020 年 6 月

数字资源索引

序号	资源名称	资源类型	资源位置	页码
1	城市轨道交通通风空调的概述	微课	项目 1	7
2	自然通风的功能、特点和应用	微课	项目 2	13
3	局部通风的组成和分类	微课	项目 2	17
4	送回风口的形式及位置	微课	项目 2	33
5	建筑设计的防火分区和防烟分区	微课	项目 3	51
6	空调冷负荷	微课	项目 4	77
7	喷水室的类型和结构	微课	项目 5	90
8	表面式换热器	微课	项目 5	91
9	空气调节系统的分类及特点	微课	项目 6	102
10	集中式空调系统	动画	项目 6	105
11	半集中式空调供暖	动画	项目 6	111
12	风机盘管系统	微课	项目 6	112
13	分体式空调的原理	微课	项目 7	121
14	冷凝器的种类和冷却方式	动画	项目 7	121
15	空调制冷的基本原理	动画	项目 7	121
16	蒸发器的种类及工作原理	动画	项目 7	121
17	中央空调系统的组成及工作原理	微课	项目 7	122
18	中央空调系统组成及工作原理	动画	项目 7	122
19	冷水机组开、关机顺序	实操视频	项目 7	124
20	空调冷冻水系统的类型	微课	项目 7	125
21	空调冷冻水系统组成及工作原理	动画	项目 7	125
22	空调冷却水系统	微课	项目 7	129
23	空调冷却水系统的组成和工作原理	动画	项目 7	130
24	区间隧道通风系统的组成及运行模式	微课	项目 8	137
25	区间隧道通风设备及设施	微课	项目 8	139

26	车站隧道通风系统	微课	项目 8	146
27	车站通风空调系统的运行原理及模式	微课	项目 8	146
28	车站主要通风设备及设施	微课	项目 8	146
29	城轨通风空调大系统原理图	动画	项目 8	148
30	组合式空调机组	微课	项目 8	149
31	多联机系统	动画	项目 8	156
32	车站防排烟系统的运行模式及设备	微课	项目 8	157
33	车站空调水系统原理及设备	微课	项目 8	159
34	冷却塔皮带更换	实操视频	项目 8	163
35	通风空调设备周检	微课	项目 9	179
36	冷却塔周检	实操视频	项目 9	181
37	通风空调设备月检	微课	项目 9	184
38	通风空调设备年检	微课	项目 9	185
39	钳形电流表操作说明	微课	项目 10	199
40	通风空调设备常见故障处理	微课	项目 11	211
41	大国工匠金其福：这个“钳工状元”有点轴	链接	项目 11	217

目 录

项目 1

通风空调系统概述

知识结构

- 通风空调系统概述
  - 室内环境污染及其控制
    - 室内污染物及其分类
    - 室内污染物的来源
    - 室内污染物对人体健康的危害
    - 室内空气质量
  - 通风空调的作用及发展概况
    - 通风空调的作用
    - 通风空调的发展概况
  - 城市轨道交通通风空调系统的组成、功能及特点
    - 系统的组成
    - 系统的功能
    - 系统的特点
  - 城市轨道交通通风空调系统的制式
    - 开式系统
    - 闭式系统
    - 屏蔽门系统
    - 各系统应用的效果评价

知识目标

1. 熟悉污染物的种类、来源，了解其对人体健康的危害。
2. 熟悉室内空气质量的影响因素，掌握提高室内空气质量的措施和方法。
3. 掌握通风空调的作用，熟悉通风空调的发展状况。
4. 掌握城市轨道交通通风空调系统的组成、功能及特点。
5. 熟悉城市轨道交通通风空调系统的设计规范、掌握城市轨道交通通风空调系统的制式。

能力目标

1. 具有跟踪了解通风空调发展情况和发展趋势的能力。
2. 具备检测并提高室内空气质量的能力。
3. 能正确认识城市轨道交通通风空调系统的制式。
4. 能正确指认城市轨道交通通风空调系统的各组成部分、掌握其功能及特点。

思政目标

1. 了解轨道交通通风空调领域技术的重要突破，树立民族自信。
2. 扎根生产，提升行业荣誉感，努力推动行业新发展。

1.1 室内环境污染及其控制

环境是人类赖以生存的场所，室内环境包括居室、写字楼、办公室、交通工具（如地铁、火车、公共汽车、飞机等）、文化娱乐体育场所、医院病房、商场、学校教室、活动室、饭店、旅馆、宾馆等场所。人的一生中有 2/3 的时间在室内度过，现代人生活和工作在室内环境中的时间占到全天的 80%～90%，室内环境是人们接触得最为密切、频繁的环境，也是人们生活、工作以及进行其他各种活动的重要场所。因此，室内环境质量的好坏直接影响人们的身体健康和工作质量。

1.1.1 室内污染物及其分类

室内空气环境中对人体健康和舒适性产生不良影响的物质或能量称为室内污染物。有关室内污染物的调查研究表明，室内有毒、有害物质多达数千种，常见的也有几十种，主要包括颗粒物、有害气体、有毒气体、余热、余湿等。

（1）按污染物的性质可以分为物理污染物、化学污染物和生物污染物。物理污染物是指因物理因素引起的污染，如微波辐射、振动、噪声，以及不适宜的温度、湿度、风速和照明等。化学污染物是指因化学物质引起的污染，如甲醛、氨气、氡及其子体和悬浮颗粒物等。生物污染物主要包括细菌、真菌、花粉、病毒、生物体有机成分等引起的污染。

（2）按照污染物在空气中存在的状态可以分为悬浮颗粒物和气态污染物两大类。前者是指悬浮在空气中的固体粒子和液体粒子，包括无机颗粒物和有机颗粒物、微生物及生物溶胶等；后者是以分子状态存在的污染物，包括无机化合物、有机化合物和放射性物质等。

1.1.2 室内污染物的来源

民用建筑室内空气污染物的来源是多方面的，少部分来源于室外空气污染，而大部分是由室内装饰、装修材料释放的空气污染物所致。室内空气污染物主要包括甲醛、挥发性有机物、放射性污染源、病原微生物、悬浮颗粒和无机化合物等。

1. 甲 醛

甲醛无色，但具有刺激性气味，易溶于水和乙醇。甲醛多来源于室内胶合板、人造板材、泡沫塑料或油漆等，一般新装修的房子其甲醛浓度可达到 0.40 mg/m³，个别则有可能达到 1.5 mg/m³（国家规定室内甲醛含量≤0.08 mg/m³为合格）。人体吸入过多甲醛，对神经系统、呼吸系统都会造成毒害，引发呼吸道疾病，严重者甚至致癌。

2. 病原微生物

室内空间比较狭窄，尤其在空气流通状况不佳的情况下，容易滋生微生物。本书主要讨论的微生物，是对人体有害的细菌及病毒，主要分为以下几种情况：

（1）在潮湿环境下，室内放置的床褥、被子、毛毯等，极易滋生细菌和真菌，包括大量尘螨。尘螨肉眼不可见，但很容易引发支气管炎和哮喘。长期接触滋生尘螨的床褥，皮肤会出现红肿、瘙痒。

（2）厨房、垃圾桶、卫生间、便具等是细菌容易繁殖的地方。在不洁的环境下，人们容易被细菌感染。

（3）家庭饲养的猫、狗等宠物，也是室内空气过敏原的重要来源。

3. 可吸入颗粒物

可吸入颗粒物通常以颗粒形式大范围悬浮分散在空气中。通常汽车尾气、燃料不完全燃烧产生的烟雾会形成 PM_{10} 和 $PM_{2.5}$。这些细微颗粒被人体吸入鼻腔，进入肺部，粒径小于 5 μm 的颗粒物会逐渐在肺泡中积累，长期下来可能使人患上严重肺病。

4. 挥发性有机物（VOC）

室内的 VOC 主要来源于建筑材料、室内装饰材料及生活和办公用品等，例如建筑材料中的人造板、泡沫隔热材料等，室内装饰材料中的油漆、涂料、胶黏剂等，生活中用到的化妆品、洗涤剂等，办公用品中的复印机、打印机油墨等。此外，家用燃料、燃烧的香烟、人体排泄物，以及室外工业废气、汽车尾气、光化学污染也是影响室内挥发性有机物（VOC）含有量的主要因素。

5. 放射性污染物

放射性污染物也是室内重要污染因素之一，它主要来源于室内各种装饰装修材料，如瓷砖、陶瓷洁具、装饰石材等。其中各种放射性核素，包括铀、钍、镭等衰变的产物——氡气，是对人体危害最大的污染物之一，它在水泥、砂石、砖块中形成后，一部分释放到空气中，被人体吸入体内，在体内形成照射而致癌。放射性污染物已被认为是除吸烟以外引起肺癌的第二大因素。

1.1.3 室内污染物对人体健康的危害

室内空气污染物对于人体健康的危害主要体现在下面几个方面：

1. 不良建筑综合征（Sick Building Syndrome，SBS）

不良建筑综合征，也称为病态建筑物综合征、建筑物相关病（Building-Related Illness，BRI）、密闭建筑物综合征（Tight-Related Syndrome，TRS）、办公室病（Office Illness）等。某些建筑物内的房间由于空气污染、空气交换率低，会导致在建筑物内生活、工作的人群产生一系列症状，而离开该建筑物后，症状即可消退。这种建筑物被称为“不良”建筑物，产生的系列症状被称为“不良建筑综合征”，其主要症状表现为眼、鼻、耳、喉部有刺激感、头痛、易疲劳、呼吸困难、皮肤刺激、嗜睡、哮喘等。

目前认为病态建筑物综合征是多因素综合作用的结果，除了污染和不通风外，还包括室内的温度、湿度、采光、声响等舒适因素的失调，以及精神、情绪等心理因素。这些因素协同作用的结果产生了不良建筑综合征。

2. 致 癌

室内致癌物主要是苯、多环芳烃及其衍生物、放射性废弃物等。在多环芳烃中，苯并芘被认为是一种具有强致癌活性的物质，它可以通过呼吸进入人体，在不同部位沉积，诱发癌症。国际癌症研究机构已确认氡为19种致癌物之一，据美国环保局估计，美国每年大约有2 000名肺病死亡者与氡暴露有关。

3. 导致各种呼吸道、神经系统疾病

室内的刺激性气体会刺激呼吸道的神经末梢，引起支气管收缩，使呼吸道阻力增加。长期吸入室内受污染的空气，可以使黏膜分泌物增加，黏脆层变厚，纤毛运动受阻，从而导致呼吸道抵抗力降低，诱发各种炎症。刺激性物质（如NH_3、SO_2、NO_x、HCHO、VOC）、可吸入颗粒物、病菌等均可引发各种呼吸道疾病，甚至导致肺气肿、肺癌等。

有机污染物对人体健康的影响不仅是对免疫系统及各器官的毒害作用，而且还毒害大脑及嗅觉、扁桃体、角膜、视神经等。有机污染物对各种器官的直接或间接影响会产生各种症状，如记忆迟钝、精力难以集中、便秘、腹泻、恐惧症、头晕头痛、呕吐、疲劳症等。

4. 急慢性中毒

长期接触有毒物质或者某些毒性物质，或接触时间不长但其浓度大幅超标，均会使人中毒。比较典型的有：CO中毒、氟中毒、酚中毒及由吸烟导致的慢性中毒。当血液中CO含量达到0.02%时，2 ~ 3 h即可出现头晕、脑涨、耳鸣、心悸等症状。血液中CO含量高达0.08%时，2 h即可发生昏迷。

由上述介绍的室内诸多空气污染物协同作用后对人体健康的危害可以看出，引起上述4方面症状的主要污染物依次为甲醛、烟草烟雾、挥发性有机物、苯系物和颗粒物、微生物等。另外，室内空气污染物对人体健康的危害具有多因素、低剂量、长时间的特点，而且受害人群范围广泛，特别是婴幼儿、青少年、老年人、慢性病人等敏感人群更易受到影响。

我国自20世纪90年代初逐步开展了有关建筑和装饰材料中VOC的释放及其室内污染的研究。随着研究工作的迅速推进，相继成立了室内装饰协会和室内环境监测中心，1999年12月又成立了“中国室内装饰协会室内环境检测中心”。此外，我国组织进行了室内污染的调查研究及制订标准工作，国家卫生健康委员会所属中国预防医学科学院环境卫生监测所等开展了“建筑和装饰材料所致室内污染及其有害生物学作用”等研究和一系列调查工作，制定了《室内空气卫生监督管理办法》。2010年8月，中华人民共和国住房和城乡建设部与国家市场监督管理总局联合发布《民用建筑工程室内环境污染控制标准》（GB 50325—2020）。

1.1.4 室内空气质量

1. 室内空气质量的定义

室内空气质量（Indoor Air Quality，IAQ）是指在某个具体的环境内，空气中某些要素对人们生活、工作的适宜程度，它反映了人们的具体要求而形成的一种概念。

空气质量的定义最初是用一系列污染物含量指标来衡量，近年来人们认识到这种纯客观的定义不能涵盖空气质量的全部内容。丹麦哥本哈根大学的P. O. Fanger提出：空气质量反映了满足人们要求的程度，即衡量室内空气的标准是人们的主观感受。1989 年美国采暖制冷和空调工程师学会颁布的 ASHRAE62—1989 标准中提出了合格空气质量的新定义：合格的空气质量应当是空气中没有含量达到有关权威机构确定的有害程度指标的已知污染物，并且在这种环境当中人群的绝大多数（80%及以上）没有表示不满意。

2. 影响室内空气质量的因素

影响室内空气质量的主要因素：建筑外环境、建筑设计、暖通空调系统、建筑装饰材料及设备、室内人员及其活动，如表 1-1 所示。

表 1-1　影响室内空气质量的主要因素

影响类别	主要因素
建筑外环境	气候、室外空气品质、土壤、水
建筑设计	外墙、结构、楼层和隔断、污染物路径和驱动力
暖通空调系统	通风系统运行程序和时间、设计参数、日常管理和清洁、设备维护
建筑装饰材料及设备	设备、材料、室内陈列、室内电器
室内人员及其活动	在室人员活动、新陈代谢、个人卫生

有相当大的室内空气质量问题是由于通风不良（空气不流通、通风不足、缺乏户外新鲜空气、气流组织混乱、不能将新风有效地送至室内人员的呼吸区等）及室内空间中的空气污染物造成。

3. 提高室内空气质量的措施

1）减少污染物的产生

不论是工业还是民用建筑，减少或避免污染物的产生是提高空气质量最有效的措施。在民用建筑中，设计人员应尽量选择含挥发有害物低的建筑、装饰材料。对室内污染源应尽量消除，减少其污染物的排放量，或隔离室内污染物源，如尽量减少吸烟，减少气雾剂、化妆品的使用量，对复印室进行隔离等。

2）注意室内通风

在室内空气可能影响人体健康的因素中，通风不良占到 48%，室内空气污染占到 18%，建筑物构件占 3.5%。特别是新装修好的房间不要马上搬入，应开门窗通风。即便入住后也要经常保持空气通畅和光线的足够，让室内残余的有害物质尽快散发掉。在室外空气好的时候打开窗户通风，有利于室内有害气体散发和排除，每天最佳的通风时间是上午 9 时至 11 时，因为该时段是一天中空气质量最好的时段。

3）注意引入新风的品质

通风是用室外空气来稀释室内污染物的手段，其有效的必要条件是室外空气的污染物含量很低，或没有与室内相同的污染物。但目前城市的室外空气质量并不理想，大部分城市的大气质量只能达到《环境空气质量标准》（GB 3095—2012）的二级或三级标准，在城市的局部地区，各项污染物含量会超过规定的指标。因此，开窗换气很多时候并不是一个合适的选择。而新风系统就可以完美地解决这种尴尬，新风系统能够将户外的空气经过过滤、净化之后送入室内，同时排出室内浑浊的气体，保持室内空气清新洁净。

4）加强通风与空调系统的管理

通风与空调系统的根本任务是创造舒适与健康的环境。但应意识到，管理不善的通风与空调系统也是传播污染物的污染源。通风空调系统中容易成为污染源的地方有过滤器、表冷器、喷水室、加湿器、冷却塔、消声器等。例如，过滤器阻留的细菌和其他微生物易在温暖湿润的条件下滋生繁殖，而后被带入室内；空调处理设备和冷却塔等潮湿的地方均容易滋生细菌；阻性消声器的吸声材料多为纤维或多孔材料，也容易产生微粒或滋生细菌等。因此，必须加强对通风空调系统的维护管理，如定期清洗、消毒、维修，进行循环水系统灭菌等。

5）建筑设计要遵循生态环境的设计原理

遵循生态环保的设计原理，要考虑建筑平面规划、城市微气候的改善、建筑材料应满足室内空气质量标准，尽可能利用自然能源或采用最少的能源来达到人们生活、工作所需的舒适环境，这也是解决建筑室内空气质量的根本措施。

1.2　通风空调的作用及发展概况

1.2.1　通风空调的作用

通风：指为改善生产和生活条件，采用自然或机械的方法，对某一空间进行换气，以形成安全、卫生等适宜空气的技术。换句话说，通风是利用室外空气（称为新鲜空气或新风）来置换建筑物内的空气（称室内空气）以提高室内空气质量。通风的主要功能有：提供人呼吸所需要的氧气，稀释室内污染物或气味，排除室内生产过程中产生的污染物，除去室内多余的热量（余热）或湿量（余湿），提供室内燃烧设备燃烧所需要的空气。

空气调节：指一房间或空间内的空气温度、湿度、洁净度和空气流动速度（俗称“四度”）等参数达到给定要求的技术，简称空调。空调可以对建筑热湿环境、空气质量进行全面的控制，它包含了通风的部分功能。有些特殊场合还需要对空气的压力、气味、噪声等进行控制。

通风与空气调节是控制建筑热湿环境和室内空气质量的技术，作为建筑环境保障技术的重要组成部分，正日益广泛地应用到国民经济与国民生活的各个领域，它对促进现代工业、农业、国防和科技的发展以及人民物质文化生活水平的提高都起着十分重要的作用。

1.2.2　通风空调的发展概况

通风与空气调节有着悠久的历史。在古代，人们就懂得利用门窗、孔洞形成的“穿堂风”和摇扇扇风的方法，或者运用天然冰的冷却作用实现居室内的防暑降温；采用炉灶烧水以蒸汽加湿缓解室内空气的干燥状况；通过放置石灰之类的吸湿物质以达到防止室内物品受潮霉变的效果。

19世纪后期，欧美发达国家纺织工业迅速发展，生产过程对室内空气温湿度和洁净度等提出了较严格的要求，暖通空调技术首先在这类领域得到应用。20世纪20年代，伴随着压缩式制冷机的快速发展，暖通空调技术开始大量应用于以保证室内环境舒适为目的的公共建筑环境控制中。20 世纪 80 年代以来，世界范围内的新技术革命浪潮汹涌而来，计算机与其他高新技术的应用促进了通风与空调技术的发展。

随着社会的发展，人民生活水平不断提高，人们对于建筑物的要求不仅仅满足于居住和使用功能，而是更加注重建筑物的舒适度。通风系统和空调系统综合在一起实现了建筑物内的通风、冷热调节、温湿调节功能，能保持室内空气符合居住和使用要求。因此，建筑工程中的通风空调工程资金投入越来越多，在建筑工程中的总投资比例也较以往呈上升趋势，相应的通风空调工程的能耗问题和环境污染问题也日益突出。在目前国家大力倡导建设资源节约型社会的大背景下，建筑通风空调工程的节能减排技术越来越被人们所关注。

1.3　城市轨道交通通风空调系统的组成、功能及特点

1.3.1　城市轨道交通通风空调系统的组成

城市轨道交通通风空调系统是指在车站站厅、站台、隧道、设备及管理用房等所处的环境进行空气处理的系统，用以调节指定区域内的空气温度、湿度，并控制 CO_2、粉尘等有害物质的浓度，为乘客和工作人员创造一个舒适的环境来满足人体健康及相关设备正常运行的要求；火灾时，排除烟气，利于人员疏散逃生。

城市轨道交通通风空调的概述

地下车站通风空调系统由车站通风空调及防排烟系统和隧道通风系统组成，其中车站通风空调及防排烟系统包括公共区空调通风系统、设备及管理房通风空调系统和空调循环水系统，分别简称为大系统、小系统和空调水系统。隧道通风系统包括站台排热系统和活塞/机械通风系统。地下车站通风空调系统的组成如图 1-1 所示。

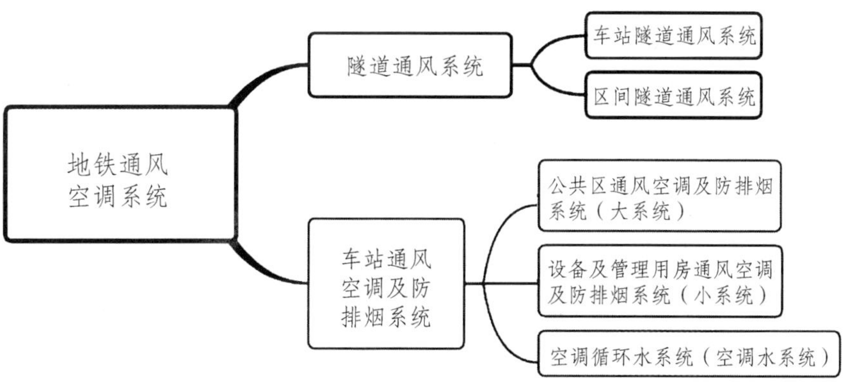

图 1-1　地下车站通风空调系统的组成

1.3.2　城市轨道交通通风空调系统的功能

根据城市轨道交通的特点和需求，城市轨道交通通风空调系统应具备以下的功能：

（1）列车正常运行时，为乘客和工作人员提供一个适宜的人工环境，满足其生理和心理要求。

（2）当列车阻塞在区间隧道时，向阻塞区间提供一定的通风量，保证列车空调等设备正常工作，维持车厢内乘客在短时间内能接受的环境条件。

（3）当发生火灾事故时，提供迅速有效的排烟手段，为乘客和消防人员提供足够的新鲜空气，并形成一定的迎面风速，引导乘客安全迅速地撤离火灾现场；为各种设备提供必要的空气温度、湿度以及洁净度等条件，保证其正常运转。

1.3.3　城市轨道交通通风空调系统的特点

城市轨道交通具有多种线路形式，包括地面线路、高架线路，还有为数众多的地下线路。其内部空间构成复杂多样，有地面空间、高架空间和地下空间，尤其是其地下空间更有着独有的特点和需求：

（1）系统复杂、设备多、管线占用空间大。由于列车运行、设备运转和乘客等会散发出大量的热量、车站周围的土壤温、湿度通过围护结构的渗透量也较大，加上地下空间防排烟系统的特殊性，导致城市轨道交通通风空调系统复杂，占用空间大。

（2）系统运行能耗大，费用高。根据 2020 年《中国城市轨道交通年度报告》，地铁车站用能情况中，城市轨道交通通风空调系统占比最大，约为 54%～71%。因此，如何合理确定车站通风空调系统形式和运行控制模式，将是降低整个车站运行能耗的关键。

（3）城市轨道交通通风空调系统担负着为城市轨道交通的乘客和工作人员创造一个生理和心理上都能满意的适宜环境，并满足各个设备系统正常运转的内部空气环境需要的重要职能，是城市轨道交通不可或缺的重要组成部分。

1.4　城市轨道交通通风空调系统的制式

根据城市轨道交通隧道通风换气的形式以及隧道与车站站台层的分隔关系，城市轨道交通通风空调系统一般被划分为三种制式：开式系统、闭式系统和屏蔽门系统。

1.4.1　开式系统

开式系统是指隧道内部与外界大气相通，利用活塞通风或机械通风，通过活塞风井、车站出入口及两端洞口，使地铁内部与外界交换空气，利用外界空气冷却车站和隧道。这种系统多用于当地最热月的月平均温度低于 25 °C 且运量较少的地铁系统（主要用于北方）。我国采用该系统的有北京地铁 1 号线和环线。

1. 活塞通风

当列车的正面与隧道断面面积之比（称为阻塞比）大于 0.4 时，由于列车在隧道中高速行驶，如同活塞作用，使列车正面的空气受压，形成正压，列车后面的空气稀薄，形成负压，由此产生空气流动。利用这种原理通风，称之为活塞效应通风。

活塞风量的大小与列车在隧道内的阻塞比、列车行驶速度、列车行驶空气阻力系数、空气流经隧道的阻力等因素有关。利用活塞风来冷却隧道，需要与外界有效交换空气，因此对于全部应用活塞风来冷却隧道的系统来说，应计算活塞风井的间距及风井断面尺寸，使有效换气量达到设计要求。实验表明：当风井间距小于 300 m、风道的长度在 25 m 以内、风道面积大于 10 m^2 时，有效换气量较大（在隧道顶上设风口效果更好）。由于设置许多活塞风井对大多数城市来说都是很难实现的，因此全活塞通风系统只在早期地铁应用，现在建设的地铁多设置活塞通风与机械通风的联合系统。

2. 机械通风

当活塞式通风不能满足地铁除余热与余湿的要求时，要设置机械通风系统。

根据地铁系统的实际情况，可在车站与区间隧道分别设置独立的通风系统。车站通风一般为横向的送排风系统；区间隧道一般为纵向的送排风系统。这些系统应同时具备排烟功能。区间隧道较长时，宜在区间隧道中部设中间风井。对于当地气温不高，运量不大的地铁系统，可设置车站与区间连在一起的纵向通风系统，一般在区间隧道中部设中间风井，但应通过计算确定。

1.4.2 闭式系统

闭式系统是一种地下车站内空气与室外空气基本不相连通的方式，即城市轨道交通车站内所有与室外连通的通风井及风门均关闭，夏季车站内采用空调，仅通过风机从室外向车站提供所需空调最小新风量或空调全新风。区间隧道则借助列车行驶时的活塞效应将车站空调风携带入区间，由此冷却区间隧道，并在车站两端部设置迂回风通道，以满足闭式运行活塞风泄压要求，线路露出地面的洞口则采用空气幕隔离，防止洞口空气热湿交换。闭式系统通过风阀控制，可进行开、闭式运行。我国采用该种形式的有广州地铁 1 号线、上海地铁 2 号线、南京地铁 1 号线和哈尔滨地铁 1 号线等。

闭式系统多用于当地最热月的月平均温度高于 25 °C 且运量较大，高峰时期每小时的列车运行对数和每列车车辆数的乘积大于 180 的地铁系统。在闭式系统的城市轨道交通线路中，为了增加安全性，许多车站在站台边缘设置了安全门，但其并没有将隧道和车站的空气隔离开来。

1.4.3 屏蔽门系统

在车站的站台与行车隧道间安装屏蔽门，将区间与车站分隔开，车站安装空调系统，区间隧道采用通风系统（机械通风或活塞通风，或两者兼用）。

安装屏蔽门后，车站成为单一的建筑物，不受区间隧道行车时活塞风的影响。列车到站时，列车车门正好对着屏蔽门上的活动门，乘客可以自由上下列车；关上屏蔽门后所形成的一道隔墙可有效阻止隧道内热流、气压波动和灰尘等进入车站，有效地减少了空调负荷，为车站创造了较为舒适的环境。另外，屏蔽门系统的设置可以有效防止乘客有意或无意地跌入轨道，减少噪声及活塞风对站台候车乘客的影响，提高了乘客候车环境的舒适度，为轨道交通实现无人驾驶奠定了技术基础。但屏蔽门的初投资费用较高，对列车停靠位置的准确性要求很高，若客流密度较大，车门口可能出现拥挤，且存在长期运行隧道内温度超标的问题。

采用该系统的有深圳各地下线、广州 2 号线及以后所有地下线、上海地铁除 2 号线外的各地下线、杭州地铁 1 号线、苏州地铁 1 号线、成都地铁 1 号线、郑州地铁 1 号线、2 号线、5 号线等。

屏蔽门系统制式由于其车站为独立的制冷、除湿区，因此有安全、节能和美观等优点，也是新建轨道交通地铁线通风空调系统的趋势。

1.4.4 各系统应用的效果评价

开式系统主要应用在我国的北方，由于只采用通风换气的方式，在我国夏热冬冷和夏热冬暖地区是不适合采用的。闭式系统和屏蔽门系统在夏热冬冷和夏热冬暖地区应用较多。

闭式系统的优点：车站和区间隧道内设计温度和气流速度能在不同工况条件下符合设计要求，环控工况转换简明，站台视野开阔，广告效应良好。但其相对屏蔽门系统来说耗费冷量大、所需环控机房面积大、耗能高，此外站台层环境易受到列车噪声影响。

屏蔽门系统的优点：屏蔽门创造了一道安全屏障，可防止乘客无意或有意跌入轨道；屏蔽门可隔断列车噪声对站台的影响；同等规模的车站加装屏蔽门系统的冷量约为未加装屏蔽门系统冷量的 2/5 左右，相应的环控机房面积可减少 1/3 左右，这样年运行费用仅是闭式系统的一半。但是安装屏蔽门需要较大的投资，并随之增加了屏蔽门的维修保养工作量和费用，且屏蔽门的存在影响了站台层车行道壁面广告效应，站台有狭窄感，对于侧式站台这种感觉尤甚。

城市轨道交通通风空调系统（简称环控系统）是满足和保证人员及设备运行所需内部空气环境的关键工艺系统，是地铁中不可或缺的一个重要组成部分。不同的城市因其气候条件、室外温湿度差异很大，在选用何种环控方案或制式时，应根据客观条件、工程造价、运行效果等方面进行综合分析。

知识拓展

影响世界温度的男人

图 1-2　威利斯·开利

威利斯·开利（见图 1-2）1876 年 11 月 26 日生于纽约州伊利湖畔的小镇安哥拉（Angola），他的父亲杜安（Duane Williams Carrier）经营着一个农场，母亲伊丽莎白（Elizabeth R. Haviland）则常常为农场维修钟表、缝纫机以及家用器具，在母亲的教育和培养下，开利从小就表现出对机械和物理学的浓厚兴趣，并梦想长大后成为一名伟大的工程师。

1901 年，开利凭借优异的学习成绩，拿到了康奈尔大学（Cornell University）机械工程硕士学位。

1902 年，开利入职一家制作暖气机、风箱及排风机的公司——水牛城锻造公司（The Buffalo Forge Co.）的研发部工作，担任采暖工程师，负责解决该公司的布鲁克林印刷厂的印刷技术问题。但该公司的印刷质量一直存在问题，达不到理想效果。在开利研究发现，他很快找到了问题的根本原因，即由于温湿度的不稳定性会影响印刷的质量。开利由此不断地改良印刷的相关装置，并在一次雾天等火车的时候受到启发，深刻理解了温度、湿度和露点的关系。开利所改良的空气调节装置使用盘管并可以降低湿度达 55%。1906 年，威利斯·开利发明了世界上第一套科学空调系统，一个革命性的行业得以正式启航。

思考与习题

1. 什么是不良建筑物综合征？
2. 民用建筑常见的污染物有哪些？
3. 影响室内空气品质的因素有哪些？
4. 改善室内空气品质的措施有哪些？
5. 简述通风和空气调节的作用。
6. 根据服务对象的不同，空气调节可分为哪两大类？
7. 简述城市轨道交通通风空调系统的组成和功能。
8. 简述城市轨道交通通风空调系统的制式和区别。

项目 2

建筑通风系统

知识结构

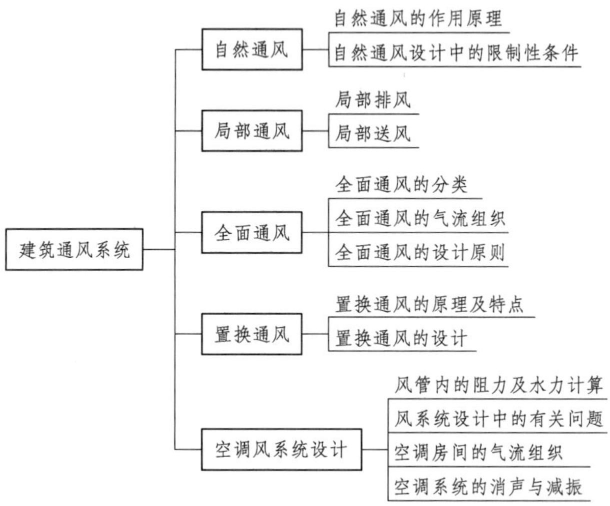

知识目标

1. 掌握自然通风的作用原理和特点，掌握局部通风的组成和系统形式。
2. 掌握全面通风的气流组织形式，熟悉置换通风的原理和特点。
3. 掌握风管内的摩擦阻力和局部阻力的概念，熟悉风管内的摩擦阻力及局部阻力的计算。
4. 掌握风管的布置设计原则，熟悉风管的材料和保温措施。
5. 了解空调房间气流流动规律，掌握送回风口的形式及位置，掌握气流组织的形式。
6. 熟悉空调系统的消声与减振措施。

能力目标

1. 在自然通风系统中，能根据一些已知条件，设置窗孔的位置和面积。
2. 能确定局部送、排风系统的形式；合理布置送、排风口，确定全面通风气流组织形式。
3. 能合理布置风管和风口，并正确进行风管设计计算和气流组织计算。
4. 能正确进行消声器及减振装置的选择。

思政目标

1. 学习通风系统知识，培养学生专业素质，以及全面思考问题的能力。
2. 培养学生节能减排的环保意识，提升作为技术工作者的基本素质。

建筑通风的任务是使新鲜空气连续不断地进入建筑物内，并及时排出生产和生活中的废气和有害气体。良好的通风是保证建筑室内人体健康与舒适的重要因素之一。大多数情况下，可以利用建筑物本身的门窗进行换气，利用穿堂风等自然通风手段满足建筑通风的要求。当这些方法不能满足建筑通风时，可利用机械通风的方法有组织地向建筑物室内送入新鲜空气，并将污染的空气及时排出。

通风系统的通风方式可从通风系统的服务对象、气流方向、作用范围和动力等角度进行分类。

（1）根据通风服务对象的不同可分为民用建筑通风和工业建筑通风。

（2）根据通风气流方向的不同可分为送风和排风。

（3）根据通风作用范围的不同可分为局部通风和全面通风。

（4）根据通风系统动力的不同可分为自然通风和机械通风。

2.1 自然通风

自然通风的功能、特点和应用

自然通风是利用室外风力造成的风压以及室内外温差和高度差产生的热压使空气流动的通风方式。自然通风不消耗机械动力，是一种经济的通风方式，所以应用十分广泛，对于产生大量余热的车间，利用自然通风可以获得较大的换气量。除此之外，一般的民用建筑（如住宅、办公室等）、工业厂房等也常采用自然通风来换气降温。

2.1.1 自然通风的作用原理

在建筑中，自然通风主要是靠建筑物的一些开口（门、窗、孔洞等）和空间组织（过道、中庭、天井等）来实现的，如果建筑物的开口两侧存在压差 Δp，空气就会在这个压差的作用下产生流动，窗孔两侧空气的压差 Δp，即

$$\Delta p=\zeta\frac{\rho v^2}{2} \tag{2-1}$$

式中 v——空气流过窗孔时的流速（m/s）；

ρ——空气的密度（kg/m^3）；

ζ——门窗孔洞的局部阻力系数。

变换式（2-1）得

$$v=\sqrt{\frac{2\Delta p}{\zeta\rho}}=\mu\sqrt{\frac{2\Delta p}{\rho}} \tag{2-2}$$

式中 μ——窗孔的流量系数，$\mu=\frac{1}{\sqrt{\zeta}}$，$\mu$ 值一般小于 1。

通过窗孔的空气体积流量为

$$L = vF = \mu F\sqrt{\frac{2\Delta p}{\rho}} \tag{2-3}$$

式中　F——窗孔的面积（m^2）；

通过窗孔的空气质量流量为

$$G = L\rho = \mu F\sqrt{2\Delta p\rho} \tag{2-4}$$

由上式可知，只要已知窗孔两侧空气的压差 Δp 和窗孔的面积 F，即可求出通过该窗孔的空气流量 L 或 G。要实现自然通风，窗孔两侧空气必须存在压差，它是影响自然通风量大小的主要因素。

1. 热压作用下的自然通风

热压是室内外空气的温度差引起的就是所谓的烟囱效应。由于温度差的存在，室内外密度差产生，沿着建筑物墙面的垂直方向出现压力梯度。如果室内温度高于室外，建筑物的上部将会有较高的压力，而下部存在较低的压力。当这些位置存在孔口时，空气通过较低的开口进入，从上部流出。如果室内温度低于室外温度，气流方向相反。

如图 2-1 所示，在建筑物外墙一侧的不同高度上设有窗孔 a 和 b，二者高差为 h；假设窗孔外的静压分别为 p_a 和 p_b，窗孔内的静压分别为 p'_a、p'_b。用 Δp_a 和 Δp_b 分别表示窗孔 a 和 b 的内外压差；室内外的空气温度和密度分别为 t_n、ρ_n 和 t_w、ρ_w。由流体静力学原理可得

$$p_a=p_b+gh\rho_w$$
$$p'_a = p'_b + gh\rho_n$$

所以，$\Delta p_a = p'_a - p_a = (p'_b + gh\rho_n) - (p_b + gh\rho_w) = \Delta p_b - gh(\rho_w - \rho_n)$

即

$$\Delta p_b = \Delta p_a + gh(\rho_w - \rho_n) \tag{2-5}$$

式中　Δp_a，Δp_b——窗孔 a 和 b 的内外压差（Pa）；

h——两窗孔的中心间距（m）；

g——重力加速度，g=9.8 m/s^2

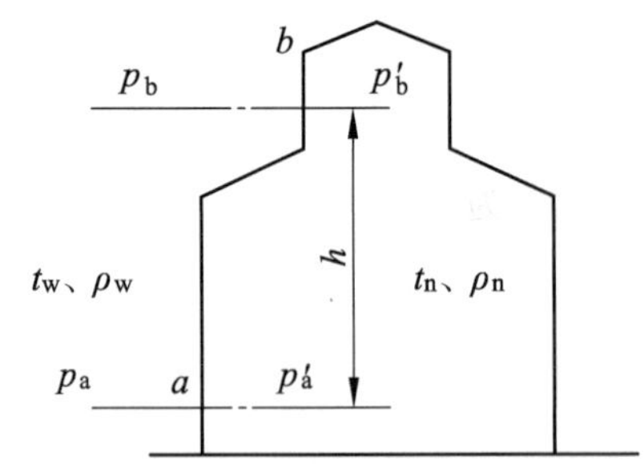

图 2-1　热压作用下的自然通风

当 $t_n>t_w$ 时，$\rho_n<\rho_w$，下部窗孔两侧室外静压大于室内静压，上部窗孔则相反。此时，下部窗孔将进风，上部窗孔将排风。反之，当 $t_n<t_w$ 时，$\rho_n>\rho_w$，下部窗孔排风，上部窗孔进风。下面仅讨论下进上排房间内的自然通风。

式（2-5）可变换为

$$\Delta p_{\mathrm{b}} + (-\Delta p_{\mathrm{a}}) = \Delta p_{\mathrm{b}} + |\Delta p_{\mathrm{a}}| = gh(\rho_{\mathrm{w}} - \rho_{\mathrm{n}}) \tag{2-6}$$

由式（2-6）可知，进风窗孔和排风窗孔两侧压差的绝对值之和，与两窗孔的高度差 h 和室内外的空气密度成正比。通常将 $gh(\rho_{\mathrm{w}} - \rho_{\mathrm{n}})$ 称为热压，它是空气流动的动力。若室内外空气没有温差或两窗孔间无高差，则不会产生热压作用下的自然通风。

为了方便计算，还需要掌握两个概念：余压和中和面。把室内某一点的压力和室外同标高未受建筑或其他物体扰动的空气压力的差值称为该点的余压。对仅有热压作用的自然通风，窗孔内外的压差即为该窗孔的余压。余压为正，该窗孔排风；余压为负，该窗孔进风。余压为零的平面称为中和面，在中和面上，既不进风也不排风。

由式（2-6）可知，当室内外的温度一定时，上下两个窗孔的余压差与该两个窗孔的高度差 h 呈线性关系。因此，在热压作用下，余压沿房间高度的变化如图 2-2 所示。余压值从进风窗孔的负值增大到排风窗孔的正值。在 0—0 平面上，余压等于零，这个平面被称为中和面，中和面上的窗孔是没有空气流动的。如果将中和面作为基准面，则个窗孔的余压为

窗孔 a 的余压：$\Delta p_{\mathrm{ya}} = \Delta p_{\mathrm{y0}} - gh_1(\rho_{\mathrm{w}} - \rho_{\mathrm{n}}) = -gh_1(\rho_{\mathrm{w}} - \rho_{\mathrm{n}})$ （2-7）

窗孔 b 的余压：$\Delta p_{\mathrm{yb}} = \Delta p_{\mathrm{y0}} + gh_2(\rho_{\mathrm{w}} - \rho_{\mathrm{n}}) = gh_2(\rho_{\mathrm{w}} - \rho_{\mathrm{n}})$ （2-8）

式中 Δp_{y0}——中和面的余压（Δp_{y0}=0）；

h_1，h_2——窗孔 a、b 至中和面的距离（m）。

从式（2-7）和式（2-8）可以看出，窗孔余压的绝对值与中和面至该窗孔的距离有关。在 0—0 中和面以上余压为正；在 0—0 中和面以下余压为负。

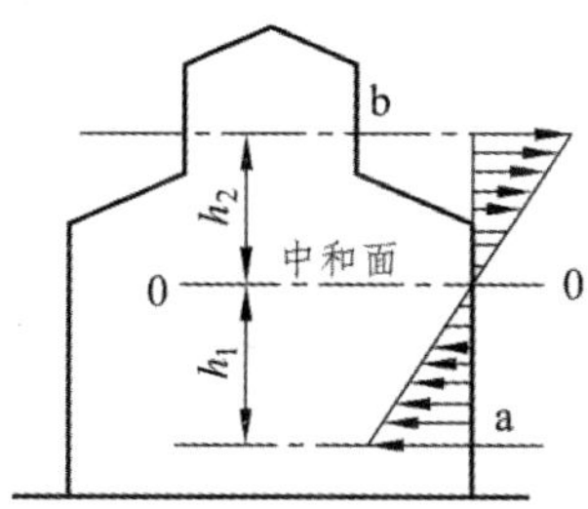

图 2-2　余压分布规律

热压的大小取决于两个开口处的高度差和室内外的空气密度差。在实际应用中，通常采用烟囱、通风塔、天井中庭等形式，为自然通风提供有利的条件，使得建筑物能够具有良好的通风效果。

2. 风压作用下的自然通风

室外气流与建筑物相遇时，由于受到建筑物的阻挡，将发生绕流，如图 2-3 所示。由于建筑物的阻挡，建筑物四周室外气流的压力发生变化：迎风面气流受阻，此时，动压降低，静压升高，侧面和背风面由于产生局部涡流，使静压降低。与远处未受干扰的气流相比，这种静压的升高或降低统称为“风压”。迎风面静压升高，风压大于周围气压，称为正压；背风面静压下降，风压小于周围气压，称为负压。

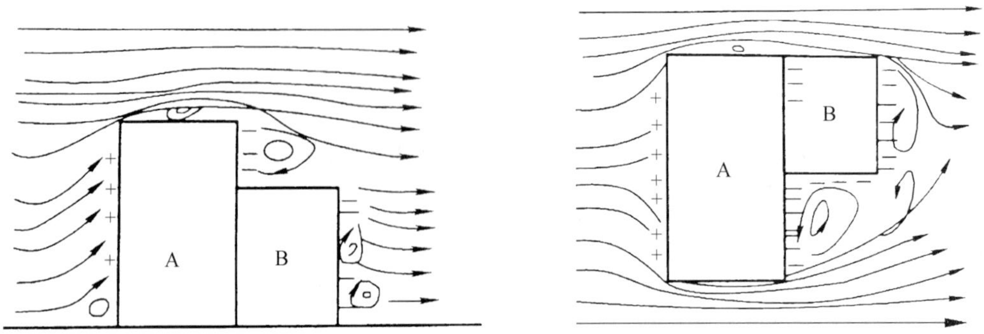

图 2-3 建筑物四周的气流分布

风压的大小与作用在建筑物外表面上风速的大小、建筑物的几何形状等因素有关。

3. 热压和风压同时作用下的自然通风

建筑中的自然通风往往是热压与风压共同作用的结果，只是各自的作用程度不同。热压的作用相对稳定，“烟囱效应”拔风的产生条件较容易实现；风压作用常常受到天气、室外风向、建筑物形状、周围环境等因素的影响，具有不稳定性。所以，当风压与热压同时作用时，并不是简单地线性叠加，还可能出现减弱通风效果的情况。当风向与热压作用的流线方向相同时，会相互促进；反之，则会相互阻碍，从而影响自然通风的效果。为了保证自然通风的效果，在实际的自然通风设计中，通常只考虑热压的作用。对于风压的作用仅定性地考虑其对通风的影响，不予计算；对于热压的作用必须进行定量计算。

2.1.2 自然通风设计中的限制性条件

自然通风技术作为一种免费的技术，其应用必然受到许多条件的限制。

1. 室内得热量的限制

应用自然通风的前提是室外空气温度比室内低，通过室内空气的通风换气，将室外风引入室内，降低室内空气的温度。很显然，室内、外空气温差越大，通风降温的效果越好。对于一般的依靠空调系统降温的建筑而言，应用自然通风系统可以在适当时间降低空调运行负荷，典型的如空调系统在过渡季节的全新风运行。对于完全依靠自然通风系统进行降温的建筑，其使用效果则取决于很多因素，建筑的得热量是其中的一个重要因素，得热量越大，通过降温达到室内舒适要求的可能性越小。现在的研究结果表明，完全依靠自然通风降温的建筑，其室内的得热量最好不要超过 40 W/m^2。

2. 建筑环境的限制

应用自然通风降温措施后，建筑室内环境在很大程度上依靠室外环境进行调节，除了空气的温、湿度参数外，室内的空气品质和噪声控制也将被室外环境所破坏。根据目前的一些标准要求，采用自然通风的建筑，其建筑外的噪声不应超过 70 dB；尤其在窗户开启的时候，应保证室内周边地带的噪声不超过 55 dB。同时，自然通风进风口的室外空气质量应满足有关卫生要求。

3. 建筑条件的限制

应用自然通风的建筑，除了参考以上两点要求，还需考虑建筑位置（如周围是否有交通干道、铁路、地区的主导风向与风速等）因素；建筑形状（如建筑形状、朝向、开窗面积、结构形式等）因素、建筑内部设计（如层高、室内分隔、建筑内竖井或风管等）因素、室内人员的组成（如室内人员密度和设备、照明的热的影响等）因素。在综合以上因素的基础上，充分发挥自然通风的优势。

4. 室外空气湿度的限制

应用自然通风对降低室内空气温度效果明显，但对调节或控制室内空气的湿度收效甚微。因此，自然通风措施一般不能在非常潮湿的地区使用。

自然通风具有很多优点，可以提高室内空气的质量，在节能方面也很有潜力，但同时对设计的要求也较高。我国在这方面的研究应用尚处于起步阶段，需要学习借鉴国外的先进成果，并根据国内的气候、建筑等情况进行理论上的研究，提供理论基础，提高居住的舒适性，为能源节约作出贡献。

2.2 局部通风

局部通风的组成和分类

局部通风（Local Ventilation）是指为改善室内局部空间的空气环境，向该空间送入或从该空间排出空气的通风方式。局部通风属于机械通风，它是利用局部气流，使局部工作地点不受有害物的污染，从而创造良好的空气环境。局部通风系统可分为局部排风和局部送风。

2.2.1 局部排风

局部排风是在散发有害物的局部地点设置排风罩捕集有害物质并将其排至室外的通风方式，它可以改善局部空间的空气环境，防止有害物与工作人员接触或扩散到整个空间。图 2-4 所示为机械局部排风系统。

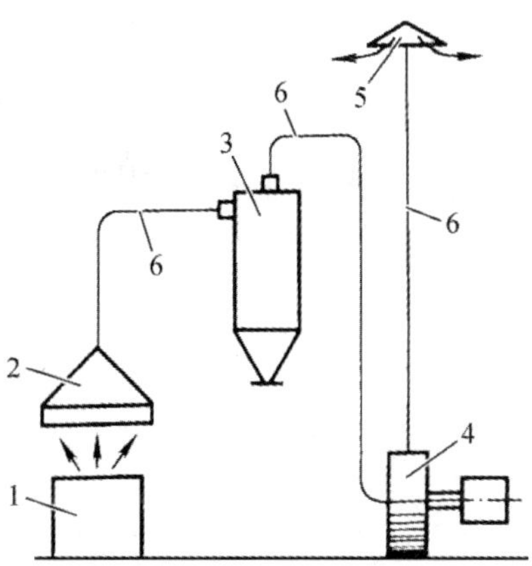

1—有害物源；2—排风罩；3—净化装置；4—排风机；5—风帽；6—风道。

图 2-4　机械局部排风系统

局部排风系统一般由以下几部分组成：

（1）局部排风罩。局部排风装置是用来捕集有害物的，它是局部排风系统的关键部分。它的性能对局部排风系统的效果以及经济性有很大影响。性能良好的局部排风罩只要较小的风量就可以获得良好的工作效果。由于生产设备和操作方式不同，排风罩的形式多种多样。民用建筑中最常见的局部排风罩有厨房的抽油烟机、卫生间的排气扇等。

（2）风管。通风系统中输送空气的管道称为风管，它把系统中的各种设备或部件连接成一个整体。为了提高系统的经济性，应合理地确定风管中气体的流速，管路应力求短直。

（3）净化设备。为防止大气污染，当排出的空气有害物量超过排放标准时，必须采用净化设备处理，达到排放标准后，排至大气。净化设备分除尘和有害气体净化装置两类。

（4）风机。风机为机械排风系统中的空气流动提供动力。为防止风机的磨损和腐蚀，通常把其放在净化设备后面。

（5）排风口。排风口将所需的风量按一定方向、一定速度均匀吸入排风系统内或均匀地排出去。常见的排风口有单层百叶带滤网排风口、格栅带滤网排风口、防雨百叶风口、风帽等各种形式。如图 2-5 所示为常见的单层百叶排风口。

图 2-5　单层百叶排风口

局部排风系统一般用在产生大量余热、余湿的局部地点或污染源比较集中的建筑物内，如果采用全面通风方式，反而使污染物在室内扩散；当污染物发生量大时，局部排风系统所需的稀释通风量则过大，甚至难以实现。

2.2.2　局部送风

局部送风就是把新鲜空气经过净化、冷却或加热等处理后送入室内指定地点，以改善局部空间的空气环境。对于面积较大、工作地点比较固定、操作人员较少的生产车间（如高温生产车间），可不用对整个车间进行降温，只需在局部工作地点送风，以改善局部工作地点的环境。局部送风系统可分为系统式局部送风和分布式局部送风两种。

1. 系统式局部送风

系统式局部送风系统可以通过送风管道对送入的空气进行加热或冷却处理。这种系统也称作空气淋浴，即将空气经集中处理后送到工人的操作岗位，使局部地区空气品质和热环境得到改善。图 2-6 所示为某房间系统式局部送风系统示意。

系统式局部送风系统适用于工作地点较为固定、辐射强度高、空气温度高或不允许采用再循环空气的情况。在组成上，系统式局部送风系统与一般送风系统基本相同，只是送风口采用“喷头”，而不是常用的送风口。系统中被送出的空气一般要预先经过冷却、净化等处理，然后经过特制的“喷头”将空气以一定速度送到室内人员身体上部。最简单的“喷头”是渐扩管，在管口设有扩张角为6°~8°的扩散口，用以向下送风，它只能向固定地点送风。

图 2-7 是旋转式喷头，喷头出口设有活动的导流叶片，喷头和风管之间是可转动的活动连接，因而可以向任意方向送风，送风距离在一定范围内也是可调的。这种喷头适用于工人操作地点在小范围内不固定，或设计时工作地点难以确定的场合。

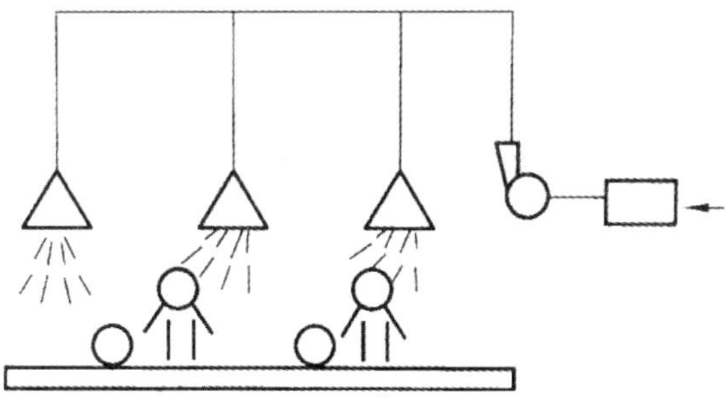

图 2-6　系统式局部送风系统示意

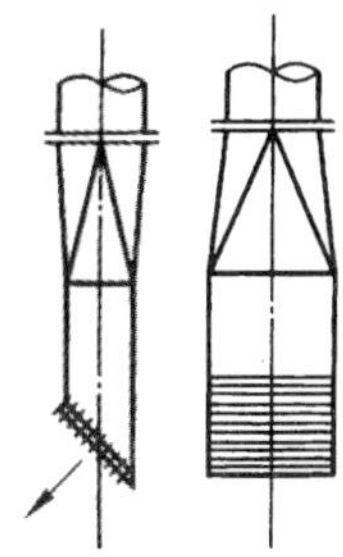

图 2-7　旋转式喷头

2. 分布式局部送风

分布式局部送风一般利用普通风扇或喷雾风扇进行局部送风，适用于对空气处理要求不高，可采用室内再循环空气的地方。

（1）普通风扇送风。普通风扇送风适用于辐射强度小，空气温度 $t_n \leqslant 35$ °C 的房间。普通风扇的种类很多，如吊扇、台扇、落地式风扇、墙壁式风扇等，其优点是构造简单、价格便宜、调节控制方便。

（2）空气幕。空气幕又称风幕机、门帘机、空气门，是利用条状喷口喷出一定速度和温度的平面气流，用于隔断室内外空气对流的送风装置。可减少或隔绝外界气流的侵入，维持室内或某一工作区域的环境条件。空气幕产生的气流对隔热、隔冷、隔尘，甚至对防虫、防止有害气体的侵入都有良好的作用。

空气幕的组成：空气幕由空气处理设备、风机、风管系统及风口组成。通常将空气处理设备、风机、风口三者组合成一个整体，这个整体称为空气幕。

① 按空气幕风机的不同，空气幕分为：

贯流风机：风压小，通常是无加热器的风幕或电加热风幕。

离心风机：有较大的风压，通常多用于热风幕。

轴流风机：风压介于贯流式和离心式，使用较少。

② 按送风温度的不同，空气幕分为：

热空气幕：在空气幕内设空气加热器，以热水、蒸汽或电为热媒，空气经加热器加热后送出，适用于寒冷地区，隔断大门的冷风侵入。

冷空气幕：在空气幕内设冷却器，空气经冷却处理后送出，主要用于炎热地区。

等温空气幕：空气未经处理直接送出，构造简单、体积小、适用范围广，用于非严寒地区隔断气味、昆虫或用于夏季空调建筑的大门。

③ 按吹风方向不同，空气幕分为：

下送式空气幕：空气幕安装在地面之下。气流由下部的地下风道送出，阻挡横向气流的效率很高，但容易被脏物堵塞，而且容易把地面的灰尘吹起，因此在民用建筑中已很少使用。上送式空气幕：如图 2-8 所示，空气幕安装在门洞上部。上送式空气幕安装简便，不占建筑面积，不影响建筑美观，送风气流的卫生条件较好，但挡风效率不如下送式空气幕。它适用于一般的公共建筑，如剧院、商场等。

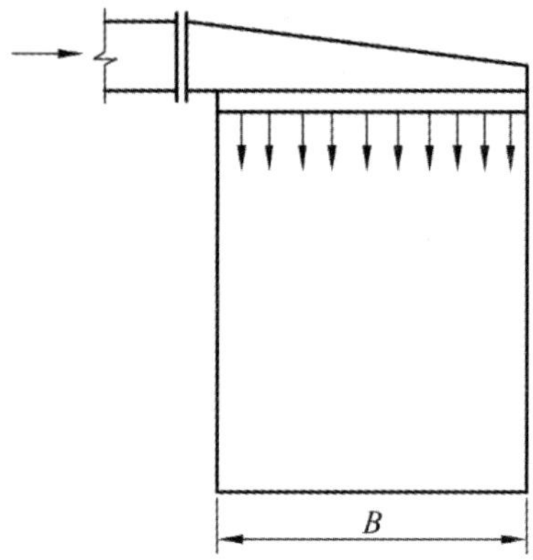

图 2-8　上送式空气幕

侧送式空气幕：如图 2-9 所示，空气幕安装在门洞侧部，分为单侧和双侧两种。工业建筑中，当外门宽度小于 3 m 时，宜采用单侧送风；当外门宽度为 3 ~ 18 m 时，宜采用单侧或双侧送风，或由上向下送风。为了不阻挡气流，装有侧送式空气幕的大门严禁向内开启。

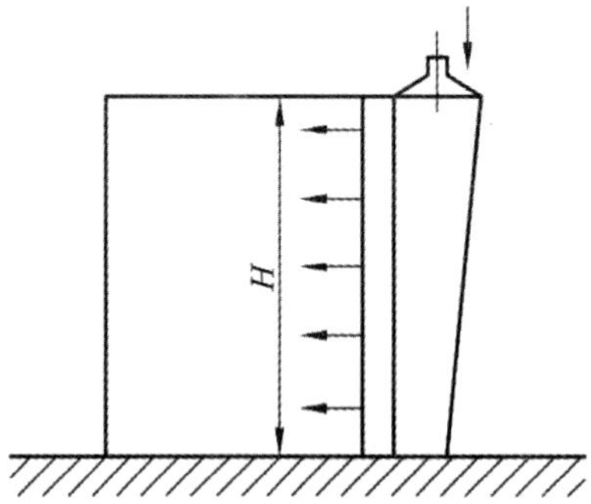

（a）单侧式空气幕

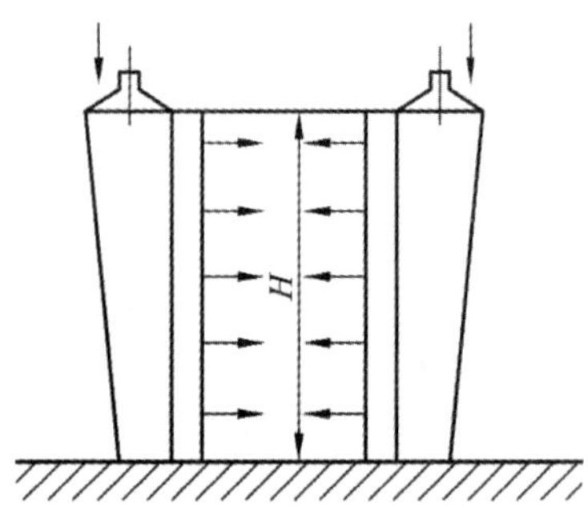

（b）双侧式空气幕

图 2-9　侧送式空气幕

空气幕一般应用在制冷、空调、防尘、隔热的商场、剧院、宾馆、饭店、图书馆等经常需要开启大门的地方，起到出入方便，又具有防尘、防污染、防蚊蝇之功效。此外，空气幕还广泛用于电子、仪表、制药、食品、精密加工、化工、制鞋、服务及商业等行业。

2.3　全面通风

全面通风也称稀释通风，它主要是对整个车间或房间进行通风换气，将新鲜的空气送入室内，以改变室内的温、湿度，稀释有害物的浓度，并不断把污浊空气排至室外，使室内空气中的有害物浓度符合卫生标准的要求。当车间内不能采用局部排风或局部排风不能达到要求时，应采用全面排风。

2.3.1 全面通风的分类

1. 按照通风系统形式分

1）全面送风

向整个房间全面均匀地进行送风的方式称全面送风。图 2-10 所示为全面机械送风系统，它利用风机把室外的大量新鲜空气经过风道、风口不断送入室内，将室内空气中的有害物浓度稀释到国家卫生标准的允许范围内，以满足卫生要求，这时室内处于正压，室内空气通过门、窗排至室外。

2）全面排风

全面排风既可以利用自然排风，也可以利用机械排风。图 2-11 所示为全面排风系统，它利用全面排风将室内的有害气体排出，而进风来自不产生有害物的邻室和本房间的自然进风。全面排风通过机械排风造成一定的负压，可以防止有害物向卫生条件好的邻室扩散。

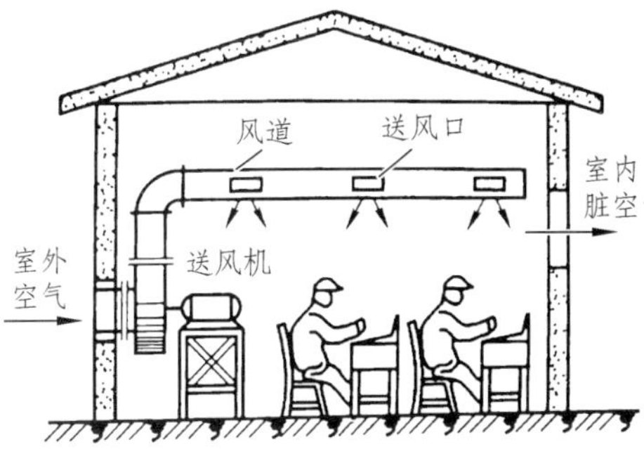

图 2-10 全面送风系统

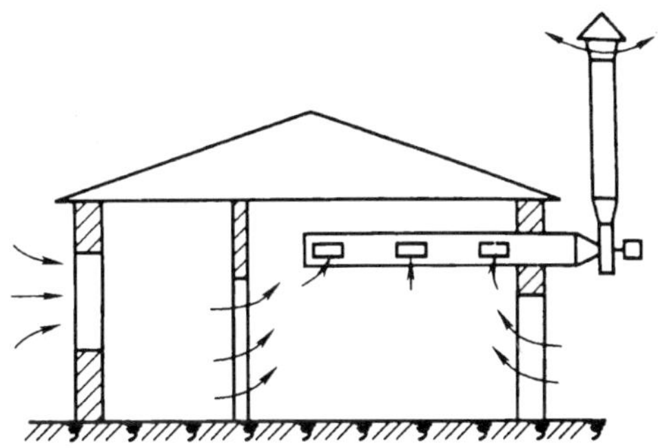

图 2-11 全面排风系统

3）全面送、排风

很多情况下，可同时采用全面送风系统和全面排风系统相结合的全面送、排风系统。例如，门窗密闭、自然排风和进风比较困难的场所可以通过调整送风量和排风量的大小，使房间保持一定的正压或负压。图 2-12 所示为全面送、排风系统。

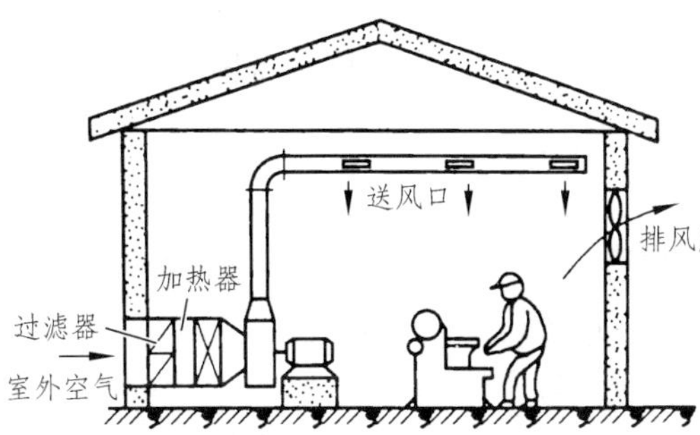

图 2-12 全面送、排风系统

2. 按照通风系统动力不同分类

全面通风根据通风系统动力不同又可分为自然通风、机械通风、自然通风和机械通风相结合的通风方式。设计时一般应从节约投资和能源角度出发，尽量采用自然通风，若自然通风不能满足生产需要或卫生标准时，再考虑机械通风方式。在某些情况下，采用二者结合的通风方式可以达到较好的效果。

2.3.2 全面通风的气流组织

要使全面通风达到良好的通风效果，不仅需要有足够的通风量，而且还要对气流进行合理的组织。所谓气流组织，就是合理地选择和布置送、排风口的形式、数量和位置，合理地分配各风口的风量，使送风和排风能以最短的流程进入或排出工作区，从而以最小的风量获得最佳的效果。一般通风房间的气流组织形式有上送下排、上送上排、下送下排、中间送上下排等多种形式。在设计时，具体采用哪种形式，要根据有害物源的位置、操作地点、有害物性质及浓度分布等具体情况对送排风方式进行合理的选择。

在进行气流组织设计时，应按照以下原则进行设计：

（1）送风口应尽量靠近操作地点。清洁空气送入通风房间后，应先经过操作地点，再经过污染区，然后排出房间。

（2）排风口尽量靠近有害物源或有害物浓度高的区域，以便有害物能迅速地被排出室外。

（3）进风系统气流分布均匀，避免房间局部地区出现涡流，使有害物聚积。

（4）机械送风系统室外进风口的布置：选择空气洁净的地方；进风口应低于排风口，并设置在排风口上风处。应避免进风口与排风口短路。进风口与排风口设于同一高度时的水平距离不应小于 20 m，当水平距离小于 20 m 时，进风口应比排风口至少低 6 m；进风口底部应高出地面 2 m，在设有绿化带时，不宜低于 1 m；降温用的进风口，宜设在建筑物的背阴处。

（5）风量的分配。

① 有害物和蒸气的密度比空气轻，或虽比室内空气重，但建筑内散发的显热全年均能形成稳定的上升气流时，宜从房间上部区域排出。

② 当散发有害气体和蒸气的密度比空气重，建筑物内散发的显热不足以形成稳定的上升气流而沉积在下部区域时，宜从房间上部区域排出总风量的 1/3 且不小于每小时一次换气量，从下部区域排出总排风量的 2/3。

③ 当人员活动区有害气体与空气混合后的浓度未超过卫生标准，且混合后气体的相对密度与空气密度接近时，可只设上部或下部区域排风。

2.3.3 全面通风的设计原则

（1）放散热、蒸气或有害物质的建筑物，当不能采用局部通风，或采用局部通风后达不到卫生标准要求时，应辅以全面通风或采用全面通风。

（2）设计全面通风时，宜尽可能采用自然通风，以节约能源和投资。当自然通风达不到卫生或生产要求时，应采用机械通风，或自然与机械的联合通风方式。

（3）民用建筑的厨房、厕所、浴室等宜设置自然通风或机械通风进行局部通风或全面通风。

2.4 置换通风

置换通风起源于北欧，1978 年，德国柏林的一家铸造车间首次采用了置换通风系统，明显提高了厂房的空气质量，并且节约能量。从此，置换通风系统逐渐在北欧国家的工业建筑、民用建筑及公共建筑中得到了广泛的应用。因为地理因素的不同，置换通风在我国的应用还不是十分广泛。在我国华中、华东、华南等地区，置换通风主要用在高大空间的项目，如大剧院、大剧场、高层高工业厂房等。

2.4.1 置换通风的原理及特点

置换通风是空气由于密度差而造成的热气流上升、冷气流下降的原理，在室内形成类似活塞流的流动状态的一种通风方式。置换通风将低于室内温度的新鲜空气直接从房间底部送入工作区，由于送风温度低于室内温度，新鲜空气在后续进风的推动下与室内的热源（人体及设备）产生热对流，在热对流的作用下向上运动，从而将被污染的空气从设置在房间顶部的排风口排出。

置换通风的基本特征是水平方向会产生热力分层现象。一般情况下置换通风的送风温度低于室内温度 2 ~ 4 °C，以极低的风速（0.2 ~ 0.5 m/s）从房间底部的送风口送出，由于其动量很低，不会对室内主导气流造成影响，像倒水一样在地面形成一层很薄的空气层。排风口设在房间的顶部，将污染空气排出。热源引起的热对流在室内造成气流上下运动，从而在室内垂直方向上产生了明显的温度梯度，置换通风的流态如图 2-13 所示。最终使室内空气在流态上分成两个区：上部混合流动的高温空气区，下部单向流动的低温空气区，如图 2-14 所示。

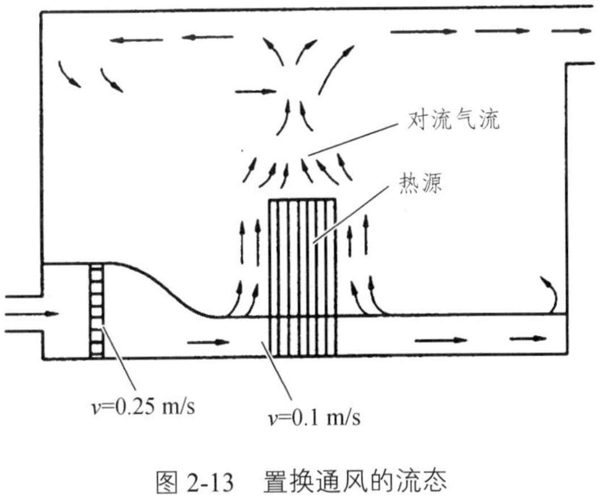

图 2-13 置换通风的流态

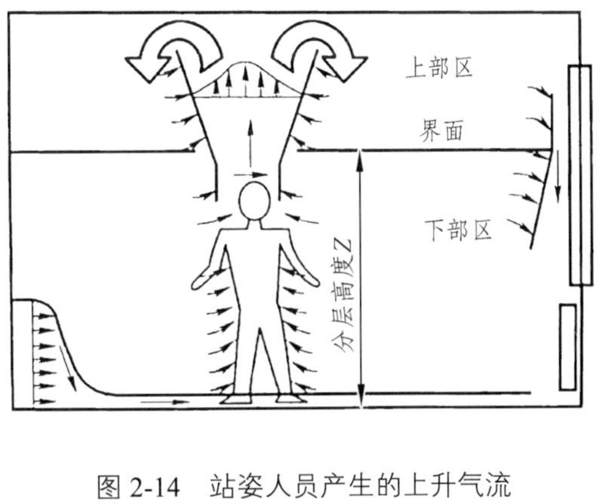

图 2-14 站姿人员产生的上升气流

如果在底部送新鲜的冷空气，那么最热的空气层在顶部，最冷的空气层在底部。置换空气在水平方向汇入上升气流，由于送风量有限，在某一高度送风会产生循环。我们把产生循环的分界面高度称为分界高度（分层高度）。这样，就形成了两个区域的气流形式，底部区域是相对清洁的空气，上部区域存在更多的污染。所以为了获得良好的空气品质，通风量必须满足一定要求。以使“分界高度”高于人员活动区，这样人们便处于清洁区，如图 2-15 所示。

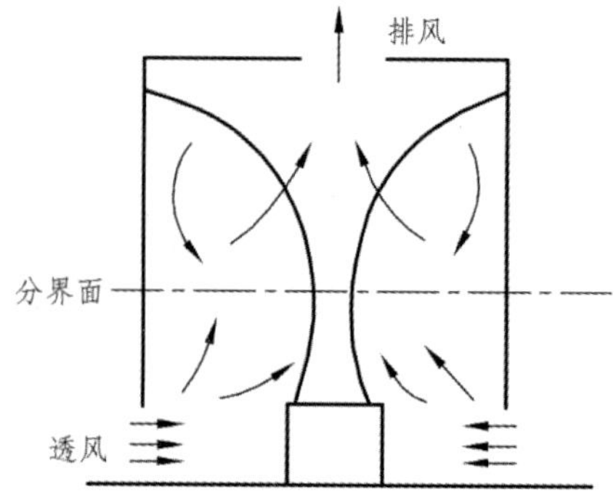

图 2-15 热力分层示意

置换通风在应用中有节能、通风效率高、空气品质好等优点，所以在实际应用中被广泛采用，并取得了良好的效果。

2.4.2 置换通风的设计

设计置换通风时，一般应从以下几方面进行考虑：

1. 置换通风的设计应符合的条件

（1）污染源与热源共存时。

（2）房间高度不低于 2.4 m。

（3）冷负荷小于 120 W/m^2 的建筑物。

2. 置换通风断面风速应符合的要求

（1）对工业建筑，断面风速 $v = 0.5$ m/s。

（2）对高级办公室，断面风速 $v = 0.2$ m/s。

3. 置换通风器的布置应符合的条件

（1）置换通风器附近无较大障碍物。

（2）置换通风器应靠近外墙或外窗，圆柱形置换通风器可布置在房间中部。

（3）冷负荷较大时，应根据实际情况布置多个置换通风器。

（4）置换通风器布置应与室内空间协调。

4. 置换通风末端装置的选择与布置

置换通风的出口风速低、送风温差小的特点导致置换通风系统的送风量大，它的末端装置体积相对来说也较大。

置换通风末端装置通常有圆柱形、半圆柱形、1/4 圆柱形、扁平形及壁形 5 种。

在民用建筑中，置换通风末端装置一般均为落地安装，如图 2-16（a）所示。当某高级办公大楼采用夹层地板时，置换通风末端装置可在地面上，如图 2-16（b）所示。在工业厂房中由于地面上有机械设备及产品零件的运输，置换通风末端装置可架空布置，如图 2-16（c）所示。

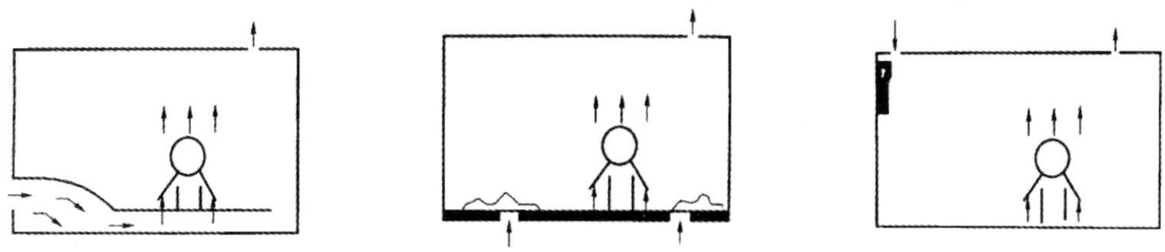

（a）落地安装　　（b）地平安装　　（c）架空安装

图 2-16　置换通风末端装置及排风口的布置

落地安装是使用最广泛的一种形式。1/4 圆柱形可布置在墙角内，易与建筑配合。半圆柱形及扁平形用于靠墙安装。圆柱形用于大风量的场合并可布置在房间的中央。

地平安装时该末端装置的作用是将出口空气向地面扩散，使其形成空气湖。

架空安装时该末端装置的作用是引导出口空气下降到地面，然后再扩散到全室并形成空气湖。

2.5　空调风系统设计

空调风系统是由风机、风道、风口、风量调节阀、防火阀、消声器、风机减振器等配件组成的系统。风系统设计得合适与否，关系到整个空调系统的造价、运行的经济性和效果。空调风系统设计的基本任务是布置合理的管线；确定风管的形状及各段截面的尺寸；计算系统的阻力，选择合适的风机，使系统的初投资和运行费用综合最优。

2.5.1　风管内的阻力及其计算

风管内空气流动的阻力有两种，一种是由于空气本身的黏滞性及其与管壁间的摩擦而产生的沿程能量损失，称为沿程阻力或摩擦阻力；另一种是空气流经风管中的管件及设备时，由于流速的大小和方向变化以及产生涡流造成比较集中的能量损失，称为局部阻力。

1. 摩擦阻力

根据流体力学原理，空气在横断面不变的管道内流动时，沿程阻力可按式（2-9）计算：

$$\Delta p_{\mathrm{m}} = \lambda \frac{l}{4R_{\mathrm{s}}} \cdot \frac{\rho v^2}{2} \tag{2-9}$$

式中　λ——摩擦阻力系数；

l——风管的长度（m）；

ρ——空气密度（kg/m^3）；

v——风管内空气的平均流速（m/s）；

R_{s}——风管的水力半径（m），其中

$$R_{\mathrm{s}} = \frac{F}{P} \tag{2-10}$$

式中　F——管道中充满流体部分的横断面积（m^2），即风管横断面积；

P——湿周，在通风系统中即为风管周长（m）。

比摩阻（单位管长的摩擦阻力）的计算式为

$$R_m = \lambda \frac{1}{4R_s} \cdot \frac{\rho v^2}{2} \tag{2-11}$$

1）圆形风管的摩擦阻力

对于圆形风管：

$$R_s = \frac{F}{P} = \frac{\frac{\pi}{4}D^2}{\pi D} = \frac{D}{4} \tag{2-12}$$

式中　D——风管直径（m）。

则其沿程损失和比摩阻分别为

$$\Delta P_m = \lambda \frac{1}{D} \cdot \frac{\rho v^2}{2} l \tag{2-13}$$

$$R_m = \frac{\lambda}{D} \cdot \frac{\rho v^2}{2} \tag{2-14}$$

摩擦阻力系数 λ 与空气在风管内的流动状态和风管管壁的粗糙度有关。在空调系统中，风管中空气的流动状态大多属于紊流光滑区到粗糙区之间的过渡区，因此摩擦阻力系数可按下式计算。

$$\frac{1}{\sqrt{\lambda}} = -2\lg\left(\frac{k}{3.7D} + \frac{2.51}{\mathrm{Re}\sqrt{\lambda}}\right) \tag{2-15}$$

式中　Re——雷诺数；

k——风管内壁粗糙度（mm）。

在进行风管的设计时，通常是利用式（2-10）和（2-11）制成计算表格或线算图，进行管道阻力计算。这样在已知风量、管径、流速和比摩阻 4 个参数中的任意 2 个，即可求得其余 2 个参数。附录 1 是在风压 $p = 101.3$ kPa、温度 $t = 20$ °c、空气密度 $\rho = 1.2$ kg/m^3、运动黏度 $\upsilon = 15.06 \times 10^{-6}$ m^2/s、管壁粗糙度 $k = 0.15$ 的条件下绘制的圆形风管单位长度摩擦阻力线算图。附录 2 为圆形风管（镀锌钢板）计算表。

2）矩形风管的摩擦阻力

矩形风管的单位长度比摩阻力可直接查附录 3 钢板矩形风管计算表得出，也可将矩形风管折算成当量的圆形风管，再用附录 1 圆形风管单位长度摩擦阻力线算图来计算。当量直径是指与矩形风管有相同单位长度沿程损失的圆形风管直径，它分为流速当量直径和流量当量直径两种，工程上一般用流速当量直径和流量当量直径来折算。

流速当量直径是指矩形风管的空气流速与圆形风管中的空气流速相等，且两风管的比摩阻 R_m 值相等，此时圆形风管的直径就称为该矩形风管的流速当量直径，以 D_v 表示，计算公式如下：

$$D_v = \frac{2ab}{a+b} \tag{2-16}$$

式中　a，b——风管断面的宽、高（mm）。

流量当量直径是指矩形风管中的空气流量与圆形风管的空气流量相等，且两风管的比摩阻 R_m 值相等，此时圆形风管的直径就称为矩形风管的流量当量直径，以 D_L 表示，计算公式如下：

$$D_L = 1.27\sqrt[5]{\frac{a^3b^3}{a+b}} \tag{2-17}$$

当实际条件与附录 1、附录 3 条件出入较大时应加以修正。

3）粗糙度对摩擦阻力的影响

从式（2-13）可看出，摩擦阻力系数不仅与雷诺数有关，还与管壁粗糙度有关。粗糙度增大时，摩擦阻力也增大。在空调工程中使用各种材料制作风管，这些材料的粗糙度如表 2-1 所示。

表 2-1　各种材料所作风管的粗糙度 k

风管材料	粗糙度/mm	风管材料	粗糙度/mm
薄钢板或镀锌钢板	0.15～0.18	胶合板	1.0
塑料板	0.01～0.05	砖砌体	3.00～6.00
矿渣石膏板	1.0	混凝土	1.00～3.00
矿渣混凝土板	1.5	木板	0.20～1.00

管壁的粗糙度不同时，用附录 1 查得的 R_m 值必须进行修正，粗糙度修正系数 K_r 的表达式如下：

$$K_r = (kv)^{0.25} \tag{2-18}$$

式中　k——管壁实际粗糙度，见表 2-1 所列（mm）；

　　v——风管内空气的平均流速（mm）。

4）空气温度对摩擦阻力的影响

当风管内空气温度与作图时所用的空气温度不同时，空气密度、运动黏度及单位长度摩擦阻力都会发生变化。这时用温度修正系数 K_t 进行修正，表达式如下：

$$K_t = \left(\frac{293}{t+293}\right)^{0.825} \tag{2-19}$$

式中　t——实际的空气温度（°C）。

5）大气压力对摩擦阻力的影响

用大气压力修正系数 K_B 进行修正，表达式如下：

$$K_B = \left(\frac{B'}{101.3}\right)^{0.9} \tag{2-20}$$

式中　B'——实际的大气压力（kPa）。

修正后的实际比摩阻 R'_m 应为

$$R'_{\mathrm{m}} = K_{\mathrm{r}} \cdot K_{\mathrm{t}} \cdot K_B \cdot R_{\mathrm{m}} \tag{2-21}$$

式中　R_m——通过线算图或计算表，可以查得的比摩阻（Pa/m）。

减少风管系统的摩擦阻力，主要有这几个措施：① 尽量采用表面光滑的材料制作风管；② 在允许范围内尽量降低风管内的风速；③ 及时做好风管内的清扫，以减小壁面粗糙度。

2. 局部阻力

造成局部阻力的原因主要有流体的流动方向改变、流量改变、断面尺寸发生变化、通过管件设备等。风管局部阻力损失按下式计算：

$$\Delta P_{\mathrm{j}} = \zeta \frac{\rho v^2}{2} \tag{2-22}$$

式中　ζ——局部阻力系数。各种构件的局部阻力系数通常用试验的方法来确定。ζ 值可查本专业相关设计手册。

在通风系统中，局部阻力所造成的能量损失占很大的比例，甚至是主要的能量损失，所以在设计和施工时应尽量减小局部阻力。

减少风管系统的局部阻力，主要有以下几个措施：

1）渐扩管和渐缩管

在工程上应该尽量避免风道断面的突然变化，管道变径时尽量利用渐扩管和渐缩管来代替突扩和突缩。流体流过逐渐扩张的管道时，由于管道截面积的逐渐扩大，使得流速沿流向减小，压强增高，且由于黏性的影响，在靠近壁面处，由于流速小，以至于动量不足以克服逆压的倒推作用，因而在靠近壁面处出现倒流现象从而引起旋涡，产生能量损失。渐扩管和渐缩管的开口角大，涡流区就大，能量损失也大。为减小阻力，工程中一般取 8° ~ 10°，其能量损失最小，如图 2-17 所示。

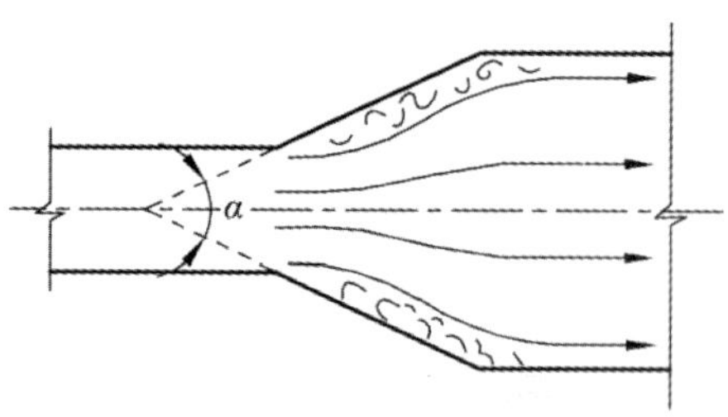

图 2-17　渐扩管内的空气流动

2）弯　头

布置管道时，应力求管线短直，减少弯头。弯管的局部损失取决于管道的直径、曲率半径和管道的弯曲角。因此在设计管道时，为了减小局部损失，应尽量避免采用弯转角过大的死弯。圆形风管弯头的曲率半径一般应大于 1 ~ 2 倍管径，如图 2-18 所示。民用建筑中常采用矩形直角弯头，矩形风管弯头断面的长宽比越大，阻力越小；矩形弯头内部应设置导流叶片，以减小阻力，如图 2-19 所示。

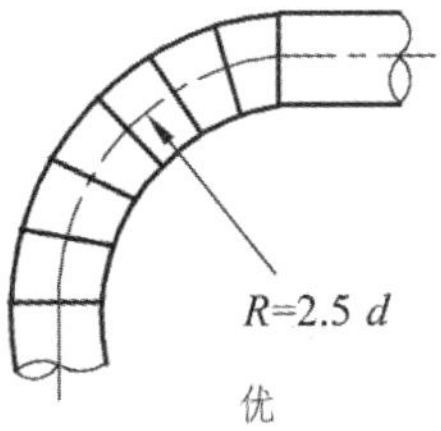

图 2-18　圆形风管弯头

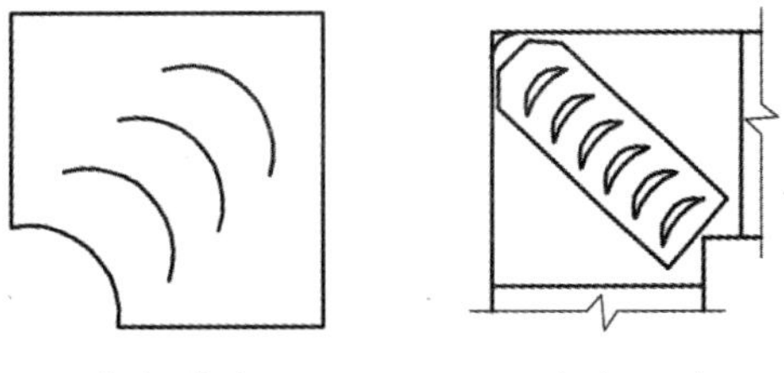

图 2-19　导流叶片

3）三　通

工程中有各种各样的三通接头，其局部阻力系数也各不相同，使用时可查阅流体力学手册。三通局部阻力的大小与断面形状、两支管夹角、支管和总管的截面比例、用作分流还是合流等有关，为减小三通的局部阻力，应尽可能使支管与干管的夹角不超过 30°，如图 2-20 所示。当合流三通内直管的气流速度大于支管的气流速度的时候，会出现气流引射现象（直管气流引射支管气流），虽然流速小的直管或支管得到了能量，但流速大的直管或支管会失去较多能量，导致总损失增加，为了避免出现这种现象以减少局部阻力，应该尽量使直管和支管流速相等，$v_1 \approx v_2 \approx v_3$，即 $F_1 + F_2 \approx F_3$，如图 2-21 所示。

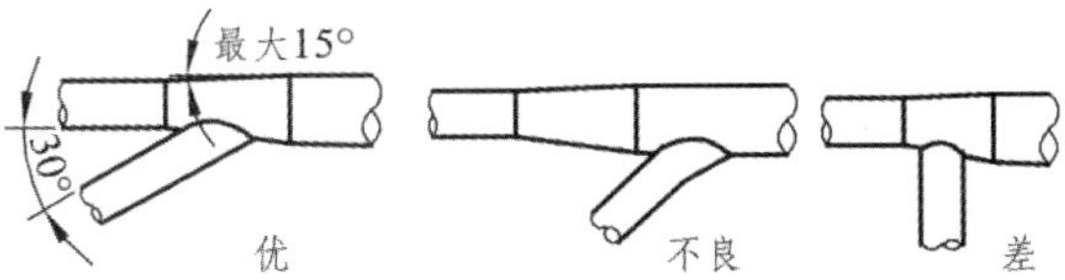

图 2-20　三通支管与干管的连接

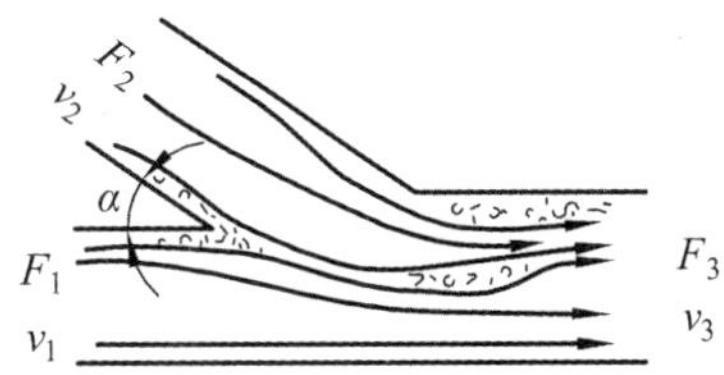

图 2-21　合流三通

4）风管的进、出口

风管与风机的连接要合理，避免流速与流向的突然变化。在风机进口前应尽量设置一定长度的管段，其长度不小于管道直径。风机出口后也要设置 1.5 倍管道直径以上的直管段，且出口后第一个管道转弯的方向应该和风机叶轮的旋转方向相同，如图 2-22 所示。

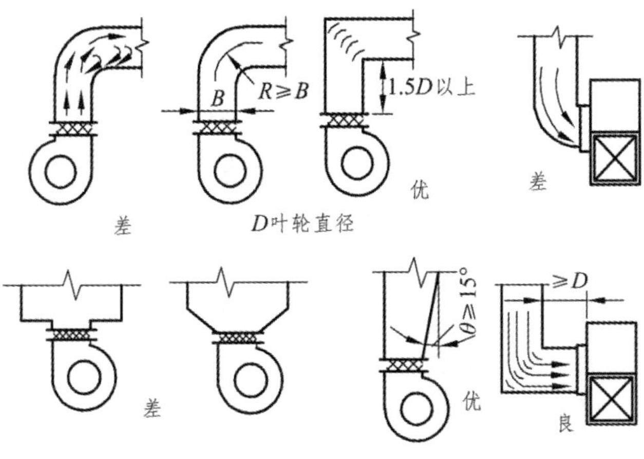

图 2-22　风机进出口的管道连接

3. 总阻力损失

总阻力损失即为

$$\Delta p=\Delta p_m+\Delta p_j \tag{2-23}$$

式中　Δp_m——摩擦阻力损失（Pa）。

2.5.2　风系统设计中的有关问题

1. 风管系统的布置

（1）科学合理、安全可靠地划分系统。考虑哪些房间可以合为一个系统，哪些房间设单独的系统。

（2）风管布置要尽可能短，避免复杂的局部管件。弯头、三通等管件要安排得当，连接要合理，以减少阻力和噪声。同时还要考虑便于风系统的安装、调节、控制与维修。

（3）风管系统的主干支管应设置调节装置、风管测定孔、风管检查孔和清洗孔。

（4）根据需要，风管可以采用明装和暗装，暗装不影响美观，但是投资较高。

（5）与风机或振动设备连接的管道，应装设如帆布、橡胶制作的软接头，以减少风机或振动设备对管道的影响。

（6）风管穿墙时要采用软材料（如石棉绳）填充。

2. 风管的形状和材料

1）形　状

风管的断面形状有圆形和矩形两种。圆形断面风管强度大、阻力小，消耗材料少，但加工工艺比较复杂，占用空间多，布置时难以与建筑、结构配合，常用于高速送风的空调。矩形断面风管易加工、好布置，能充分利用建筑空间，弯头、三通等部件的尺寸较圆形风管小。为了节省建筑空间，布置美观，一般民用建筑空调系统送、回风管道的断面形状均以矩形为宜。圆形风管和矩形风管的区别如表 2-2 所示。

表 2-2　圆形风管和矩形风管的区别

风管形状	优点	缺点	应用
圆形风管	强度大，阻力小，耗材少，安装方便	工艺复杂，不易加工，难与建筑结构配合	应用于工业生产等高速通风系统
矩形风管	工艺简单，易加工，占用空间少，布置美观，易与建筑结构配合	耗材多，强度较圆形风管稍小，阻力大	一般民用建筑的空调通风系统

当风管中流速较高，风管直径较小时，如高速空调系统采用圆形风管。当风管断面尺寸大时，为了充分利用建筑空间，通常采用矩形风管。一般民用建筑空调系统都采用矩形风管。采用矩形风管时，长、短边之比宜小于 4。风管的截面尺寸宜按现行国家标准《通风与空调工程施工质量验收规范》（GB 50243—2016）的有关规定执行。

2）材　料

（1）金属薄板。金属薄板是制作风管及部件的主要材料。

普通薄钢板：有良好的加工性能及结构强度，常用于一般通风管道和除尘风道。表面容易生锈，应刷油漆进行防腐。

镀锌钢板：由普通薄钢板镀锌而成，其表面有锌层起防锈作用。由于其表面为银白色，又称“白铁皮”。白铁皮一般厚度较薄，常用在气体中无粉尘磨损的空调系统及不受酸雾作用的潮湿环境中。

铝及铝合金板：加工性能好、耐腐蚀、摩擦时不易产生火花，但造价较高，常用于要求防爆的通风系统。

不锈钢板：表面光洁，具有良好的耐腐蚀能力，其造价较高，常用在化工工业耐腐蚀的通风管道中。

（2）非金属材料。在通风管中采用的非金属材料种类较多，但其应用不如金属薄板普遍。

硬聚氯乙烯：耐酸、碱和耐腐蚀能力强，机械加工性能好，表面光滑，施工方便。常用于有腐蚀性气体的通风系统。但硬聚氯乙烯不耐高温，使用温度一般不超过 60 °C，线膨胀系数大，不利于抗老化和防火。

玻璃钢：以玻璃纤维制品为增强材料，以树脂为黏结剂，经过一定成型工艺制作的复合材料。耐腐蚀性很好，常用于含有腐蚀性的气体以及含有水蒸气的排风系统。

塑料复合钢板：在普通薄钢板表面喷上一层 0.2 ~ 0.4 mm 厚的塑料层。常用于防尘要求较高的空调系统和−10 ~ +70 °C 的耐腐蚀系统。这种钢板价格较高，比普通碳素钢板贵 50%。

砖和混凝土：常用于利用建筑空间或铺设地下风道的场合。

3. 风管的保温

当风管在输送空气过程中冷、热量损耗大，又要求空气温度保持恒定，或者要防止风管穿越房间时对室内空气参数产生影响及低温风管表面结露，都需要对风管进行保温。

1）保温材料

保温材料主要有软木、聚苯乙烯泡沫塑料、超细玻璃棉、玻璃纤维保温板、聚氨酯泡沫塑料和蛭石板等，它们的热导率大都在 0.12 W/（m · °C）以内。通过管壁保温层的传热系数一般控制在 1.84 W/（m^2 · °C）以内。

2）保温层结构

保温层结构可参阅有关的国家标准。通常保温结构有 4 层：

（1）防腐层：涂防腐油漆或沥青。

（2）保温层：填贴保温材料。

（3）防潮层：包油毛毡、塑料布或刷沥青，用来防止潮湿空气或水分侵入保温层内，避免保温层破坏或内部结露。

（4）保护层：室内管道可用玻璃布、塑料布、木板、胶合板做成，室外管道应用钢丝网水泥或薄钢板作保护层。

2.5.3 空调房间的气流组织

空调房间的气流组织（又称空气分布），是指合理地布置送风口和回风口，使得经过处理后的空气，送入空调区，从而使空调区（通常是指离地面高度 2 m 以下的空间）内形成比较均匀而稳定的温湿度、气流速度和洁净度，以满足生产工艺和人体舒适的要求。

气流组织直接影响空调效果，空调房间气流组织不同，房间得到的空调效果也不同。影响气流组织的因素很多，如送风口和回风口的位置、形式、大小、数量，送入室内气流的温度和速度，房间的几何形状和大小，热源在室内的位置等。为了使送入房间的空气合理分布，就要了解并掌握气流在空间内运动的规律和不同的气流组织方式。

1. 送回风口的气流流动规律

1）送风口的气流流动规律

空气经过孔口或喷嘴向周围气体的外射流动称为射流。根据射流是否受周界表面的限制分为自由射流和受限射流；根据射流与周围流体的温度是否相同可分为等温射流与非等温射流。在空调工程中常见的射流多属于非等温受限射流。

（1）自由射流。

自由射流分为等温自由射流和非等温自由射流。

① 等温自由射流。

当空气自风口喷射到比射流体积大得多的同温介质房间中，射流可不受限制地扩大，则形成如图 2-23 所示的等温自由射流。由于射流与周围介质的湍流动量交换，周围空气不断地被卷入，射流不断扩大，因而射流断面速度场从射流中心开始逐渐向边界衰减并沿射程不断变化。结果，流量沿程增加，射流直径加大，但在各断面上的总动量保持不变。将射流轴心速度保持不变的一段长度称为起始段，其后称为主体段。空调工程中常用的射流段为主体段。

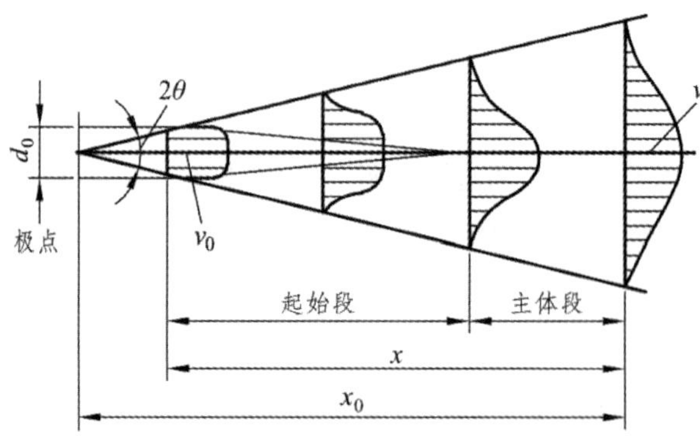

图 2-23 等温自由射流

② 非等温自由射流。

当射流出口温度与周围空气温度不相同时，这种射流称为非等温自由射流。对于非等温自由射流，射流与室内空气的混掺不仅引起动量的变化，而且还带来热量的交换。而热量的交换较之动量的变化快，即射流的温度扩散角大于速度扩散角，因而温度衰减较速度衰减快。

（2）受限射流。

在射流运动过程中，由于受壁面、顶棚及空间的限制，射流的运动规律有所变化。受限射流分为贴附射流和非贴附射流两种情况。如图 2-24 所示，当送风口位于房间中部时（$h=0.5H$），射流为非贴附情况，射流区呈橄榄形，在其上下形成与射流流动方向相反的回流区。当送风口位于房间上部（$h\geqslant 0.7H$）时，射流贴附于顶棚，房间上部为射流区，下部为回流区。

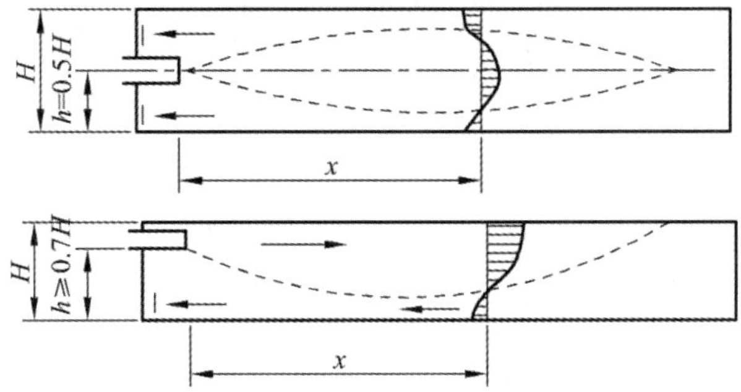

图 2-24　有限空间射流流动

2）回风口的气流流动规律

回风口与送风口的空气流动规律是完全不同的。送风射流以一定的角度向外扩散，而回风气流则从四面八方流向回风口。回风口的气流流动规律近似于流体力学中所述的点汇流。

回风口的气流速度衰减很快，对室内气流的影响比较小。因此在研究空间的气流分布时，主要考虑送风口射流的作用，同时考虑排风口的合理位置，以便实现预定的气流分布模式。忽略排风口在空间气流分布中的作用，将导致送风作用的有效性降低。

2. 送、回风口的形式及位置

1）按送风口送出气流流动状况分类

送风口也称空气分布器。送风口按送出气流流动状况分为：

（1）扩散型风口，具有较大的诱导室内空气作用，送风温差衰减快，射程短，如盘式散流器、片式散流器等。

（2）轴向型风口，诱导室内空气的作用小，空气的温度、速度衰减慢，射程远，如格栅送风口、百叶送风口、喷口等。

送回风口的形式及位置

（3）孔板送风口，是在平板上满布小孔的送风口，速度分布均匀、衰减快，用于洁净室或恒温室等空调精度要求较高的空调系统中。

2）按送风口安装位置分类

按送风口的安装位置可分为侧送风口、顶送风口（向下送）、地面送风口（向上送）等。

（1）侧送风口。

表 2-3 中所列是常用的侧送风口形式。侧送风口通常装于管道或侧墙上。工程上应用最多的是百叶风口，百叶风口中的百叶可做成活动可调的，既能调风量，也能调送风方向。百叶风口常用的有单层百叶风口和双层百叶风口。单层百叶风口中叶片横装的可调仰角或俯角，叶片竖装的可调方向；双层百叶风口的外层叶片横装，内层叶片竖装，或者外层叶片竖装，内层叶片竖装。

除了百叶风口外，还有格栅送风口和条缝送风口，风口应与建筑装饰很好地配合。

表 2-3　常见侧送风口形式

序号	风口形式	图例	应用范围
1	格栅送风口	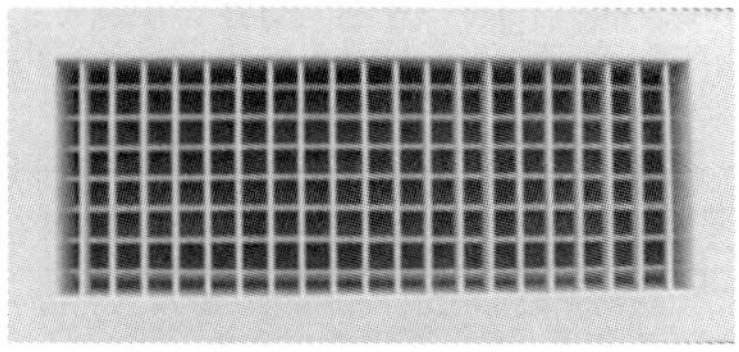	叶片呈空花图案的格栅状，用于一般空调工程
2	单层百叶送风口	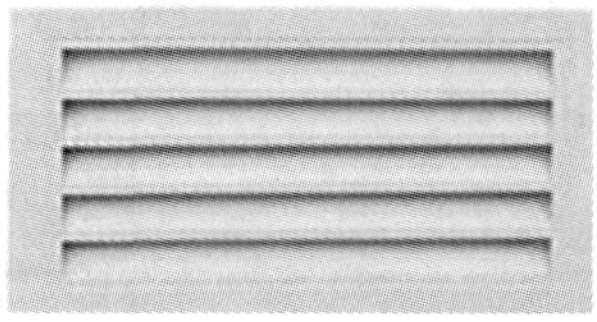	叶片可活动，可根据冷、热射流调节送风的上下倾角，用于一般空调工程
3	双层百叶送风口		叶片可活动，内层对开叶片用以调节风量，用于较高精度空调工程
4	带调节阀活动百叶送风口		通过调节阀调整风量，用于较高精度空调工程

（2）散流器。

散流器一般安装于顶棚上。根据它的形状可分为圆形、方形和矩形散流器，如图 2-25 所示。根据其结构可分为盘式、直片式和流线型。表 2-4 中所列是常用散流器的形式。盘式散流器的送风气流呈辐射状，比较适合于层高较低的房间，但冬季送热风易产生温度分层现象。片式散流器中，片的间距有固定的，也有可调的。采用可调叶片的散流器，它的送出气流可形成锥形或辐射形扩散，可满足冬、夏季不同的需要。散流器平送适用于公共建筑的舒适性空调和工艺性空调。散流器下送适用于净化空调。

（a）方形散流器　　（b）圆形散流器　　（c）矩形散流器

图 2-25　常见散流器形式

表 2-4　散流器形式及应用范围

序号	散流器形式	风口形式	气流流型及应用范围
1	盘式散流器	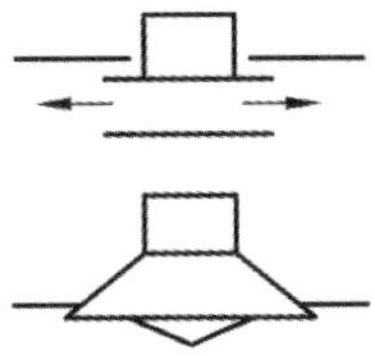	属平送流型，用于层高较低的房间，挡板上可贴吸声材料，能起消声作用
2	直片式散流器	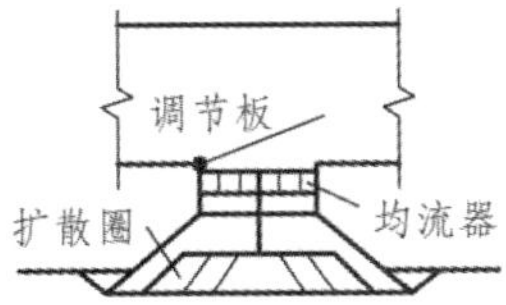	平送流型或下送流型（降低扩散圈在散流器中的相对位置时可得到平送流型，反之则可得到下送流型）
3	流线型散流器	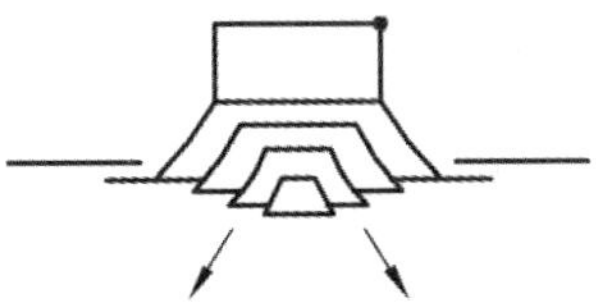	属下送流型，适用于净化空调
4	送吸式散流器	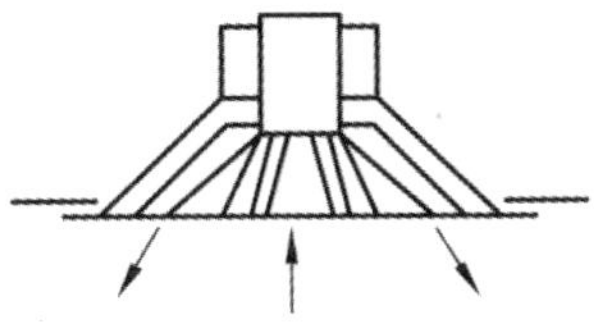	属平送流型，可将送回风口结合在一起

（3）孔板送风口。

孔板送风是利用顶棚上面的空间为稳压层，空气由送风管进入稳压层后，在静压作用下通过在顶棚上开设的具有大量小孔的多孔板（见图 2-26），均匀地进入空调房间内的送风方式，而回风口则均匀地布置在房间的下部。气流组织形式为上送下回。当房间高度在 3 ~ 5 m，而又要求较大的送风量时，为保证空调区内具有较均匀的速度场和温度场，可采用孔板送风。

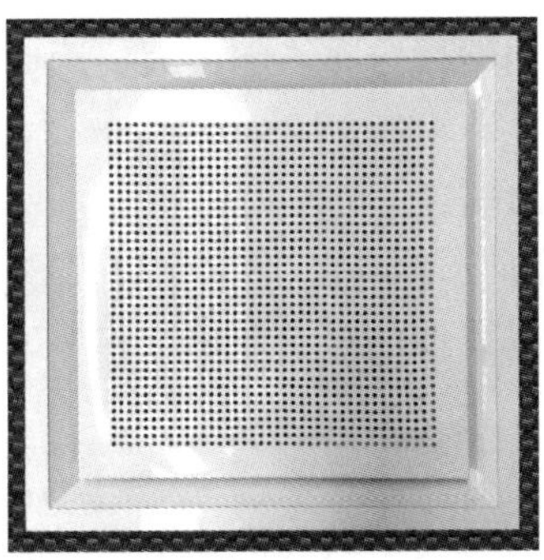

图 2-26　孔板送风口

（4）喷射式送风口。

如图 2-27 所示，喷射式送风口是用于远程送风的喷口，它属于轴向型风口，送风气流诱导的室内风量少，射程一般可达 10 ~ 30 m，甚至更远，通常在大空间如体育馆、候机大厅中用作侧送风口。如风口既送冷风又送热风应选用可调角度喷口，角度调节范围为30°。送冷风时，风口水平或上倾；送热风时，风口下倾。

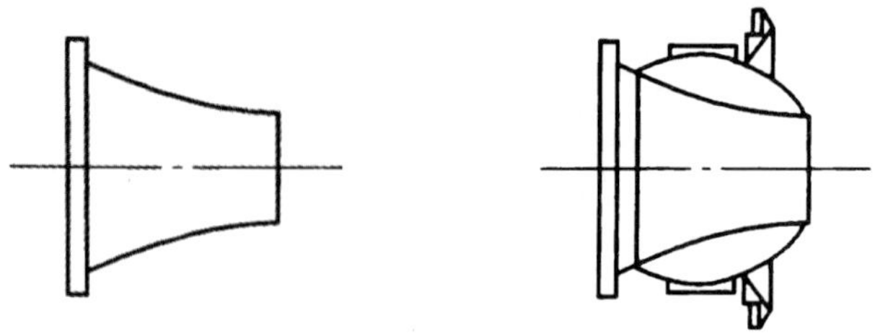

（a）固定式喷口　　（b）可调角度喷口

图2-27　喷口

（5）旋流送风口。

旋流送风口由出口格栅、集尘箱和旋转叶片组成，如图2-28所示。空调送风经旋流叶片切向进入集尘箱，形成旋转气流由格栅送出。送风气流与室内空气混合好，速度衰减快。格栅和集尘箱可以随时取出清扫。这种送风口适用于电子计算机房的地面送风。

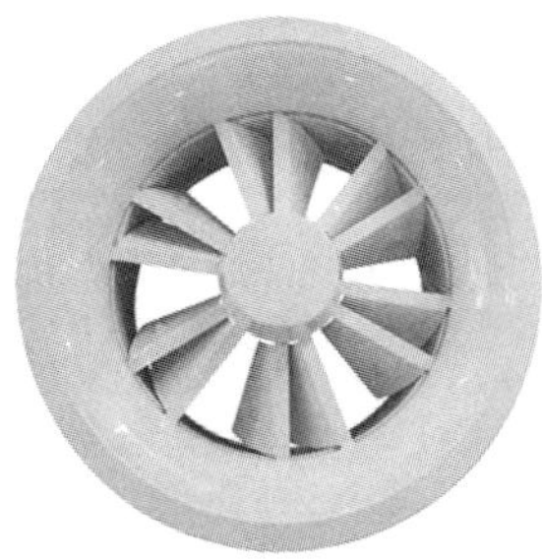

图2-28　旋流送风口

3）回风口形式

由于回风口附近气流速度衰减很快，对室内气流组织的影响很小，因而回风口的构造比较简单。常用的回风口有单层百叶风口、格栅式风口、网式风口及活动篦板式风口。回风口的形状和位置根据气流组织要求而定。若设在房间下部时，为避免灰尘和杂物吸入，风口下缘离地面至少0.15 m。

在空调工程中，风口均应能进行风量调节，若风口上无调节装置时，则应在支风管上加以考虑。

4）送、回风口的位置

送风口或回风口的位置对室内空气分布影响最大，因此送、回风口的位置设置应满足以下要求：

（1）室内空气没有循环不均的现象。

对于射程长的房间应采用轴向型送风口，而对于射程短的房间可采用扩散性能好的风口。另外，要在空气不易流动的场所设置回风口，避免室内形成死区。回风口也不应设在射流区内和人员长期停留的地点。

（2）送风气流不易形成短路。

当送风口与回风口的位置靠近时，送风气流在室内没有充分扩散就被回风口吸进，形成短路，这种情况是不允许的。送、回风口的距离应尽量增大或让其处于不同的平面上。采用侧送风时，回风口宜设在送风口的同侧；采用孔板或散流器下送时，回风口宜设在下部；当室内温湿度精度不高且室内参数相同或相近的系统可采用走廊回风；采用顶棚回风时，回风口与照明灯宜结合成一整体。回风口的吸风速度见表2-5。

表 2-5　回风口的吸风速度

回风口的位置		吸风速度/（m/s）
房间上部		4.0 ~ 5.0
房间下部	不靠近人经常停留的地点	3.0 ~ 4.0
	靠近人经常停留的地点	1.5 ~ 2.0
	用于走廊回风口	1.0 ~ 1.5

3. 气流组织形式

气流组织形式取决于送风口和回风口位置、送风口形式、送风量等因素。其中，送风口的位置、形式、规格和出口风速等是影响气流组织的主要因素。常见的气流组织形式有以下 4 种。

1）上送下回形式

上送下回是最基本的气流组织形式。送风口安装在房间的侧上部或顶棚上，而回风口则设在房间的下部，如图 2-29 所示。它的主要特点是送风气流在进入工作区之前就已经与室内空气充分混合，易形成均匀的温度场和速度场，适用于一般空调及温湿度和洁净度要求较高的工艺性空调。

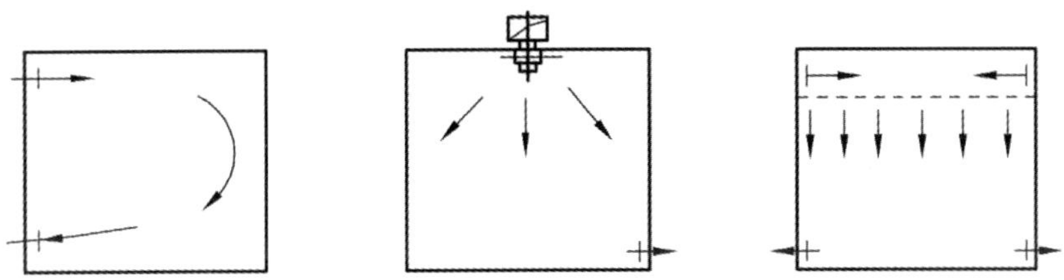

（a）侧送侧回　　（b）散流器送风　　（c）孔板送风

图 2-29　上送下回气流组织形式

2）上送上回形式

在工程中，有时采用下回风时布置管路有一定的困难，常采用上送风上回风形式，如图 2-30 所示。这种方式的主要特点是施工方便，但影响房间的净空使用，且如果设计计算不准确，会造成气流短路，影响空调效果。这种布置比较适用于有一定的美观要求的民用建筑。

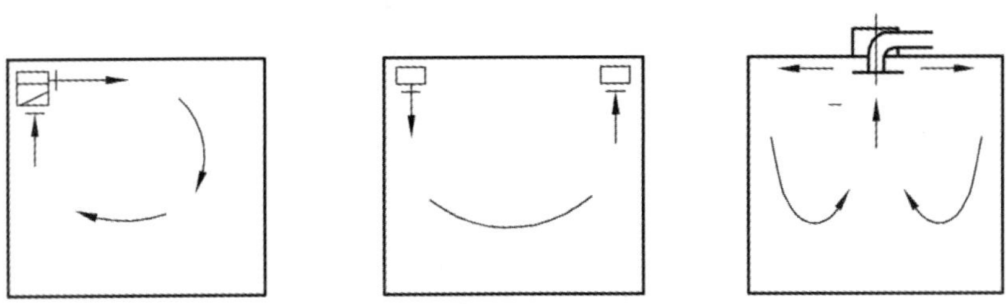

（a）单侧上送上回　　（b）异侧上送上回　　（c）送吸式散流器上送上回

图 2-30　上送上回气流组织形式

3）中送风

在某些高大的空调房间内，若实际工作区在下部，则不需将整个空间都作为控制调节的对象，而采用在房间高度的中部位置用侧送风口或喷口的中送风方式（见图 2-31），可减小能耗。但这种气流分布会造成空间竖向温度分布不均匀，存在着温度“分层”现象。

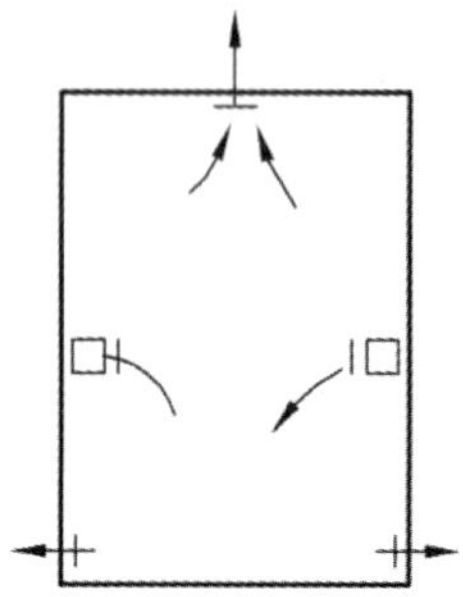

图 2-31　中送风气流组织形式

4）下送风

如图 2-32 所示为 3 种下送风形式，其中（a）为地面均匀送风、上部集中排风。这种送风方式使新鲜空气首先通过工作区，有利于改善工作区的空气品质。为了满足人体舒适感要求，送风温差不可过大，一般以 2 ~ 3 °C 为宜，送风速度也不能过大，一般不超过 0.5 ~ 0.7 m/s，这就必须增大送风口的面积或数量，给风口布置带来困难。但是由于是顶部排风，因而房间上部余热（照明散热、上部围护结构传热等）可以不进入工作区而被直接排走，故有一定的节能效果，所以近年来受到相当的重视。图 2-32（b）为送风口设于窗台下面垂直向上送风的形式，这样可在工作区造成均匀的气流流动，同时能阻挡通过窗户进入室内的冷热气流直接进入工作区。工程中风机盘管系统常采用这种布置方式。图 2-32（c）是下部低速侧送风（置换式送风）的室内气流的组织形式。

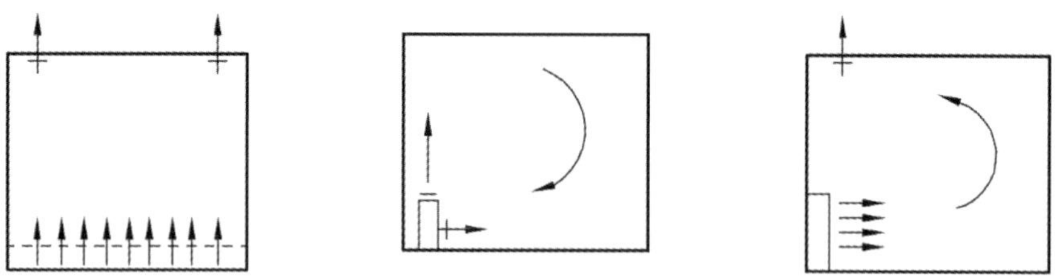

（a）地板均匀下送　　（b）末端装置下送　　（c）置换式下送

图 2-32　下送风气流组织形式

上述各种气流分布形式的具体应用要考虑空间对象的要求和特点，并应考虑实现某种气流分布的现场条件。

2.5.4　空调系统的消声与减振

1. 空调系统的噪声

噪声是声波的一种，具有声波的一切特性。对于声音强度大而又嘈杂刺耳或者对某项工作来说是不需要或有妨碍的声音，统称为噪声。世界卫生组织认为噪声不同程度地影响人的精神状态，干扰人们的工作、学习和生活。我国把噪声定为环境污染四害（即空气污染、水污染、垃圾污染及噪声污染）之一。

空调工程中主要的噪声源是通风机、制冷机、水泵和机械通风冷却塔等。通风机噪声主要是通风机运转时的空气动力噪声（包括气流、涡流噪声，撞击噪声和叶片回转噪声）和机械噪声。除此之外，还有一些其他的气流噪声，如风管内气流引起的管壁振动，气流遇到障碍物（阀门、弯头等）产生的涡流以及出风口风速过高等都会产生噪声。

通风空调系统中，通风机噪声除由风机传入室内外，还可以通过建筑围护结构的不严密处传入室内；设备的振动和噪声也可以通过地基、围护结构和风管壁传入室内。当空调房间内要求比较安静时（噪声级比较低），空调装置除了应满足室内温湿度要求之外，还应满足噪声的有关要求，达到这一要求的重要手段之一就是通风系统的消声和设备的防震。

2. 噪声（声音）的物理量度

1）声强与声压

（1）声压。声波传播时，由于空气受到振动而引起的疏密变化，使在原来的大气压强上叠加了一个变化的压强，这个叠加的压强被称为声压（用 p 表示，单位符号为 Pa），也就是单位面积上所承受的声音压力的大小。在空气中，当声频为 1 000 Hz 时，人耳可感觉的最小声压称为听阈声压 p_0，p_0 为 2×10^{-5} Pa，通常把 p_0 作为比较的标准声压，也称为基准声压；人耳可忍受的最大声压称为痛阈声压，为 20 Pa。声压表示声音的强弱，可以用仪器直接测量。

（2）声强。声音有强弱之分，描述声音强弱的物理量叫作声强，通常用 I 表示。某一点的声强，是指在该点垂直于声传播方向的单位面积上在单位时间内通过的声能。引起人耳产生听觉的声强的最低值叫“可闻阈”，该声强约为 10^{-12} W/m^2，而人耳能够忍受的最大声强约为 1 W/m^2。超过这一数值，将使人耳疼痛，所以这一极限也称为“痛阈”。

2）声强级与声压级

从上述分析可知，基准声强与痛阈声强绝对值相差 10^{12} 倍，这说明人耳的可听范围很宽。实验研究表明，人对声音强弱的感觉并不是与声强成正比，而是与其对数成正比的。以基准声强 I_0 作为基本参照量，取声强 I 与 I_0 比值的对数作为比较声音强弱的量。某一处的声强级是以该处的声强与参照声强的比值的常用对数的 10 倍来表示，单位为分贝（dB），用 L_I 表示声强级，即

$$L_\text{I}=10\lg\frac{I}{I_0} \tag{2-24}$$

式中 I——某一处声强（W/m^2）；

I_0——基准声强（10^{-12} W/m^2）。

同样，以声压 p 与基准声压 p_0 之比的常用对数的 20 倍来表示声压级，用 L_p 表示，单位也是分贝（dB）。

$$L_\text{p}=20\lg\frac{p}{p_0} \tag{2-25}$$

式中 p——某一处声压（Pa）；

p_0——基准声压（2×10^{-5} Pa）。

3）声功率与声功率级

声功率是表示声源特性的物理量。单位时间内声源以声波形式辐射的总能量称为声功率，用 W 表示，单位是瓦（W）。基准声功率 W_0 定义为 10^{-12} W。

声功率级是表示声源性质的，它直接表示声源发射能力的大小。声功率对基准声功率 W_0 之比，其常用对数的 10 倍称声功率级，即

$$L_{\mathrm{W}}=10\lg\frac{W}{W_0} \tag{2-26}$$

式中　W_0——基准声功率（10^{-12} W）；

W——声功率级（W）。

4）声波的叠加

由于量度声波的声压级、声强级或声功率级都是以对数为标度的，因此当有多个声源同时产生噪声时，其合成的噪声级应按对数法则进行运算。

当 n 个不同的声压级叠加时，总声压级为

$$\sum L_{\mathrm{p}}=10^{0.1L_{\mathrm{p1}}}+10^{0.1L_{\mathrm{p2}}}+\cdots+10^{0.1L_{\mathrm{p}n}} \tag{2-27}$$

式中　L_{p1}，L_{p2}，…，$L_{\mathrm{p}n}$——声源 1, 2, …, n 的声压级（dB）。

3. 空调系统中噪声的自然衰减

通风机产生的噪声在经过风管传播的过程中，由于流动空气对管壁的摩擦，使部分声能转换成热能，以及由于在系统部件（风管变截面和支路、弯头等）处有部分声能被反射，因而噪声会有衰减，这种衰减称为自然衰减。

空调系统中噪声的自然衰减可分为噪声在风管内的自然衰减和空气进入房间内的自然衰减两部分。

（1）噪声在风管内的自然衰减包括直管、弯头、分支管（三通）、变径管、风口反射的噪声自然衰减。在直管道中声波沿管道传播的方向不变，噪声衰减量很小，当风管粘贴有保温材料时低频噪声的减声量可增加一倍；噪声经过弯头时，会由于声波传播方向的改变而衰减；当管道分支时，噪声声能基本上按比例分配给支管，自主管到任何一个支管的三通噪声都会衰减；对于变径管，由于管道截面积突然扩大或缩小，导致噪声声能朝传播的相反方向反射而产生衰减；噪声在从风口进入房间的突然扩大过程中，有一部分声能被反射回风管内，会产生衰减。

（2）空气进入房间内噪声的衰减：从风口进入室内的噪声（声功率级 L_{W}），由于房间内壁、顶棚、家具和设备的吸声，还会再一次被衰减。此衰减量反映了进入室内的声功率级与造成人耳（或测点）感觉到的声压级之间的差值。

4. 消声器

降低空调系统噪声的主要措施有：合理选择风机类型，并使风机的正常工作点接近其最高效率点；风道内风速不宜大于 8 m/s。此外，转动设备（风机、泵）均应考虑设置防振隔声

措施。在计算管路噪声自然衰减后，如仍不能满足室内要求，则应在管路中或空调箱内设置消声器。

1）消声器的消声原理

消声器是由吸声材料按不同的消声原理设计成的构件。由于吸声材料的多孔性和松散性，能把入射在其上的声能部分地吸收掉。当声波进入消声材料的孔隙，引起孔隙中的空气和材料产生微小的振动，由于摩擦和黏滞阻力，使相当一部分声能化为热能而被吸收。

常用的吸声材料有玻璃棉、泡沫塑料、石棉绒、吸声砖、聚氨酯泡沫塑料（穿孔形）、木丝板、加气混凝土、卡普隆纤维管等。

2）消声器的形式

消声器根据不同消声原理可分为阻性型、共振型、抗性型和复合型等多种。

（1）阻性型消声器。

把吸声材料固定在管道内壁或按一定方式排列在管道和壳体内，就构成了阻性消声器。阻性消声器对中、高频噪声的消声效果显著，但对低频噪声消声效果较差。为了提高消声量，可以改变吸声材料的厚度、密度和结构形式。常用的阻性消声器有以下几种。

① 管式消声器。管式消声器是一种最简单的阻性消声器，它仅在管壁内壁贴上一层吸声材料，故又称“管衬”，如图 2-33 所示。

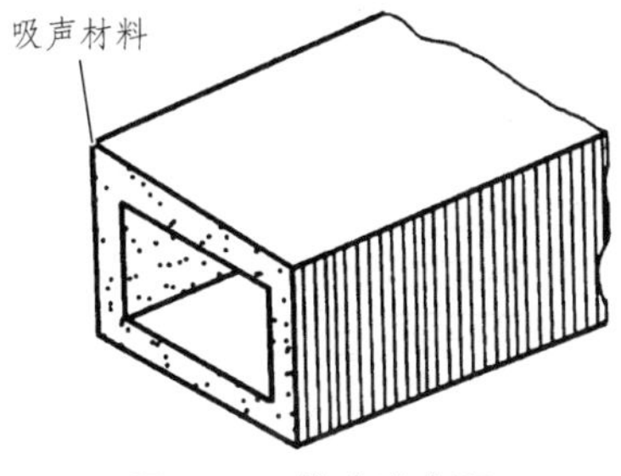

图 2-33　管式消声器

② 片式、蜂窝式（格式）消声器。为了提高上限失效频率和改善对高频声的消声效果，可把大断面风管的断面划分成几个格子，就成为片式或蜂窝式（格式）消声器，如图 2-34 所示。

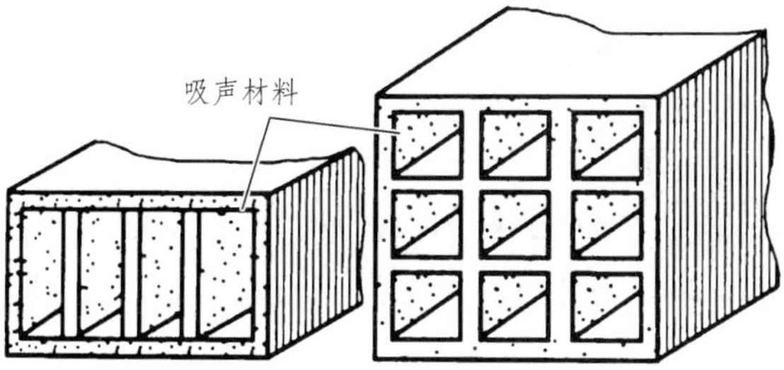

（a）片式　　（b）格式

图 2-34　阻性型消声器

片式消声器应用比较广泛，它构造简单，对中、高频吸声性能较好，阻力也不大。格式消声器具有同样的特点，但因要保证有效断面不小于风管断面，故体积较大。这类消声器的空气流速不宜过高，以防气流产生湍流噪声而使消声无效，同时增加空气阻力。

③ 折板式消声器。将片式消声器的吸声板改制成曲折形，就成为折板式消声器，如图 2-35 所示。声波在消声器内往复多次反射，增加了与吸声材料接触的机会，从而提高了中、高频声的消声量。但折板式消声器的阻力比片式消声器的阻力大。

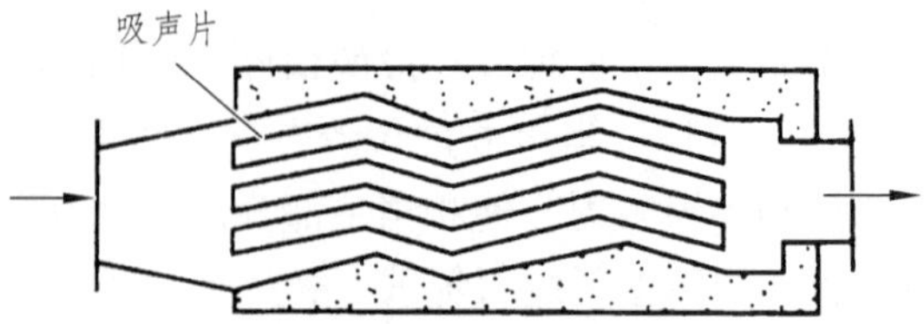

图 2-35　折板式消声器

（2）共振型消声器。

共振性消声器的构造如图 2-36（a）所示，在管道上开孔，并与共振腔相连。在声波作用下，小孔孔颈中的空气像活塞一样往复运动，使共振腔内的空气也发生振动，这样穿孔板小孔孔径处的空气柱和共振腔内的空气就构成了一个共振吸声结构如图 2-36（b）所示。它具有由孔颈直径 d、孔颈厚 t 和腔深 D 所决定的固有频率。当外界噪声的频率和共振吸声结构的固有频率相同时，会引起小孔孔颈处空气柱强烈共振，空气柱与颈壁剧烈摩擦，从而消耗了声能，起到消声的作用。这种消声器具有较强的频率选择性，消声效果显著的频率范围很窄，如图 2-36（c）所示，一般用来消除低频噪声。

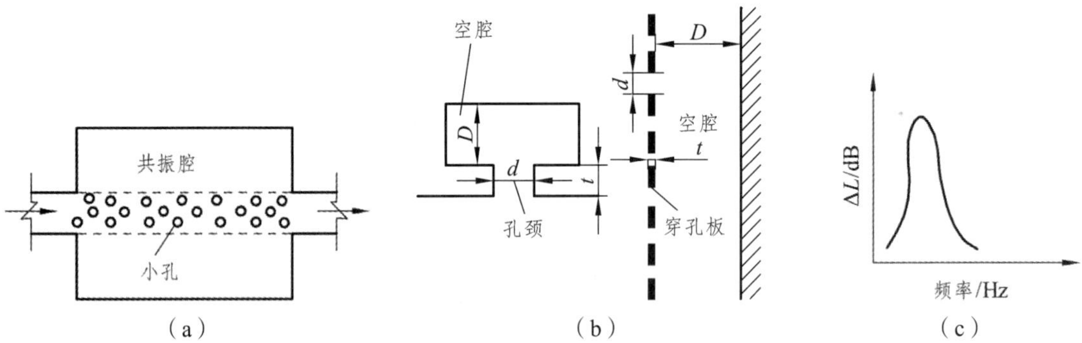

图 2-36　共振型消声器

（3）抗性型消声器（膨胀型消声器）。

抗性消声器由管和小室相连而成，如图 2-37 所示。由于通道截面的突变，使沿通道传播的声波反射回声源方向，从而起到消声作用。为保证一定的消声效果，消声器的膨胀比（大断面与小断面面积之比）应大于 5。

抗性消声器对中、低频噪声有较好的消声效果，结构简单；由于不使用吸声材料，因此不受高温和腐蚀性气体的影响。但这种消声器消声频程较窄，空气阻力大且占用空间多，一般宜在小尺寸的风管上使用。

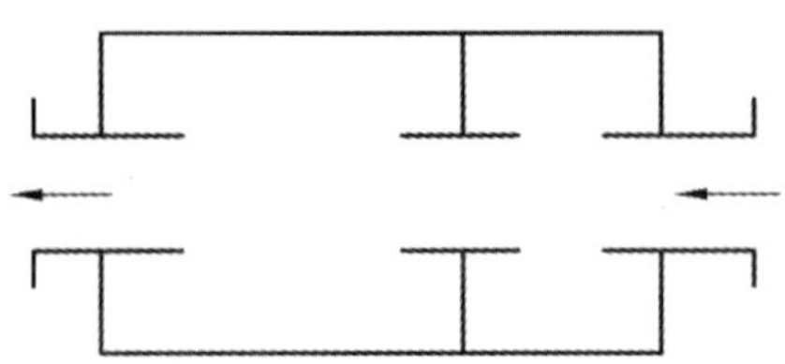

图 2-37　膨胀型消声器

（4）复合型消声器。

为了在较宽的频程范围内获得良好的消声效果，根据阻性消声器对中、高频噪声消除显著，抗性或共振性消声器对消除低频噪声效果显著的特点，设计出一种复合型消声器，如有阻抗复合式消声器、阻抗共振复合式消声器以及微穿孔板消声器等。

阻抗复合式消声器一般由用吸声材料制成的阻性吸声片和若干个抗性膨胀室组成，如图 2-38 所示。试验证明，它对低频消声性能有很大的提高。

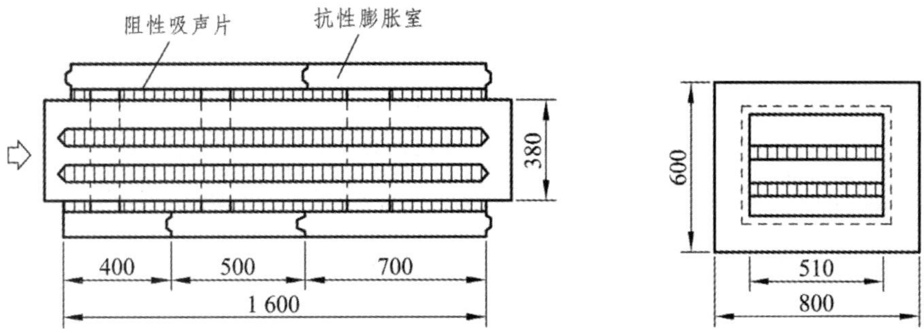

图 2-38　阻抗复合式消声器

（5）其他形式的消声器。

在实际工程中，还可以利用风管构件作为消声器，节约空间。常用的有消声弯头和消声静压箱。

① 消声弯头。当机房位置窄小而难以设置消声器，或需对原有建筑改进消声措施时，可以直接在弯头上进行消声处理。它有两种做法：一种是在弯头内贴吸声材料，如 2-39（a）所示，要求弯头内缘做成圆弧，外缘粘贴吸声材料的长度不应小于弯头宽度的 4 倍；另一种是将弯头改良成消声弯头，外缘采用穿孔板、吸声材料和空腔，如图 2-39（b）所示。

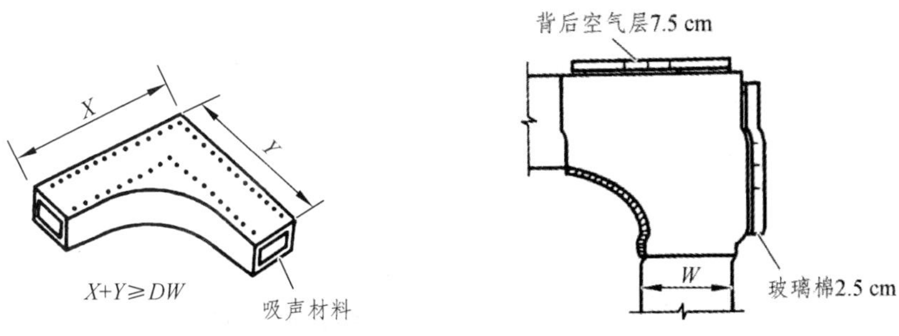

（a）内贴吸声材料　　（b）采用穿孔板、吸声材料和空腔

图 2-39　消声弯头

② 消声静压箱。在风机出口处或在空气分布器前设置静压箱并贴吸声材料，既可起到稳定气流的作用，又可起到消声的作用。它的消声量与材料的吸声能力、箱内和出口侧风管的断面积等因素有关。消声静压箱还可兼作分风静压箱，如图 2-40 所示。

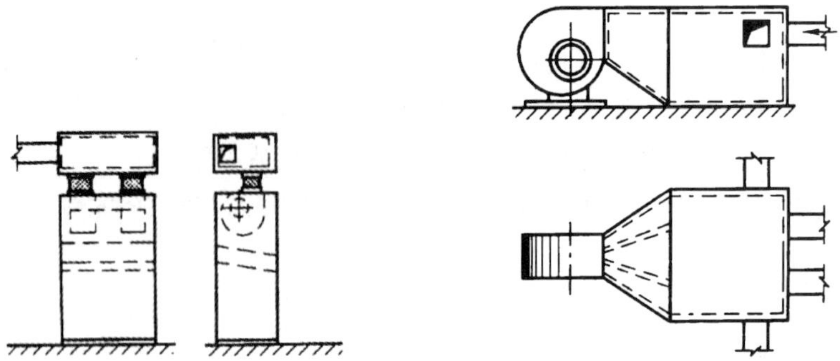

（a）消声箱装在空调机组出口　　（b）消声箱兼起分风静压箱作用

图 2-40　消声静压箱的应用

5. 空调系统的减振

通风空调系统的噪声除了通过空气传播到室内外，还能通过建筑物的结构和基础进行传播。例如，转动的风机和压缩机所产生的振动可直接传给基础，并以弹性波的形式从机器基础沿房屋结构传到其他房间去，又以噪声的形式出现，称为固体声。振动噪声会影响人的身体健康、工作效率和产品质量，甚至危及建筑物的安全。因此，对通风空调中的一些运转设备，需要采取减振措施。

1）减振材料

减振材料的品种很多，有软木、橡胶、玻璃纤维板、毛毡板、金属弹簧和空气弹簧等。

软木刚度较大，固有振动频率高，适用于高转速设备的隔振。软木种类复杂，性能很不稳定，其固有频率与软木厚度有关，厚度越薄频率越高，一般软木厚度为 50 mm、100 mm 和 150 mm。

橡胶弹性好、阻尼比大、造型和压制方便、可多层叠合使用，能降低固有频率且价格低廉，是一种常用的较理想的隔振材料。但橡胶易受温度、油质、臭氧、日光、化学溶剂的侵蚀，易老化。橡胶类隔振装置主要是采用经硫化处理的耐油丁腈橡胶制成。橡胶材料的隔振装置种类很多，主要有橡胶隔振垫和橡胶隔振器两大类，如图 2-41 所示。橡胶隔振垫是将橡胶材料切成所需要的面积和厚度，直接垫在设备的下面。橡胶隔振垫还可根据需要多层串联使用。

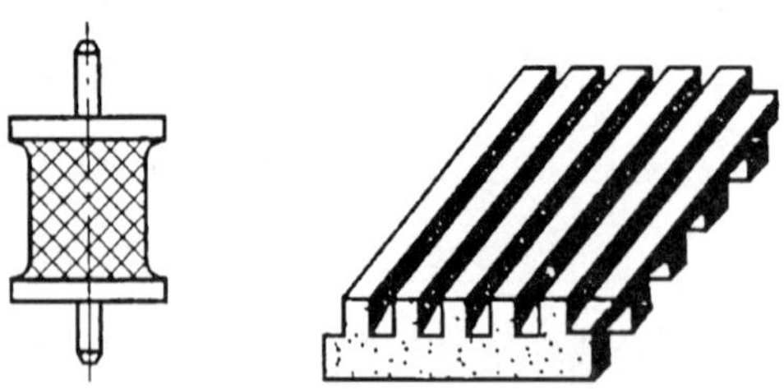

图 2-41　橡胶隔振垫

2）减振器

橡胶剪切减振器是由丁腈橡胶制成的圆锥形状的弹性体，并粘贴在内外金属环上受剪切力的作用。它有较低的固有频率和足够的阻尼，隔振效果好，安装和更换方便。图 2-42 所示为国产 JG 型橡胶剪切减振器的构造示意。

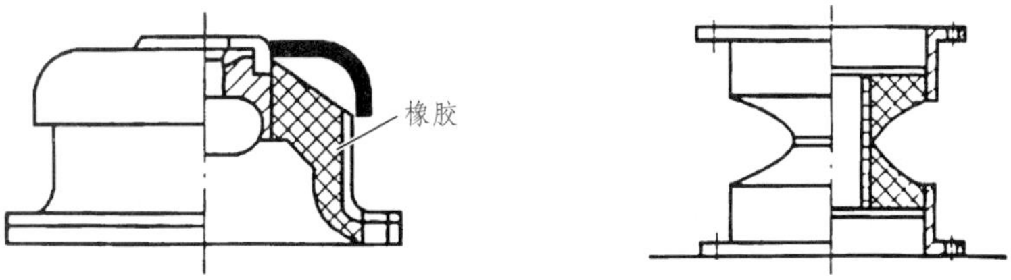

图 2-42　橡胶减振器

弹簧减振器是由单个或数个相同尺寸的弹簧和铸铁护罩组成，用于机组座的安装及吊装。弹簧减振器固有频率低，静态压缩量大，承载能力大，减振效果好，性能稳定，应用广泛，但价格较贵。在弹簧减振器底板下面垫 10 mm 厚的橡胶板，能起到隔音作用。当设备转速 n<1 200 r/min 时，宜采用弹簧减振器。

空气弹簧减振器（见图 2-43）是一种内部充气的柔性密闭容器利用空气内能变化达到隔振目的。它的性能取决于绝对温度，并随工作气压和胶囊形状的改变而变化。空气弹簧减振器刚度低，阻尼可调，具有较低的固有频率和较好的阻尼性能，减振效果良好。空气弹簧减振器对保养和环境有一定的要求，且价格较高。

金属弹簧与橡胶组合减振器，当采用橡胶剪切减振器满足不了减振要求，而采用金属弹簧减振又阻尼不足时，可以采用金属弹簧和橡胶组合减振器。该减振器有并联和串联两种形式，如图 2-44 所示。

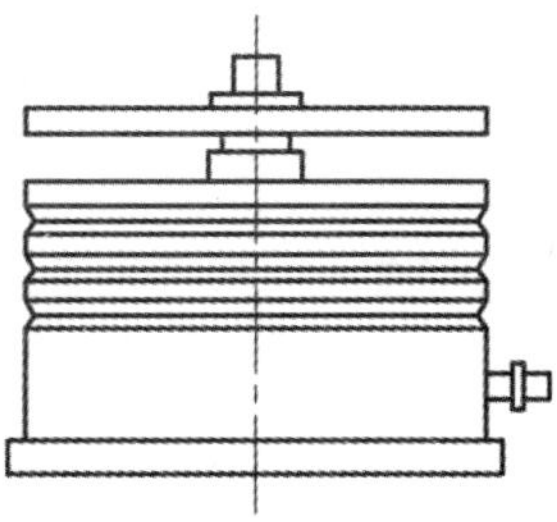

图 2-43　空气弹簧减振器

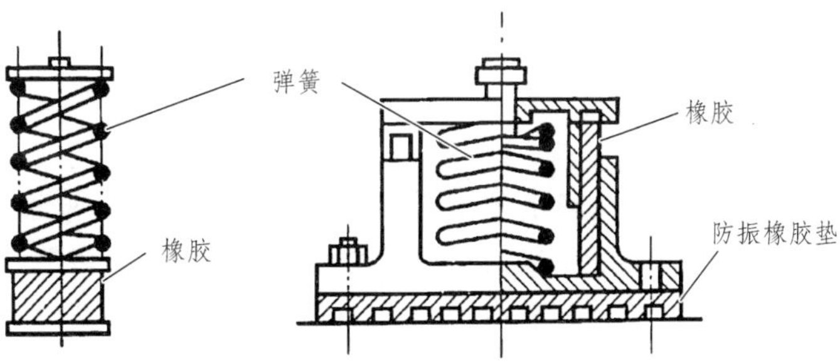

图 2-44　金属弹簧与橡胶组合减振器

在实际工程中，为了方便设计和安装，一些设备如风机、水泵、制冷机组等会自带配套的减振装置，可以按照施工图纸直接安装。

3）消声减振措施的实例

空调工程中消除噪声和振动的措施包括在风机出口处装帆布软接头，管路上装设消声器，风机、冷水机组、水泵基础考虑减振，水泵的进出管路设隔振软管，在管道吊卡、支架、穿墙处采用隔振处理等。还应特别注意，对位于消声器后的风管，如经过机房时，该部分风道应用石棉水泥作保温的涂抹层，以便使它具有隔声能力，从而可以防止噪声从机房内再次进入已经消声的风管中。

思政拓展

引领绿色生活　朗诗绿色中心

朗诗绿色中心（Landsea Green Center，以下简称 LGC）位于上海虹桥商务区内，总建筑面积约 6 000 m^2。该项目 2018 年 4 月开始进行了“脱胎换骨”式的改造，2018 年 10 月建成并投入运营，是全球首个按照 LEED+WELL 双铂金+绿建三星+DGNB+BREEAM 五类认证标准打造的改造类办公建筑（见图 2-45）。

图 2-45　朗诗绿色中心

项目结合上海当地气候和建筑本身的特点，选择与之相匹配的绿色生态节能技术，将以往漏气、耗能、效率低的办公楼改造成一座节能环保的建筑。该建筑增强了自然采光和通风，南北均有可开启外窗，且外窗可开启面积比例较大，每户均设置明卫，有利于室内穿堂风和单面通风的形成，优化了室内的自然通风，从而改善室内热湿环境，提高人体舒适度，营造健康自然的居住环境。

通过对室内建筑布局的优化设计，全楼开放办公区域全年约 30% 时间实现自然通风。可以实现全年 9 个月不用开空调，空调室外机形成的热气流能够有效排出室外，防止热污染。在此基础上，通过超高效设施设备系统的应用，该建筑的节能减排潜力较传统写字楼达到 70% 以上。朗诗绿色中充分体现了“健康环境、舒适办公、节能环保、智能管理、人性化设计”的设计理念，有力地展现出我国在绿色、可持续建筑领域中一如既往的创新精神。

思考与习题

1. 通风方式如何分类？
2. 自然通风和机械通风相比有何优缺点？

3. 什么是局部排风？什么是局部送风？
4. 局部排风系统一般有哪些组成部分？
5. 什么是全面通风？全面通风的效果与什么有关？
6. 换通风的原理是什么？有何特点？
7. 通风房间的气流组织形式一般有哪些？其主要特点有哪些？
8. 什么是摩擦阻力和局部阻力？
9. 减少风管局部阻力的措施有哪些？
10. 简述圆形风管和矩形风管的优缺点和应用。
11. 为什么要对风管进行保温？
12. 什么是空调房间的气流组织？
13. 常用送风口和回风口的形式有哪些？
14. 空间气流分布的形式有哪些？
15. 什么是噪声？空调系统的噪声源是什么？
16. 消声器有哪些形式？
17. 空调工程中消除噪声和振动的措施具体有哪些？
18. 常用设备隔振材料和隔振器有哪几种？

项目 3

建筑防火排烟

知识结构

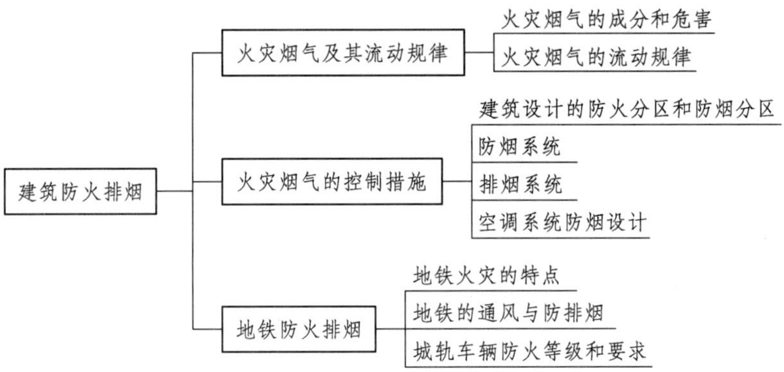

知识目标

1. 熟悉火灾烟气的成分和危害，掌握火灾烟气的流动规律及其主要影响因素。
2. 掌握火灾烟气的控制措施，熟悉防火分区和防烟分区的划分。
3. 掌握机械加压送风防烟的方法，熟悉常用的防火排烟装置的特性和应用；熟悉自然排烟的方式，掌握机械排烟的方式；掌握空调系统的防烟设计。
4. 了解地铁火灾的特点，掌握地铁系统的排烟方式和防排烟一般要求；熟悉车站控制中心、主变电所、车辆基地等系统的排烟设置规定；了解城轨车辆防火等级和要求。

能力目标

1. 具备准确区分防火分区和防烟分区的能力，了解其他防火排烟设施。
2. 具备正确使用防火排烟设施的能力，会操作机械排烟设备。
3. 在地铁发生火灾时能采取正确的应对措施，会引导乘客逃生。
4. 熟悉车站控制中心、主变电所、车辆基地等系统的排烟设施，能够正确应对火灾。

思政目标

1. 培养团结协作、自主探索的精神。
2. 培养规范操作的职业素养，养成脚踏实地的工作态度。

随着社会的不断进步及发展，人们的生活水平大大提高，为了满足人们的生活需求，大型建筑物、建筑群、高层建筑比比皆是，各种商场的装修也更为精致，大量的可燃装修无形中加大了火灾负荷，加之近些年重大火灾事故发生率上升，火灾伤亡人数也随之上升，火灾伤亡的主要原因是火灾过程中烟气侵害进而窒息缺氧导致的。据不完全统计，火灾烟气导致的死亡人数约占火灾死亡总数的 80% 以上。因此，建筑火灾烟气的控制，对于提高建筑抵御火灾的能力和保障人员安全就显得尤为重要。

3.1　火灾烟气及其流动规律

火灾事实充分说明，可燃物燃烧生成的烟气已经成为火灾中的第一杀手。据不完全统计，火灾烟气导致的死亡人数约占火灾死亡总数的 80% 以上。因此，建筑火灾烟气的控制，对于提高建筑抵御火灾的能力和保障人员安全就显得尤为重要。

火灾过程一般可分为初起期、成长期、旺盛期和衰减期等 4 个阶段，其中初起期和成长期是烟气产生的主要阶段。避免烟气蔓延，使人们在火灾发生时有疏散逃生的时间、通道和机会，将烟气的危害减到最低，就需要一个防排烟系统。

建筑防烟、排烟系统的作用是及时排除火灾产生的大量烟气，阻止烟气向防烟分区外扩散，确保建筑物内人员的顺利疏散和安全避难，并为消防救援创造有利条件。建筑内的防烟、排烟是保证建筑内人员安全疏散的必要条件。

3.1.1　火灾烟气的成分和危害

1. 烟气的成分

建筑烟气是指发生火灾时物质在燃烧和热分解作用下生成的产物与剩余空气的混合物。火灾的燃烧过程通常是一个不完全燃烧过程。一般的有机物燃烧过程大致分成两个阶段：

（1）热分解过程：在一定温度下，材料分解出游离碳和挥发性气体。

（2）燃烧过程：游离碳和可燃成分与氧气剧烈化合，并放出热量，即燃烧。

在不完全燃烧时，烟气是悬浮的固体碳粒子、液态粒子和气体的混合物。其中悬浮的固体碳粒子和液态粒子称为烟粒子。在温度较低的初燃阶段主要是液态粒子，呈白色和灰白色；温度升高后，游离碳粒子产生，呈黑色，烟粒子的粒径一般为 0.01 ~ 10 μm，是可吸入颗粒物。烟气的化学成分主要有 CO_2、CO、水蒸气及其他气体，如氰化氢（HCN）、氨（NH_3）、氯（Cl_2）、氯化氢（HCl）、光气（$COCl_2$）等。

2. 烟气的危害

烟气主要存在三大危害：毒害性、遮光作用、高温危害。

1）毒害性

烟气中的 CO、HCN、NH_3 等都是有毒气体；大量的 CO_2 气体及燃烧消耗了空气中大量氧气，引起人体缺氧而窒息；可吸入的烟粒子被人体的肺部吸入后，也会造成危害。研究表明，当空气中含氧量≤6%，CO_2 浓度≥20%或 CO 浓度≥1.3%时，都会在短时间内使人死亡。烟气中众多有害气体、有毒气体（如 HCN、NH_3、Cl_2 等）达到一定浓度后都会致人死亡。

2）遮光作用

火灾烟气中通常含有大量直径为几微米到几十微米的悬浮性含碳颗粒，肉眼不可见，粒径超出可见光波长的两倍，对可见光有遮蔽作用，会使光强度减弱，导致人的能见距离缩短。能见距离关系到火灾发生时人员的正确判断，直接影响疏散、救援和救火的进行。火灾中对于熟悉建筑物内部情况的人能见距离要求为最少 5 m，而对不熟悉建筑物内部情况的人，要求能见距离为不小于 30 m。能见距离取决于透过烟气的光强度，而光强度在光源强度一定时取决于烟气的光学浓度。实测中发现，火灾时烟气的光学浓度约为 25 ~ 30 L/m，而对应的对发光型光源的能见距离约 0.2 ~ 0.4 m，对反光型光源的能见距离为 0.07 ~ 0.16 m。因此，如对烟气不加控制，火灾中人们很难找到应急指示和正确的疏散通道。能见距离短，易使人产生恐慌，自救能力下降，造成局面混乱，逃生困难。

3）高温危害

火灾初期（5 ~ 20 min）烟气温度能达到 250 °C，随后空气量不足温度会有所下降，当燃烧至窗户爆裂或人为将窗户打开则燃烧骤然加剧，短时间温度可达 500 °C。高温使火灾蔓延迅速，使金属材料强度降低，从而使建筑物倒塌。同时高温还会使人烧伤、昏迷等。

3.1.2 火灾烟气的流动规律

建筑物内烟雾流动的形成，总的来说是由于风和各种通风系统造成的压力差，以及由于温度差造成气体密度差而形成的烟囱效应，其中温差和温度变化是烟雾流动最为重要的因素。当房间门向走廊开启时，烟雾的流动情况变得更复杂，它将与建筑物的烟囱效应、防排烟方式、火灾温度等诸多因素有关。

1. 烟囱效应

烟囱效应是指室内温度高于室外温度时，在热压的作用下，空气沿建筑物的竖井（如电梯井、楼梯间等）向上流动的现象。反之则称为逆向烟囱效应，即室内温度低于室外时，空气沿建筑物的竖井向下流动。当发生火灾时，烟气会在烟囱效应的作用下传播。烟气垂直方向的流动速度约为 3 ~ 4 m/s，无阻挡时 30 s 左右即可扩散到 30 层（高度约 100 m）大楼的顶部。烟囱效应对烟气的作用是比较复杂的，因着火点不同、室内外温度和时间的变化，烟气的流动也是不同的。

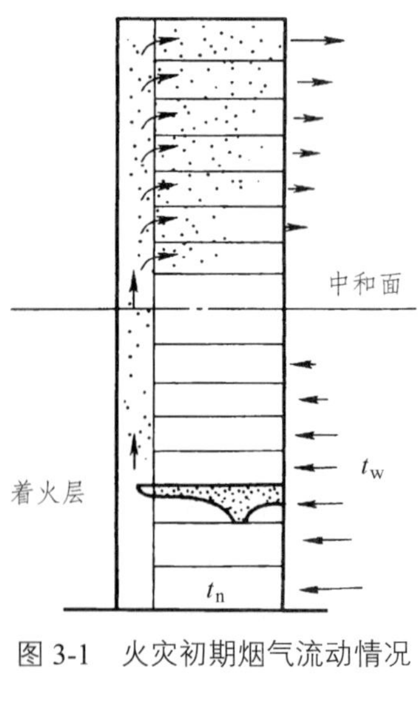

图 3-1　火灾初期烟气流动情况

如图 3-1 所示，在室内外压力相等处，空气不发生内外相通的流动，此处称为中和面。如果渗漏途径（即内外相通的开口）在建筑物各层分布均匀时，通常认为中和面在建筑物高度的一半处。当室内温度 t_n 高于室外温度 t_w，着火层在中和面以下，假定楼层间无其他渗漏时，火灾初期烟气进入竖井后，竖井内空气温度上升，烟囱效应的抽吸作用增强，烟气竖直方向的流动速度也会提高。此时，中和面以下、着火层以上的各层是相对无烟的（此图的绘制忽略了风压的影响）。当着火层温度持续上升，窗户爆裂后，烟气自窗户逸出，则可能通过窗户进入这些楼层。

2. 通风空调管路

通风、空调系统的管路是烟气传播的路径之一。当系统不工作时，由于“烟囱效应”、浮力、热膨胀等作用，致使建筑物内各处的压力不同，烟气可通过风道、风口迅速传播和蔓延。

3. 浮力作用

火灾发生后，温度升高，产生向上的浮力，烟气会沿顶棚向四周扩散，扩散的速度为 0.3 ~ 0.8 m/s。浮力作用是烟气水平方向流动的主要原因，同时也会使烟气通过缝隙孔洞向上层流动。

4. 热膨胀

着火房间由于温度较低的空气受热，体积膨胀而产生压力变化。若着火房间门窗敞开，可忽略不计，若着火房间为密闭房间，压力升高会使窗户爆裂。

5. 风力作用

由于风力作用，建筑物表面的压力是不同的，通常迎风面为正压，在建筑物的侧面或背风面则产生负压。如果着火区在迎风面的房间，烟气会向背风侧房间流动；如果着火房间在背风面，烟气则有向室外流动的趋势和可能。

建筑物火灾发生时烟气的流动是诸多因素共同作用下的结果，因而准确地描述烟气在各时刻的流动是相当困难的。了解烟气流动时各种因素的影响和烟气流动规律，有助于采取正确的防排烟系统。建筑物内设置防排烟系统不是为了稀释烟气的浓度，而是要使火灾区的烟气向室外流动，使烟气不侵入疏散通道或使通道中的烟气流向室外，即人为地控制烟气流动。

3.2 火灾烟气的控制措施

控制火灾烟气的目的是使烟气合理流动，不向疏散通道、安全区和非着火区流动。常见的控制火灾烟气的措施有划分防火分区和防烟分区，防烟系统、排烟系统和空调系统防烟设计等。

3.2.1 建筑设计的防火分区和防烟分区

建筑设计的防火分区和防烟分区

1. 防火分区

防火分区是指采用防火墙、楼板及其他防火分隔设施将建筑物的平面和空间分成若干个分区，能在一定时间内防止火灾向同一建筑的其余部分蔓延的局部空间。竖向防火分隔设施主要有楼板、避难层、防火挑檐、功能转换层等；水平防火分隔设施主要有防火墙、防火门、防火窗、防火卷帘、防火水母等，建筑墙体客观上也能发挥防火分隔作用。在建筑设计中，通常规定楼梯间、通风竖井、风道空间、电梯、自动扶梯升降通路等形成竖井的部分要作为防火分区。

2. 防烟分区

为了将烟气控制在一定的范围内，利用防烟隔断（如挡烟垂壁、结构梁及隔墙等）将一个防火分区划分成多个小区，称为防烟分区。防烟分区不得跨越防火分区，防烟分区是对防火分区的细分，防烟分区的作用是有效控制火灾产生的烟气流动，它无法防止火灾的扩散。设置防烟分区时，如果面积过大，会使烟气波及面积扩大，增加受灾面，不利于安全疏散和扑救；如果面积过小，则会提高工程造价，不利于工程设计。对于高层民用建筑和其他建筑，防烟分区的建筑面积不宜大于 500 m^2；对于地下建筑，其使用面积不应大于 400 m^2，当顶棚（或顶板）高度在 6 m 以上时，可不受此限制。此外，需设排烟设施的走道，净高不超过 6 m 的房间应采用挡烟垂壁、隔墙或从顶棚凸出不小于 0.5 m 的梁划分防烟分区，梁或挡烟垂壁至室内地面的高度不应小于 1.8 m。

图 3-2 所示为某百货大楼空调系统与防火、防烟分区结合布置的实例图。从图中可看出，它是将顶棚送风的空调系统和防烟分区结合考虑的。对于用途相同、但楼层不同的区域也可形成各自的防火防烟分区。实践证明，应尽可能按不同用途在竖向作楼层分区，它比单纯依靠防火、防烟阀等手段所形成的防火分区更为可靠。

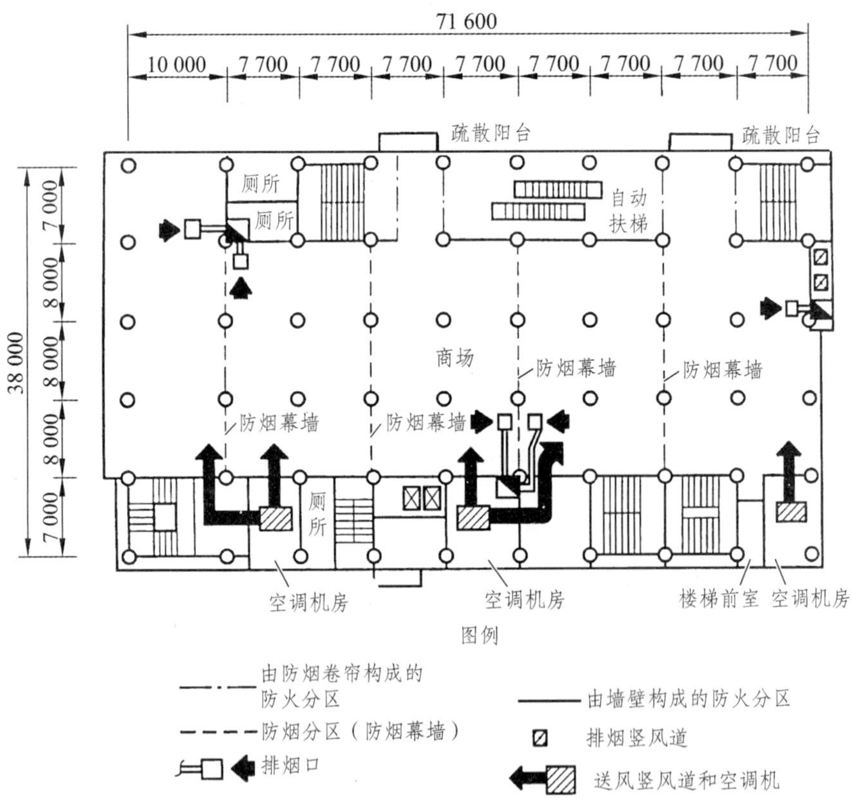

图 3-2 防火、防烟分区

3.2.2　防烟系统

防烟系统（Smoke Protection System）是指通过采用自然通风方式或机械加压送风方式防止或阻止火灾烟气在楼梯间、前室、避难层（间）等空间内积聚和扩散。防烟系统分为自然通风系统和机械加压送风系统。

1. 自然通风系统

建筑高度小于或等于 50 m 的公共建筑、工业建筑和建筑高度小于或等于 100 m 的住宅建筑，其防烟楼梯间、独立前室、共用前室、合用前室（除共用前室与消防电梯前室合用外）及消防电梯前室应采用自然通风系统；当不能设置自然通风系统时，应采用机械加压送风系统。

防烟系统中的封闭楼梯间是指在楼梯间入口处设置门，以防止火灾的烟和热气进入楼梯间。防烟楼梯间是指在楼梯间入口处设置防烟的前室、开放式阳台或凹廊（统称前室），且通向前室和楼梯间的门均为防火门，以防止火灾的烟和热气进入楼梯间的构造形式。

防烟系统的选择，尚应符合下列规定：

（1）当独立前室或合用前室满足下列条件之一时，楼梯间可不设置防烟系统：

① 采用全敞开的阳台或凹廊。

② 设有两个及以上不同朝向的可开启外窗，且独立前室两个外窗面积均不小于 2.0 m^2，合用前室两个外窗面积均不小于 3.0 m^2。

（2）当独立前室、共用前室及合用前室的机械加压送风口设置在前室的顶部或正对前室入口的墙面时，楼梯间可采用自然通风系统；当机械加压送风口未设置在前室的顶部或正对前室入口的墙面时，楼梯间应采用机械加压送风系统。

（3）当防烟楼梯间在裙房高度以上部分采用自然通风时，不具备自然通风条件的裙房的独立前室、共用前室及合用前室应采用机械加压送风系统，且独立前室、共用前室及合用前室送风口的设置方式应符合第（2）条的规定。

2. 机械加压送风系统

加压送风防烟就是用风机把一定量的室外空气送入房间或通道内，使室内保持一定压力或在门洞处造成一定流速，以避免烟气侵入。加压送风向防烟区送入室外空气，造成一定的正压，在楼梯间、前室或合用前室和走道中形成一个压力阶差，防止烟气侵入疏散通道，使空气流动方向是从楼梯间流向前室，由前室流向走道，再由走道流向室外或先流入房间再流向室外。气流流向与人流疏散方向相反，增加了疏散、援救与扑救的机会。

建筑高度大于 50 m 的公共建筑、工业建筑和建筑高度大于 100 m 的住宅建筑，其防烟楼梯间、独立前室、共用前室、合用前室及消防电梯前室应采用机械加压送风系统。当建筑物发生火灾时，疏散楼梯间是建筑物内部人员疏散的通道。同时，前室、合用前室是消防队员进行火灾扑救的起始场所。因此在火灾时首要的就是控制烟气进入上述安全区域。对于高度较高的建筑，其自然通风效果受建筑本身的密闭性以及自然环境中风向、风压的影响较大，难以保证防烟效果，需要采用机械加压来保证防烟效果。

建筑高度小于或等于 50 m 的公共建筑、工业建筑和建筑高度小于或等于 100 m 的住宅建筑，当采用独立前室且其仅有一个门与走道或房间相通时，可仅在楼梯间设置机械加压送风系统；当独立前室有多个门时，楼梯间、独立前室应分别独立设置机械加压送风系统。当采用合用前室时，楼梯间、合用前室应分别独立设置机械加压送风系统。当采用剪刀楼梯时，两个楼梯间及其前室的机械加压送风系统应分别独立设置。

如图 3-3 所示为加压送风防烟的两种情况，由图 3-3（a）可知，当门关闭时，房间内保持一定正压值，空气从门缝或其他缝隙处流出，防止了烟气的侵入；由图 3-3（b）可知，当门开启时，送入加压区的空气以一定的风速从门洞流出，阻止烟气流入。当流速较低时，烟气可能从上部流入室内。由上述两种情况分析可以看到，为了阻止烟气流入被加压的房间，必须做到：门开启时，门洞有一定向外的风速；门关闭时，房间内有一定正压值。这也是设计加压送风系统的两条原则。加压送风是有效的防烟措施。

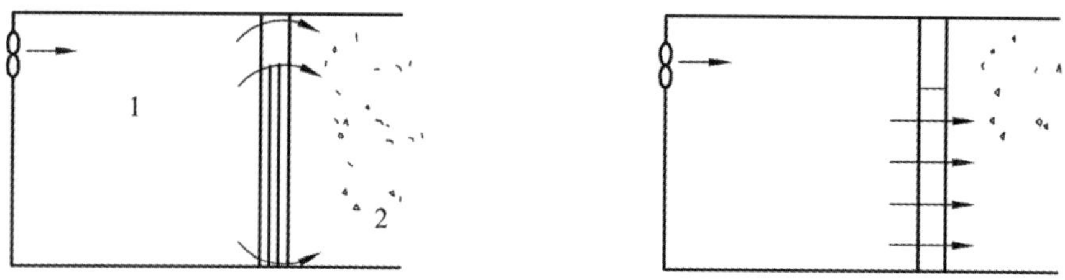

（a）门关闭时　　（b）门开启时

图 3-3　加压送风防烟示意图

加压送风防烟主要用于不符合自然通风防烟条件的防烟楼梯间及其前室、消防电梯前室及合用前室的防烟。另外在高层建筑的避难层也需设置机械加压送风，以防烟气侵入。

1）加压送风量的计算

在实际工程中，由于风管（道）漏风与风机制造标准中允许风量的偏差等各种风量损耗的影响，我国《建筑防烟排烟系统技术标准》（GB 51251—2017）规定，机械加压送风系统的设计风量不应小于计算风量的 1.2 倍，保证机械加压送风系统效能。按压差法和风速法分别计算出风量，取其中较大值作为系统计算加压送风量。

（1）压差法。即当疏散通道门关闭时，加压部位保持一定的正压值所需送风量。

$$L_Y = 0.827 \times F\Delta p^{1/N} \times 1.25 \times 3\,600 \tag{3-1}$$

式中　0.827——计算常数（漏风率系数）；

F——门、窗缝隙的计算漏风总面积（m^2）；

Δp——门、窗两侧的压差值（Pa），对于防烟楼梯间取 45 ~ 50 Pa，对于前室、消防电梯前室、合用前室取 25 ~ 30 Pa；

N——指数，对于门缝及较大漏风面积取 2，对窗缝取 1.6；

1.25——不严密处附加系数。

（2）风速法。开启着火层疏散门时需要相对保持门洞处一定风速所需送风量。

$$L_Y = \frac{nFv(1+b)}{a} \times 3\,600 \tag{3-2}$$

式中　F——门、窗缝隙的计算漏风总面积（m^2）；

v——开启门洞处的平均风速（m/s），取 0.6 ~ 1.0 m/s；

a——背压系数，根据加压间密封程度，在 0.6 ~ 1.0 内取值；

b——漏风附加率，取 0.1 ~ 0.2；

n——同时开启门的计算数量。当建筑物的数量为 20 层以下时取 2，当建筑物为 20 层及以上时取 3。

（3）加压送风量控制标准高层建筑防烟楼梯间及其前室、合用前室和消防电梯间前室的机械加压送风量应由计算确定，或按表 3-1 的规定确定。当计算值与此表不一致时，应按两者中的较大值确定。

表 3-1　加压送风量　　单位：m^3/s

序号	机械加压送风部分		系统负担层数<20	系统负担层数 20 ~ 32
1	仅对防烟楼梯间加压（前室不送）		25 000 ~ 30 000	35 000 ~ 40 000
2	对防烟楼梯间及其合用前室分别加压	楼梯间	16 000 ~ 20 000	20 000 ~ 25 000
		合用前室	12 000 ~ 16 000	18 000 ~ 22 000
3	仅对消防电梯间前室加压		15 000 ~ 20 000	22 000 ~ 27 000
4	仅用前室及合用前室加压（楼梯间自然排烟）		22 000 ~ 27 000	28 000 ~ 32 000
5	对全封闭避难层（间）加压		按避难层净面积每平方米不小于 30 m^3/h	

2）机械加压送风系统设计的注意事项

（1）防烟楼梯间和合用前室的机械加压送风系统宜分别独立设置。

（2）建筑层数超过 32 层时，其送风系统及送风量应分段设计。

（3）剪刀楼梯间可合用一个风道，其风量按两楼梯间风量计算，送风口应分别设置。塔式住宅设置一个前室的剪刀楼梯应分别设置加压送风系统。

（4）地上和地下同一位置的防烟楼梯间需采用机械加压送风时，均应满足加压风量的要求。

（5）前室的加压送风口为常闭型时，应设置手动和自动开启装置，并与加压送风机的启动装置联锁，手动开启装置宜设在距地面 0.8 ~ 1.5 m 处或常闭加压风阀。

（6）前室的加压送风口为常开型时，加压送风量应计入火灾时不开门的楼层门缝的漏风量，可取总风量的 10% ~ 20%，并应在加压风机的压出管上设置止回阀。

（7）采用机械加压送风系统的楼梯间或前室，当某些层有外窗时，应尽量减少开窗面积或设固定窗扇，系统加压送风量应计算窗缝的漏风量。

（8）封闭避难层（间）的机械加压送风量，应按避难层（间）净面积每平方米不少于 30 m^3/h 计算。

（9）加压送风的楼梯间与前室宜设置防止超压的泄压装置。

3）防火排烟装置

常用的防火排烟装置如表 3-2 所示。

表 3-2 常用的防火排烟装置

类别	名称	性能和用途
防火类	防火调节阀 FVD	70 °C 温度熔断器自动关闭（防火），可输出联动信号；用于通风空调系统风管内，防止火焰沿风管蔓延
	防火阀 FD	
	防烟防火阀 SFD	靠烟感器控制动作，用电信号通过电磁铁关闭（防烟）；还可用 70 °C 温度熔断器自动关闭（防火）；用于通风空调系统风管内，防止火焰沿风管蔓延
防烟类	加压送风口	靠烟感器控制动作，电信号开启，也可手动（或远距离缆绳）开启；可设 280 °C 温度熔断器重新关闭装置，输出动作电信号，联动送风机开启；用于加压送风系统的风口，起赶烟、防烟作用
	余压阀	防止防烟超压，起卸压作用
排烟类	排烟阀	电信号开启或手动开启；输出开启电信号联动排烟机开启；用于排烟系统风管上
	排烟防火阀	电信号开启或手动开启；280 °C 温度熔断器重新关闭，输出动作电信号；用于排烟机吸入口处的管道上
	排烟口	电信号开启，也可手动（或远距离缆绳）开启；输出电信号联动排烟机；用于排烟房间的顶棚和墙壁上，可设 280 °C 温度熔断器重新关闭装置
	排烟窗	靠烟感器控制动作，电信号开启，也可缆绳手动开启；用于自然排烟处的外墙上
分隔类	防火卷帘	划分防火分区，用于不能设置防火墙处，水幕保护
	挡烟卷帘	划分防烟区域，手动或自动控制

3.2.3 排烟系统

排烟系统（Smoke Exhaust System）采用自然排烟或机械排烟的方式，将房间、走道等空间的火灾烟气排至建筑物外的系统，分为自然排烟系统和机械排烟系统。自然排烟（Natural Smoke Exhaust）是利用火灾热烟气流的浮力和外部风压作用，通过建筑开口将建筑内的烟气直接排至室外的排烟方式。自然排烟窗（Natural Smoke Vent）是指具有排烟作用的可开启外窗或开口，可通过自动、手动、温控释放等方式开启。

1. 自然排烟

自然排烟（Natural Smoke Exhaust）是利用火灾热烟气流的浮力和外部风压作用，通过建筑开口将建筑内的烟气直接排至室外的排烟方式。自然排烟窗（Natural Smoke Vent）是指具有排烟作用的可开启外窗或开口，如高侧窗、天窗、敞开阳台与凹廊或专用排烟口、竖井等，可通过自动、手动、温控释放等方式开启。

自然排烟具有可靠性高、投资少、管理维护简单的特点，不需要电源及专用设备，且烟气温度升高也不影响排烟效果，但排烟效果不稳定，受着火点位置、烟气温度、开启窗口的大小、风力、风向等诸多因素的影响。

自然排烟常用的场所如下：

（1）走道与房间的自然排烟。据实验观测，人在浓烟中低头掩鼻的最大行走距离为 20～30 m，为此，长度大于 20 m 的疏散走道应设置排烟设施。建筑高度不大于 50 m 的公共建筑、厂房、仓库和建筑高度不大于 100 m 的住宅建筑内，长度超过 20 m 且小于 60 m 的疏散走道和面积超过 100 m²且经常有人停留或可燃物较多的房间，有可开启外窗或窗井，且可开启外窗的面积不小于走道或房间面积的 2%时，可采用自然排烟。

（2）中庭自然排烟。中庭的防排烟比较困难，烟气流动的变化较多，当中庭高度小于 12 m 时，可以采用自然排烟，规定可开启的天窗或侧窗的面积不应小于该中庭面积的 5%。通常认为在火灾初期，烟气的温度不会很高，约 60 °C，当烟气上升时，卷吸周围空气，被持续冷却，烟气会不再上升而停留在一定水平位置，从而向同一高度层的房间扩散。所以对于高的中庭，烟气无法靠自身浮力上升到中庭顶部，通过可开启外窗排出。

（3）防烟楼梯间及其前室、消防电梯前室和合用前室的自然排烟。

① 建筑高度不大于 50 m 的公共建筑、厂房、仓库和建筑高度不大于 100 m 的住宅建筑，由于这些建筑受风压作用影响较小，可采用自然排烟，利用建筑本身的采光通风，基本起到防止烟气进一步进入安全区域的作用。

② 当采用自然排烟时，靠外墙的防烟楼梯间每五层可开启外窗总面积之和不应小于 2 m²，当建筑超过 5 层时，总开口面积宜适当增加；防烟楼梯间前室、消防电梯前室每层可开启外窗面积不应小于 2 m²，合用前室不应小于每层 3 m²。有条件时，应尽量加大相关开口面积。

③ 当采用凹廊、阳台作为防烟楼梯间的前室或合用前室，或者防烟楼梯间或合用前室有两个同朝向的可开启外窗且有满足需要的可开启窗面积时，可以认为该前室或合用前室的自然通风能及时排出漏入前室或合用前室的烟气，并可防止烟气进入防烟楼梯间，如图 3-4、图 3-5 所示。如不满足自然排烟条件，应设加压送风防烟设施。

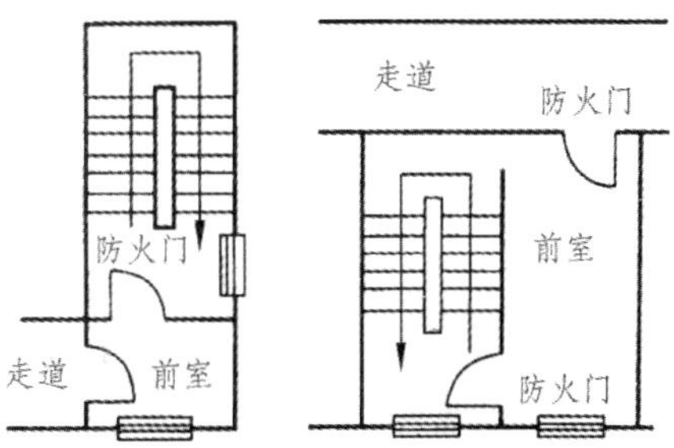

图 3-4　带外墙的楼梯间及其前室

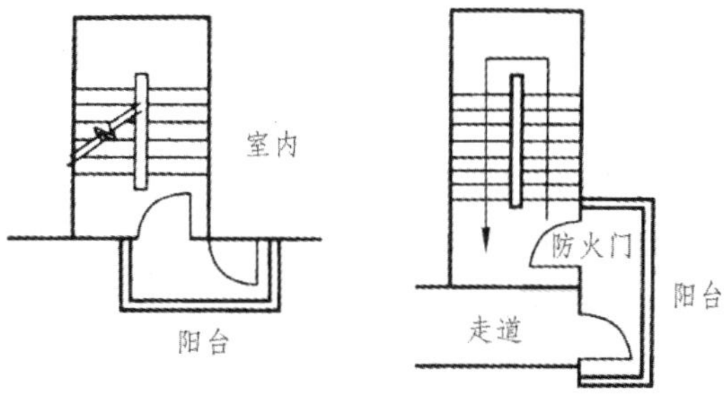

图 3-5　带阳台的防烟楼梯间

2. 机械排烟

机械排烟是利用风机的负压排出火灾区域内的烟气。机械排烟具有排烟效果好，稳定可靠的特点；但需设置专用排烟口、排烟管道、排烟风机和专用电源，投资较大。当需要排烟的部位不满足自然排烟条件时，则应设机械排烟。

1）机械排烟系统的布置要求

机械排烟系统的设置应符合下列规定：

（1）横向宜按防火分区设置。防火分区是控制建筑物内火灾蔓延的基本空间单元。机械排烟系统按防火分区设置就是要避免管道穿越防火分区，从根本上保证防火分区的完整性。但实际情况往往十分复杂，受建筑的平面形状、使用功能、空间造型及人流、物流等情况的限制，排烟系统往往不得不穿越防火分区。

（2）穿越防火分区的排烟管道设置防火阀的情况有两种：一是机械排烟系统水平不按防火分区设置，或排烟风机和排烟口不在一个防火分区，此时管道在穿越防火分区处设置防火阀；二是竖向管道穿越防火分区时，垂直排烟管道宜设置在管井内，并在各防火分区水平支管与垂直风管的连接处设置防火阀。

（3）穿越防火分区的排烟管道应在穿越处设置排烟防火阀。排烟系统管道上安装排烟防火阀，在一定时间内能满足耐火稳定性和耐火完整性的要求，可起隔烟阻火作用。通常房间发生火灾时，房间内的排烟口开启，同时联动排烟风机启动排烟，人员进行疏散。当排烟管道内的烟气温度达到或超过 280 °C 时，烟气中有可能卷吸火焰或夹带火种。因此，当排烟系统必须穿越防火分区时，应设置烟气温度超过 280 °C 时能自行关闭的防火阀。

（4）除地上建筑的走道或建筑面积小于 500 m^2 的房间外，设置排烟系统的场所应设置补风系统。补风系统应直接从室外引入空气，且补风量不应小于排烟量的 50%。

2）机械排烟量的计算

（1）走道和房间的排烟量。每个机械排烟系统的排烟量与所担负的防烟分区数量有关。担负一个防烟分区排烟或净空高度大于 6 m 的不划分防烟区的房间排烟时，排烟量按每平方米不小于 60 m^3/h 计算，且单台排烟风机的排烟量不应小于 7 200 m^3/h。担负两个或两个以上防烟分区的排烟时，应按最大一个防烟分区面积每平方米不小于 120 m^3/h 计算排烟量。

（2）设机械排烟的前室或合用前室。带裙房的高层建筑防烟楼梯间及其前室、消防电梯间前室或合用前室，当裙房以上部分利用可开启外窗进行自然排烟，裙房部分不具备自然排烟时，其前室应设置局部机械排烟设施，其排烟量按前室每平方米不小于 60 m^3/h 计算。

3）机械排烟系统划分与布置

机械排烟系统的划分与布置应遵守可靠性和经济性的原则，考虑最佳排烟效果的要求。系统过大，则排烟口多、管路长、漏风量大、远端排烟效果差，管路布置可能出现困难，但设备少，总投资可能少一些。如系统小，则排烟口少，排烟效果好，可靠性高，但设备多，分散，投资高，维护管理不便。因此，应仔细考虑论证后确定排烟系统的方案。

（1）前室或合用前室通常在各层的同一位置，所以常采用竖向布置，排烟口设在各层前室邻近走道的顶部，排烟风机设于屋顶或顶层。排烟口为常闭状态，火警时用电信号开启，当排烟温度达到 280 °C 时自动关闭。

（2）内走道通常也在各层的同一位置，因此也常采用竖向布置，但如果走道太长且每个排烟口的作用距离不超过 30 m，需设 2 个以上排烟口时，可以用水平支管连接，如走道内无法安装水平支管，则采用两个垂直系统。在风机入口设排烟防火阀（常闭状态）以防平时室外空气侵入系统。

3.2.4　空调系统防烟设计

1. 空调方式

火灾时风道成为烟气扩散通路的情况经常发生，由于空调风道直接连接于房间与房间之间，所以传播烟气的可能性很大。另外，风道的断面积比电气或给水排水配管大，这也是容易引起烟气传播的因素。

从防火观点看，最好不用风道，即不以空气为热媒，而是以水作为带热介质的空调方式。但是，空调方式的选择，除考虑防火之外，还要注意经济性、耐久性以及维修管理等。采用前面述及的分区（层）空调方式时，一台空调机组担负一个楼面，防火性能是理想的，然而造价偏高。根据分析，一般认为在高层建筑中一个空调系统担负 4 ~ 6 层时，投资比较经济，而防火性能尚好。

2. 空调系统上的防火、防烟装置

防火分区或防烟分区与空调系统应尽可能统一起来，并且不使空调系统（风道）穿越分区，这是最理想的。但实际上设置风道时，常需多处穿过防火分区或防烟分区，为此在系统上要设置防火、防烟风门。

（1）防火风门（FD）。当发生火灾时，火焰侵入风道，高温使阀门上的易熔合金熔解，或记忆合金产生形变使阀门自动关闭，它被用于风道与防火分区贯通的场合。一般规定防火墙与防火风门之间的风道用 1.5 mm 厚的钢板制作（使之受热而不变形）。防火阀门与前述一般风门结合使用时，可兼起风量调节的作用，则可称防火调节风门。图 3-6 所示为一般的防火风门。

（2）防烟风门（SD）这是与烟感器连锁的风门，即通过能够探知火灾初期发生的烟气的烟感器来关闭风门，以防止其他防火分区的烟气侵入本区。这种风门如图 3-7 所示，是由电动机或电磁机驱动的自动风门，它比防火门的价格要高。如果在这种阀门上加上易熔合金，则可使之兼起防火的作用，故称防烟防火风门（SFD）。有些国家或地方的防火规范规定；对于连接两层以上楼层的风道的连接处，均应设置防火防烟风门。

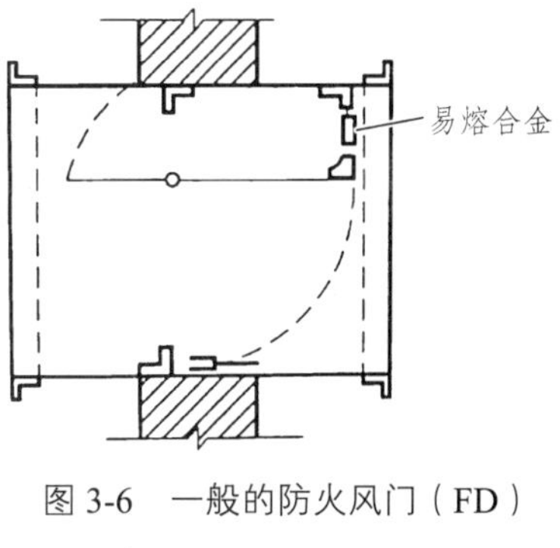

图 3-6　一般的防火风门（FD）

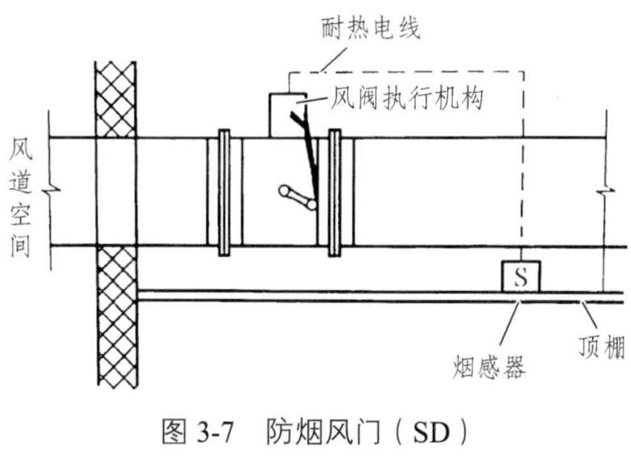

图 3-7　防烟风门（SD）

目前有把防火、防烟和风量调节三者结为一体的风门，称防火防烟调节阀。它既与烟感器通过电信号联动，又受温度熔断器控制，也可通过手动使阀门瞬时严密关闭。温度熔断器更换后，可手动复位。

3. 把空调系统在火灾时变为排烟系统

为了充分发挥空调系统的作用，应该考虑在火灾时将空调系统转为排烟系统的问题。当作此改变时，一般可将房间上部的送风口作为排烟口。为了使烟气不经过空调器，应设置排烟用旁通风道，以免高温烟气损坏空调设备和通过空调箱向其他部位蔓延。同时各转换气流调节装置应尽可能采用遥控方式，还要在排烟口（原送风口）处设自动关闭的装置，当烟气温度超过 280 °C 时能自动关闭。此外还应增加风道钢板的厚度，且风管保温材料必须采用不燃材料，以及选用耐高温的风机等。

3.3 地铁防火排烟

随着城市人口迅速增加，车辆急剧增多，给城市带来交通拥挤、环境污染与能源危机等一系列问题，发展城市交通成为唯一选择。地铁与城市中其他交通工具相比，除了能避免城市地面拥挤和充分利用空间外，还有很多优点。一是运量大；二是速度快，地铁列车行驶速度可超过 100 km/h；三是少污染，地铁列车以电力作为动力，对环境污染很小，因此受到各国政府的青睐。

但是，由于地铁深埋在地下，建筑结构复杂、出入口少、疏散路线长、通风照明条件差、电气设备种类多、人员高度集中，地铁的地下站房、隧道等地下建筑一旦发生火灾，其构筑的特点与地面建筑有很大的差异，形成火灾后不利于人员安全疏散和火灾扑救，容易造成更严重的人员伤亡和财产损失。

1969 年 11 月 11 日，北京地铁万寿路站至五棵松站之间，由于电动机车短路引起火灾，造成死亡 6 人，中毒 200 多人。当时，在消防救援中，火场照明设备不足，防烟滤毒设备缺乏，大大影响了救援活动的开展。火灾造成地铁站内和列车内电源中断，当时烟雾浓、毒气大，伸手不见五指，消防部门调来京西矿山救护队协助，历经 8 h 才完成救援任务。1987 年 11 月 8 日，英国伦敦皇十字街地铁站因自动扶梯下面的机房内产生电火花，引燃自动扶梯的润滑油，浓烟沿着楼梯通道四处蔓延，由于行驶列车带动的气流以及圆筒状自动扶梯的通风作用，致使火越烧越烈，人们争先恐后地冲向出口，许多人被烧、压、窒息而死。这次火灾导致 32 人丧生（包括一名消防员），100 多人受伤，地下二层的两座自动扶梯和地下一层的售票厅被烧毁。2003 年 2 月 18 日，韩国大邱市地铁中央路站发生火灾，导致死亡 135 人，受伤 137 人，失踪 318 人。

大量地铁火灾案例表明，一旦地铁火灾得到充分发展而没有被有效控制的话，将造成车辆烧毁、建筑结构受损和重大人员伤亡等直接损失，而由火灾引起的交通中断等间接损失更是无法估量。据国内外的资料分析，发生火灾时造成的人员伤亡，绝大多数是被烟气熏倒，中毒、窒息所致。因此防排烟设计在城市轨道交通中显得尤为重要。为预防地铁火灾、减少地铁火灾危害，保护人身和财产的安全，国家住房城乡建设部发布了《地铁设计防火标准》（GB 51298—2018）、《城市轨道交通车辆防火要求》（CJ/T 416—2012）等设计生产规范。

3.3.1 地铁火灾的特点

与地面建筑相比，发生火灾时的特点主要表现在以下几个方面。

1. 突发性强，不易预防

地铁线路长、面广、客流量大，一般地铁线路横跨城市的两端，沿途连接的站点多，每天的客流量高达上百万人次，火灾事故发生的时间和地点具有不确定性、突发性强，而且发生爆炸、毒气、纵火等恐怖袭击事件的初期极具隐蔽性，不易发觉。

2. 氧含量急剧下降

地铁火灾发生时，由于隧道的相对封闭性，新鲜空气难以迅速补充，致使空气中氧气含量急剧下降。研究表明，空气中氧含量降至15%时，人体肌肉活动能力下降；降至10%～14%时，人体四肢无力，判断能力弱，易迷失方向；降至6%～10%时，人即会晕倒，失去逃生能力；当空气中含氧量降到5%以下时，人会立即晕倒或死亡。

3. 火场温度高，烟气大，不易散出

地铁站是一类地下的狭长形建筑，仅通过有限的楼梯、风亭与地面相通，发生火灾后烟气在封闭空间内排不出去，热量集聚，散热困难，地下空间温度提高快，可能较早地出现全面点燃（骤燃）现象，烟热危害严重。

（1）火灾时产生大量高温烟气。由于出口少，烟气不易散出，随着地下空间烟气的增加，进入的空气量逐渐减少，中性层面不断降低。一部分排出的烟气稍冷却后又会被吸入地下空间，这更增加了烟气的浓度，使能见度降低，室内漆黑一团。此外，由于地下缺氧，只要局部有阴燃存在，浓烟就会有增无减。

（2）产生再生火源。由于空气膨胀，高温烟气流经途中，加热可燃物木板等日常用品，使其达到着火点，形成再生火源。另外，还有一种可能，在温度500 °C以下的烟气中，含有一定量的可燃物分解产物，在流经途中遇到新鲜空气，易发生自燃或“轰燃”现象，极有可能出现第二火场、第三火场。

（3）地下空气压力的作用，形成烟压。由于地下空间的压力随温度升高而增大，当火势发展到一定程度时，形成一种附加的自燃热风压，即烟压。烟压的出现，会使地下建筑原有的通风系统遭到严重的破坏，使地下原有风流反向逆流，加速火势蔓延。

4. 火情探测和扑救困难，组织灭火的时间长

地铁的火灾比地面建筑的火灾扑救要困难得多，其难度相当于扑救超高层建筑最顶层的火灾。这是因为当地面建筑发生火灾时，可以直接在建筑外从产生的火光、烟雾判断火场位置和火势大小；而地铁发生火灾时究竟在哪个部位，则无法直接观察，需要详细查询和研究地下工程图，分析可能发生火灾的部位和可能出现的情况，才能制订灭火方案。同时，由于地铁的出入口有限，而且出入口又经常是火灾时的冒烟口，消防人员不易接近着火点，扑救工作难以展开。再加上地下工程对通信设施的干扰较大，扑救人员与地面指挥人员通信联络困难，也为消防扑救工作增加了障碍。消防人员深入地下建筑救人或灭火，均需佩戴防毒面具，携带照明工具，使用安全绳等，相对来说比平面灭火准备需要的时间要长。

5. 人员疏散困难

地下隧道完全靠人工照明，火灾时正常电源切断，依靠事故照明，人的视觉完全靠事故

照明和疏散标志指示灯保证，火场中烟雾粒子对光具有很强的吸收和散射作用，导致能见度明显降低。地铁发生火灾时逃生的出口和路线比地面建筑少，只能通过站台出口逃生。地面建筑内发生火灾时人员的逃生方向与烟气的自然扩散方向相反，人往下逃离就可以脱离烟气的危害。而在地铁里发生火灾时，人只有往上逃到地面才算是安全的，而烟气自然流动方向与人员的疏散方向一致，烟的扩散速度一般比人步行快，人员在烟气围困下容易产生恐慌，在黑暗中找出正确逃生路径就更为困难。这些都导致地下隧道发生火灾时人员疏散困难。

3.3.2　地铁的通风与防排烟

1. 地铁排烟方式

（1）自然排烟。自然排烟是利用火灾时热气流的浮力和外部风力的作用，通过地下建筑物上部的开口部位把烟气排至室外的一种排烟方法。这种排烟方法实质上是热烟气和冷空气的一种对流，如图 3-8 所示。

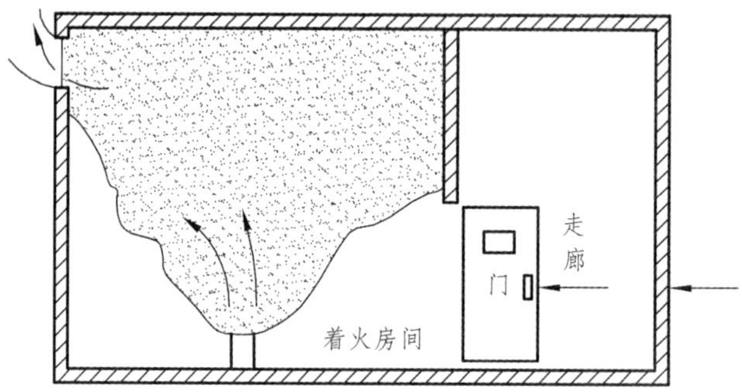

图 3-8　自然排烟方式

自然排烟主要有两种方式：

① 通过排烟竖井排烟。在地下建筑的顶部一般都建有若干个排烟竖井，排烟竖井开口面积的总和应不小于地下建筑总面积的 2%，否则达不到排烟的目的。排烟口的位置距地下设施内最远点的距离一般不大于 30 m。通过排烟竖井排烟，可将烟气排出室外。

② 通过采光窗井进行排烟。如图 3-8 所示，对于设有采光窗井的附建式地下设施，可以通过开启采光的窗户进行排烟，利用采光窗井自然排烟，方法简单、运行可靠。但需要注意以下两点：一是受室外风力的影响，从自然排烟原理中得知，只有室外风速小于室内热烟气压时，才会收到好的排烟效果，即开启的窗户不要设在迎风面，否则不仅会降低排烟效果，而且还会出现烟气倒灌现象，当开启的窗户处在背风面时，风压呈负压作用，十分有利于烟气的排除；二是通过地下采光窗井排烟，火势有蔓延到上层设施的危险时，要采取必要的措施加以保护，如设置一定数量水枪在火灾层上部进行封锁、警戒等。

（2）机械排烟。机械排烟是指使用各种排烟风机进行强制排烟，这种方式不受室外条件的影响，排烟比较稳定，效果较好。它主要包括排烟风机、排烟管道、排烟口等。排烟风机要有一定的耐热性能，在 280 ℃ 时能连续工作 30 min。排烟风机外壳至墙壁或其他设备的距离一般在 60 cm 以上。

2. 防排烟的一般要求

以下场所应设置排烟装置：地下或封闭车站的站厅、站台公共区；同一个防火分区内总建筑面积大于 200 m^2 的地下车站设备管理区，地下单个建筑面积大于 500 m^2 且经常有人停留或可燃物较多的房间；连续长度大于一列列车长度的地下区间和全封闭车道；车站设备管理区内长度大于 20 m 的内走道，长度大于 60 m 的地下换乘通道、连接通道和出入口通道等。车辆基地的地下停车库、列检库、停车列检库、运用库、联合检修库、镟轮库、工程车库等场所应设置排烟系统。

防烟楼梯间及其前室、避难走道及其前室应设置防烟设施。地下车站设置机械加压送风系统的封闭楼梯间、防烟楼梯间宜在其顶部设置固定窗。公共区供乘客疏散并设置机械加压送风系统的封闭楼梯间、防烟楼梯间顶部应设置固定窗。

防排烟系统设计应符合下列规定：

（1）当对站厅公共区进行排烟时，应能防止烟气进入出入口通道、换乘通道、站台、连接通道等邻近区域。

（2）当对站台公共区进行排烟时，应能防止烟气进入站厅、地下区间、换乘通道等邻近区域。

（3）当对地下区间进行纵向控烟时，应能控制烟流方向与乘客疏散方向相反，并应能防止烟气逆流和进入相邻车站、相邻区间。

（4）对于设置自动灭火系统的设备用房，其防烟或排烟系统的控制应能满足自动灭火系统有效灭火的需要。

（5）机械防烟系统和机械排烟系统可与正常通风系统合用，合用的通风系统应符合防烟、排烟系统的要求，且该系统由正常运转模式转为防烟或排烟运转模式的时间不应大于 180 s。

站厅公共区和设备管理区应采用挡烟垂壁或建筑结构划分防烟分区，防烟分区不应跨越防火分区。站厅公共区内每个防烟分区的最大允许建筑面积不应大于 2 000 m^2，设备管理区内每个防烟分区的最大允许建筑面积不应大于 750 m^2。公共区楼扶梯穿越楼板的开口部位、公共区吊顶与其他场所连接处的顶棚或吊顶面高差不足 0.5 m 的部位应设置挡烟垂壁。挡烟垂壁或划分防烟分区的建筑结构应为不燃材料且耐火极限不应低于 0.5 h，凸出顶棚或封闭吊顶不应小于 0.5 m。挡烟垂壁的下缘至地面、楼梯或扶梯踏步面的垂直距离不应小于 2.3 m。

3. 车站、控制中心、主变电所与车辆基地

地上车站宜采用自然排烟方式，其中不符合自然排烟要求的场所应设置机械排烟设施。采用自然排烟的车站或路堑式车站，外墙上方或顶盖上可开启排烟口的有效面积不应小于所在场所地面面积的 2%，且区域内任一点至最近自然排烟口的水平距离不应大于 30 m。常闭的自然排烟口（窗）应设置自动和手动开启的装置。

1）地下车站公共区的排烟设计规定

（1）当站厅发生火灾时，应对着火防烟分区排烟，可由出入口自然补风。当补风通路的空气总阻力不大于 50 Pa 时，可采用自然补风方式，但应保证火灾时补风通道畅通；当补风通路的空气总阻力大于 50 Pa 时，应采用机械补风方式，且机械补风的风量不应小于排烟风量的 50%，不应大于排烟量；补风口宜设置在与排烟空间相通的相邻防烟分区内；当补风口与排烟

口设置在同一防烟分区内时，补风口应设置在室内净高 1/2 以下，水平距离排烟口不应小于 10 m。

（2）当站台发生火灾时，应对站台区域排烟，并宜由出入口、站厅补风。

（3）车站公共区发生火灾、驶向该站的列车需要越站时，应联动关闭全封闭站台门。

2）机械排烟系统中的排烟口和排烟阀的设置

（1）排烟口和排烟阀应按防烟分区设置。

（2）防烟分区内任一点至最近排烟口的水平距离不应大于 30 m；当室内净高大于 6 m 时，该距离可增加至 37.5 m。

（3）排烟口底边距挡烟垂壁下沿的垂直距离不应小于 0.5 m，水平距离安全出口不应小于 3.0 m。

（4）排烟口的风速不宜大于 7 m/s。

（5）正常为关闭状态的排烟口和排烟阀，应能在火灾时联动自动开启。

（6）建筑面积小于或等于 50 m^2 且需要机械排烟的房间，其排烟口可设置在相邻走道内。

4. 区　间

地下区间的排烟宜采用纵向通风控制方式，采用纵向通风方式确有困难的区段，可采用排烟道（管）进行排烟。地下区间的排烟尚应符合如下规定：

（1）采用纵向通风时，区间断面的排烟风速不应小于 2 m/s，不得大于 11 m/s。

（2）正线区间的通风方向应与乘客疏散方向相反，列车出入线、停车线等无载客轨道区间的通风方向应能使烟气尽快排至室外。

（3）地下区间的排烟应考虑相邻区间及出入线、渡线、联络线等对着火区间气流的不利影响。

设置隔声罩的地上区间和路堑式地下区间的排烟应采用自然排烟方式。自然排烟口的设置应符合如下规定：

（1）排烟口应设于区间外墙上方或顶板上，有效面积不应小于该区间水平投影面积的 5%。

（2）常闭的自然排烟口应设置自动和手动开启装置。

5. 排烟设备与管道

排烟风机宜设置在排烟区的同层或上层，并宜与补风机、加压送风机分别设置在不同的机房内，排烟管道宜顺气流方向向上坡或水平敷设。地下车站的排烟风机确需与补风机、加压送风机共用机房时，设置在机房内的排烟管道及其连接件的耐火极限不应低于 1.5 h。地下车站的排烟风机在 280 °C 时应能连续工作不小于 1.0 h，地上车站和控制中心及其他附属建筑的排烟风机在 280 °C 时应能连续工作不小于 0.5 h。地下区间的排烟风机的运转时间不应小于区间乘客疏散所需的最长时间，且在 280 °C 时应能连续工作不小于 1 h。排烟系统中烟气流经的风阀、消声器和软接头等辅助设备，其耐高温性能不应低于风机的耐高温性能。火灾时需要运行的风机，从静态转换为事故状态所需时间不应大于 30 s，从运转状态转换为事故状态所需时间不应大于 60 s。用于防烟与排烟的管道、风口与阀门应采用不燃材料制作，排烟管道不应穿越前室或楼梯间，必须穿越时，管道的耐火极限不应低于 2.0 h。除承担轨行区域的防排烟系统外，其他区域的防排烟系统管道应采用金属或其他非土建井道。金属防烟或排烟风管道内的风速不应大于 20 m/s。非金属防烟或排烟管道内的风速不应大于 15 m/s。

3.3.3 城轨车辆防火等级和要求

1. 车辆防火等级

车辆防火等级根据车辆的运行环境、火灾特性和火灾危险性等因素，分为两个等级，如表 3-3 所示。

表 3-3 车辆防火等级

序号	等级	分级判据
1	1	仅在地面和（或）高架线路上运行的车辆
2	2	在地下线路上运行的车辆

2. 车辆防火要求

1）一般要求

车内醒目位置，与消防安全有关的部件应按照《消防安全标志设置要求》（GB 15630—1995）的要求设置消防安全标志。消防安全标志应符合《消防安全标志》（GB 13495—2015）的要求。座椅及其周围，行李架上部，客室墙角等火灾危险区域的非金属零部件不应有尖角或突出物。

2）内装和内部设施

行李架的设计应能从行李架下方看到行李物品。对安装采暖设备的侧墙，地板等部位，应进行安全隔热处理。对于防火等级为 2 的车辆，客室地板结构、司机室与客室之间的间壁结构、配电柜间壁结构的耐火性能应符合表 3-4 的要求。

表 3-4 防火圈板的耐火性能要求

序号	防火隔板	耐火性能要求	试验标准
1	客室地板结构	应满足 20 min 完整性测试； 在测试过程中，应满足试件背火面的平均温度不超 250 °C，任意单点温度不超过 300 °C 的要求	GB/T 9978.1—2008
2	司机室与客室之间的间壁结构	应满足 20 min 的完整性测试	GB/T 9978.1—2008
3	配电柜间壁结构	应满足 20 min 的完整性测试	GB/T 9978.1—2008

3. 火灾探测报警系统及消防设施

防火等级为 2 的车辆应设置火灾探测报警系统，该系统应至少包括火灾报警控制器和火灾探测器。司机室、客室应设置符合要求的感烟火灾探测器。司机室、客室内的探测器宜布置在车体纵向中心线。牵引变流器、辅助变流器等电气设备宜设置符合要求的感温火灾探测器。探测器宜水平安装，当倾斜安装时，倾斜角不应大于 45°。火灾探测报警系统应与空调系统联动控制，火灾报警后，应停止有关部位的空调送风。

每个司机室应至少配置 1 具手提式灭火器，每个客室应至少配置 2 具手提式灭火器，其类型及规格应符合要求。灭火器应设置在位置明显和便于取用的地点，且不应影响安全疏散。

4. 其他系统

车辆的通信设施应具备在发生火灾时应急广播和紧急通信的功能。空调设备应具有过热保护装置，空调管道应采取防火安全措施。当采用电加热器时，应具有超温保护功能；当采暖设备安装在座椅下方时，发热体和座椅之间应设置不燃性防护板。司机室、客室等区域应设置应急照明。车辆应设置蓄电池，其容量应满足紧急状态下车门控制、应急照明、外部照明、车载安全设备广播、通信、信号、应急通风等系统的供电要求。用于地下运行的车辆，蓄电池容量应保证供电时间不小于 45 min；用于地面或高架线路运行的车辆，蓄电池容量应保证供电时间不小于 30 min。

5. 车辆配线

可能发生电弧或发热的器件邻近或连接的电线电缆，应采取包覆不燃材料等防火保护措施。火灾报警、应急照明、应急广播等系统的配线应满足火灾时连续供电的需要，应采取穿金属管，敷设在封闭的金属线槽等防火保护措施，或采用符合《阻燃和耐火电线电缆或光缆通则》（GB/T 19666—2019）要求的无卤低烟阻燃耐火电线电缆。配电线路不应穿越通风管道内腔或敷设在通风管道外壁上。

城市轨道交通所使用的材料基本为不燃烧材料，因此城市轨道交通火灾的特点是基本上无熊熊烈火，而产生的烟雾特别多，因此城市轨道交通的防排烟系统设计需要根据对城市轨道交通火灾特点、乘客疏散方案和不断试验研究，才能制定较为完善的规范和有针对性的防排烟系统设计，同时城市轨道交通人流密集，疏散条件有限，若一旦出现火灾事故要求相关专业系统必须密切配合，协调动作。

知识拓展

大数据技术在中央空调中的应用

现如今，物联网、云计算、移动互联网、车联网、手机、平板电脑、个人计算机以及遍布全球的各式各样的传感器，无一不是数据的来源及承载方式，人们早已经生活在数据爆炸的时代，大数据时代已经来临。

大数据就是对海量数据进行存储和分析，其海量化、多样化、快速化和价值化的特征使得“廉价、迅速、优化”这三个方面的综合成本达到最优。随着建筑使用年限的增加，BAS 系统存储的数据量将会越来越庞大。建筑空调系统作为建筑中最复杂、最关键的系统之一，其运行监控参数占据了总数据的绝大部分。同时，许多大中型空调系统（见图 3-9）或设备（如冷水机组、多联式空调系统等）的内嵌的控制模块中也存储了大量的运行数据，可以通过计算机进行传输和存储。以上两种方式都为实际建筑的节能提供了广阔的大数据来源。

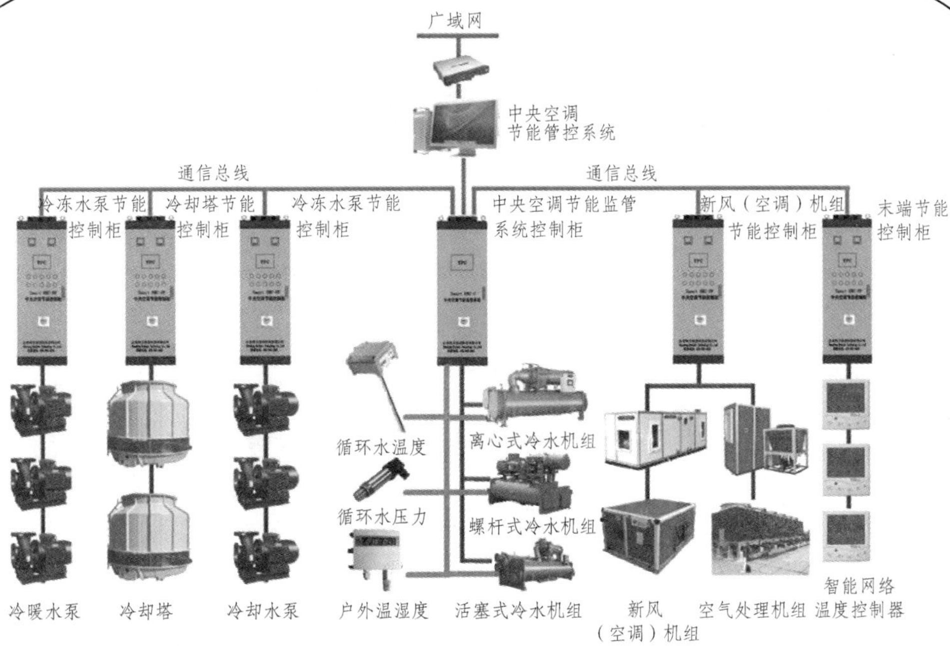

图 3-9　中央空调综合管控系统

在地铁环控系统的运行过程中，利用大数据技术对运行过程采集的运行数据（如温度、压力、室内湿度）等进行采集并对得到的数据进行挖掘分析，从而达到系统的智能化运行，实现节约能源的目的，还可以通过跟踪系统的换热设备、压缩机等部件积累下来的超大量数据，捕捉到各换热部件的运行情况，从根本上杜绝能源浪费。另外，还可以通过地铁智能运维系统自动对空调系统的故障进行诊断和预测，从而提高整个售后服务团队的效率，降低公司的维保人力成本。

思考与习题

1. 高层建筑与普通建筑相比在火灾防护上有哪些不利因素？
2. 什么是火灾烟气？其主要成分是什么？
3. 火灾烟气主要有哪些危害？
4. 火灾烟气流动与哪些因素有关？
5. 火灾烟气的控制措施有哪些？
6. 在建筑设计中进行防火分区的目的是什么？如何划分防火分区？
7. 如何划分防烟分区？
8. 什么是加压送风防烟？加压送风防烟适用于哪些场合？
9. 什么是疏导排烟？其目的是什么？
10. 自然排烟与机械排烟各有何优缺点？
11. 空调系统如何进行防烟设计？
12. 地下建筑火灾具有哪些特点？

项目 4

空调房间的冷（热）、湿负荷的计算

知识结构

- 空调房间的冷（热）、湿负荷计算
  - 湿空气的状态参数
    - 湿空气的组成
    - 湿空气的物理性质和状态参数
  - 湿空气的焓湿图及其应用
    - 焓湿图
    - 焓湿图的应用
  - 室内外空气状态参数
    - 室内空气计算参数
    - 室外空气计算参数
  - 空调房间的冷（热）、湿负荷
    - 得热量和冷负荷的基本概念
    - 用冷负荷系数法计算冷负荷
    - 空调房间热负荷的计算
    - 湿负荷的计算
  - 冷（热）负荷估算指标
    - 夏季冷负荷估算
    - 冬季热负荷估算

知识目标

1. 熟悉湿空气各状态参数的含义，熟悉典型空气状态变化过程。
2. 了解室内空气计算参数和室外空气计算参数的确定方法。
3. 理解得热量与冷负荷的区别与联系，掌握用冷负荷系数法计算空调冷负荷的方法。
4. 熟悉空调房间热负荷和湿负荷的计算。
5. 了解空调房间冷（热）负荷的估算方法。

能力目标

1. 能根据设计规范正确确定室内外空气计算参数。
2. 能根据设计规范，利用冷负荷系数法计算空调冷负荷，并能计算空调房间湿负荷。
3. 能进行空调房间冷（热）负荷的估算。

思政目标

1. 培养团结协作、自主探索的精神。
2. 夯实基础，培养学生踏实务实的作风。

空气调节系统的作用是平衡室内外干扰因素的影响，使室内温度、湿度维持为设定的数值。为了使空调房间的温度和相对湿度维持在生产工艺和人体舒适所要求的范围内，必须向空调房间送入具有一定温度和相对湿度的空气，用以消除房间的热、湿负荷。

空调房间的热、湿负荷来源于外部和内部两个方面，主要包括以下几部分：① 室内外温差传热和太阳辐射热；② 设备散热、散湿；③ 人体散热、散湿；④ 照明灯具的散热等。由外部干扰所造成的热、湿负荷与室内外空气的状态参数有关，因此确定房间的冷（热）、湿负荷必须以空调设计计算用的室内外气象参数为依据。

4.1　湿空气的状态参数

湿空气是空气环境的主体，又是空气调节的对象，熟悉湿空气的物理性质是掌握空调房间冷热负荷计算的基础。

4.1.1　湿空气的组成

干空气是不含水蒸气的空气，是由氮、氧、氩、二氧化碳、氖、氦和其他一些微量气体组成的混合气体，由于其成分稳定，可以当作一种“单一气体”。湿空气是指含有水蒸气的空气，是干空气和水蒸气的混合物。湿空气中水蒸气的含量很少，它随着气候以及产生水蒸气的来源情况变化而变化。由于水蒸气量的变化会直接影响到人体的舒适感、工业生产过程、产品质量和设备维护，因此尽管水蒸气的含量很少，却是影响空气物理性质的一个重要因素。

4.1.2　湿空气的物理性质和状态参数

湿空气的物理性质不仅取决于它的组成成分，而且与它所处的状态有关，湿空气的状态参数通常用压力、温度、相对湿度、含湿量及焓等参数表示。

1. 压　力

（1）大气压力。地球表面单位面积上的空气压力称为大气压力。大气压力通常用 p 或 B 表示，单位为帕（Pa）或千帕（kPa）。大气压力不是一个定值，它随着各地区海拔高度不同而存在差异，还随季节、气候的变化稍有变化。

（2）水蒸气分压力。湿空气中，水蒸气本身的压力称为水蒸气分压力。水蒸气分压力大小直接反映了水蒸气含量的多少。在一定温度下，空气中的水蒸气含量越多，空气就越潮湿，水蒸气分压力越大。当湿空气中的水蒸气含量达到最大限度时，则称湿空气处于饱和状态，称为饱和空气；相应的水蒸气分压力称之为饱和水蒸气分压力。

$$p = p_g + p_q \tag{4-1}$$

式中，p——当地大气压强值（Pa）；

p_g——干空气的分压（Pa）；

p_q——水蒸气的分压（Pa）。

2. 温　度

空气温度是表示空气冷热程度的物理量。温度的高低用温标来衡量。空调工程中，常采用绝对温标和摄氏温标。绝对温标的符号为 T，单位符号为 K；摄氏温标的符号为 t，单位符号为 °C；这两种温标间的关系为

$$T \approx t + 273 \tag{4-2}$$

3. 密　度

单位容积的空气所具有的质量称为空气的密度，用符号 ρ 表示，单位符号为 kg/m³。湿空气的密度等于干空气的密度 ρ_g 与水蒸气的密度 ρ_q 之和，由理想气体状态方程代入并整理后得：

$$\rho=\rho_g+\rho_q=0.003\,84\frac{p}{T}-0.001\,32\frac{p_q}{T} \tag{4-3}$$

式中　ρ_g——干空气密度（kg/m³）；

ρ_q——水蒸气密度（kg/m³）；

T——湿空气温度（K）；

p_q——水蒸气分压（Pa）。

由上式可见，湿空气的密度随水蒸气分压力的升高而降低，因此湿空气比干空气轻。空气温度越高，空气密度越小，大气压力也越低，因此同一地区夏季比冬季气压低。

4. 含湿量

在湿空气中，与 1 kg 干空气同时并存的水蒸气量称为含湿量，用符号 d 表示，单位符号为 kg/kg $_{干空气}$或 g/kg $_{干空气}$。

$$d=0.622\frac{p_q}{p_g}=0.622\frac{p_q}{B-p_q} \tag{4-4}$$

当大气压力一定时，水蒸气分压力只取决于含湿量，水蒸气分压力越大，含湿量也越大。当含湿量 d 一定时，水蒸气分压力将随大气压力的增加而增加，随大气压的减少而减少。

5. 相对湿度

在一定温度下，湿空气中所容纳的水蒸气量是有一定限度的，超过了这个限度，多余的水蒸气就会从湿空气中凝结出来。这种含有最大限度水蒸气量的湿空气称为饱和空气。饱和空气所具有的水蒸气分压力和含湿量分别称为该温度下的饱和水蒸气分压力 $p_{q\cdot b}$ 和饱和含湿量 d_b。

相对湿度是指 1 m³ 湿空气中所含水蒸气的质量与同温度下 1 m³ 饱和空气中所含水蒸气质量之比的百分数，也是空气中水蒸气分压力与同温度下饱和水蒸气分压力之比，用符号 φ 表示。

$$\varphi=\frac{p_q}{p_{q\cdot b}}\times 100\% \tag{4-5}$$

φ 越小，空气饱和程度越小，空气越干燥，吸收水蒸气能力越强；φ 越大，空气饱和程度越大，空气越湿润，吸收水蒸气能力越弱。φ 为 100%的湿空气称为饱和空气。

相对湿度和含湿量都是表示空气湿度的参数，但意义却不相同：φ 能表示空气接近饱和的程度，却不能表示水蒸气的含量多少，而 d 能表示水蒸气含量多少，却不能表示空气接近饱

和的程度。φ 和 d 的关系可用下式表示：

$$d=0.622\frac{p_{q}}{B-p_{q}}=0.622\frac{\varphi p_{q\cdot b}}{B-\varphi p_{q\cdot b}} \quad (4\text{-}6)$$

6. 焓

空调工程需采取各种方法对湿空气进行处理，湿空气的状态经常变化，在空气处理过程中经常需要确定状态变化过程中热量的变化。空调工程中湿空气的状态变化属于定压过程。能够用空气状态前后的焓差来计算空气热量的变化。湿空气的焓是 1 kg 干空气的焓和 d kg 水蒸气焓的总和，用符号 i 表示，单位符号为 $\text{kJ/kg}_{干空气}$。

$$h=(1.01+1.84d)t+2\,500d \quad (4\text{-}7)$$

7. 露点温度

未饱和湿空气也可通过另一途径达到饱和。如果湿空气中水蒸气的含量保持一定，即水蒸气分压力不变，当温度逐渐降低到某一特定值时，该未饱和空气就变成了饱和空气。这种在含湿量不变的条件下，使未饱和空气温度降低，达到饱和状态的温度（t_l）叫作露点温度。不同含湿量的湿空气露点温度不同。如果空气的温度继续下降，则饱和空气中的水蒸气便有一部分凝结成水滴而被分离出来，这种现象称为结露。结露现象在日常生活中较常见，如秋季清晨草地上的露珠、夏季从冰箱取出冰冻饮料瓶表面的水珠等。

如果在某种空气环境中有一冷表面，是否结露取决于表面温度和空气露点温度两者间的关系。在空调技术中，常利用冷却方法使空气温度降到露点温度以下，水蒸气从空气中析出，凝结成水，从而达到干燥空气的目的。

8. 湿球温度

湿空气的相对湿度和含湿量通常采用干湿球温度计这种简便测量方法测定。干球温度计即普通温度计，测出的是湿空气的真实温度 t，另一支温度计的感温球上包裹有浸在水中的湿纱布，称为湿球温度计。

在开始阶段，当大量的未饱和空气流吹过暴露在空气中的湿纱布表面时，湿纱布中水分温度与主体湿空气温度相同。由于湿空气未饱和，湿纱布中水分蒸发，通过气膜向空气流扩散。汽化使水温度下降，但当水分温度低于湿空气温度时，热量将由空气传给湿纱布中的水，传热速率随着两者温差增大而增大，直到单位时间内空气向湿纱布传递的热量等于湿纱布表面水分蒸发所需热量时，湿纱布中的水温保持恒定，达到平衡，湿球温度计指示的正是平衡时湿纱布中水分的温度。这一温度取决于周围湿空气的温度 t 和含湿量 d，故称之为湿空气的湿球温度，用 t_s 表示。湿空气的 d 越小，湿纱布中的水分蒸发越快，蒸发所需热量越大，湿球温度越低。相反，若湿空气已达饱和状态，则湿球温度与干球温度相等。

4.2 湿空气的焓湿图及其应用

在空气调节中，经常需要确定湿空气的状态及其变化过程。湿空气的状态参数可以通过上节介绍的公式计算或查询已经计算好的湿空气性质表（参考《民用建筑供暖通风与空气调节设计规范》）。但在空气调节工程中，为了避免繁琐的公式计算，同时又能直观地描述湿空气状态变化过程，常用焓湿图来表示湿空气的状态参数之间的关系。

4.2.1 焓湿图

焓湿图是根据式（4-6）和（4-7），以焓 h 与含湿量 d 为纵横坐标绘制而成的，也常称 h-d 图，如图 4-1 和附录 4 所示。图 4-1 中，一个坐标轴是湿空气的焓 h，一个坐标轴是含湿量 d。为使各曲线簇不致拥挤，提高读数准确度，两坐标之间的夹角为 135°，而不是 90°。为了避免图面过长，常取一水平线画在图的上方代替实际的 d 轴。

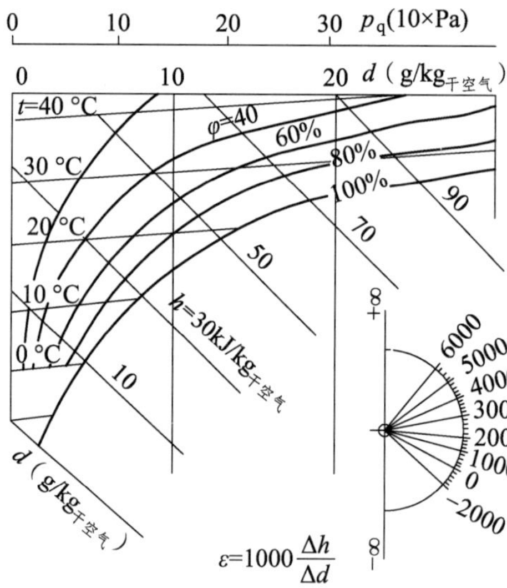

图 4-1 湿空气焓湿图

h-d 图由下列 5 种线群组成。

1. 等温线

由式（4-7）可知，当温度 t 为常数时，h 和 d 之间呈直线变化关系，t 不同时斜率不同，因此等温线是一组相互不平行的直线。但由于温度 t 对斜率的影响不显著，所以等温线又可近似看作是平行的。

2. 等相对湿度（φ）线

由式（4-6）可知，总压力一定时，$\varphi=f(d, t)$。这表明利用式（4-6）可在 h-d 图上绘出等 φ 线。等 φ 线是一组上凸形的曲线。φ=0%的等 φ 线是纵坐标轴，φ=100%的等 φ 线是湿空气的饱和状态线，它将 h-d 图分成两部分。上部是未饱和湿空气（湿空气区），φ<100%时，水蒸气处于过热状态，其状态稳定；φ=100%曲线上的各点是饱和湿空气；下部为 φ>100%水蒸气的过饱和状态区。过饱和状态不稳定没有实际意义。

3. 等焓（h）线

等 h 线是一组与横坐标轴呈 135°的平行直线。

4. 水蒸气分压力

式（4-4）可变换为 $p_q = \dfrac{Bd}{0.622 + d}$。当大气压力 B 一定时，水蒸气分压力 p_q 是含湿量 d 的单值函数，每给定一个 d 值就可以得到相应的 p_q 值。因此，可在 d 轴的上方绘一条水平线，标上 d 值对应的 p_q 值即为水蒸气分压力线。

5. 热湿比线

在空气调节中，被处理的空气常常由一个状态 A 变为另一个状态 B，在 h-d 图上连接状态点 A 和状态点 B 的直线就代表了湿空气的状态变化过程，如图 4-2 所示。为了说明湿空气状态变化前后的方向和特征，常用湿空气状态变化前后的焓差与含湿量差的比值来表征，称为热湿比 ε，即：

$$\varepsilon = \frac{h_B - h_A}{d_B - d_A} = \frac{\Delta h}{\Delta d} \tag{4-8}$$

因此，ε 就是直线 AB 的斜率，它代表了过程线 AB 的倾斜角度，又称为“角系数”。对于起始状态不同的空气，只要斜率相同，其变化过程线必定相互平行。根据上述特征，在 h-d 图上以任意一点为中心作出一系列不同值的 ε 标尺线。实际应用时，只要将等值的 ε 标尺平移至起始状态点，就能确定空气状态变化过程线。

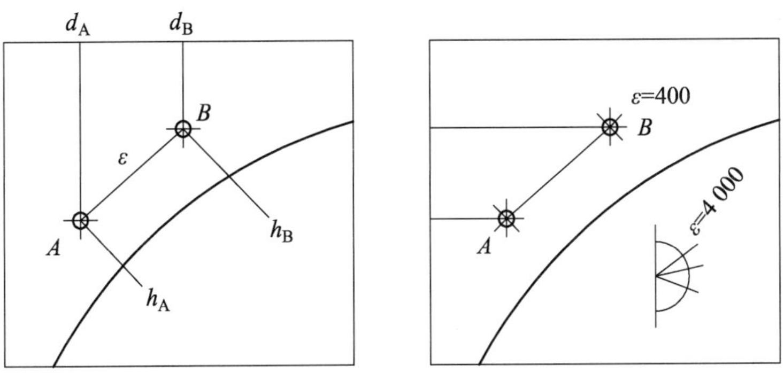

图 4-2　空气状态变化过程

4.2.2　焓湿图的应用

下面介绍几种典型的空气状态变化过程。

1. 等湿加热过程

利用表面式加热器或电加热器对湿空气进行加热处理，空气温度会升高而含湿量不变，因此空气状态变化是等湿、增焓、升温过程。在图 4-3 上可表示为 A—B 的过程。

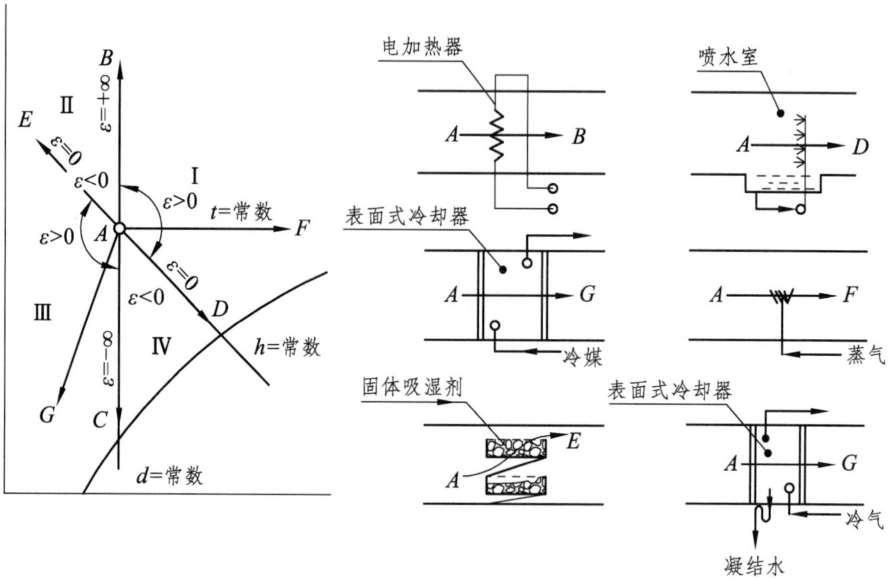

图 4-3　几种典型的湿空气状态变化过程

2. 等湿冷却过程

利用冷冻水或其他冷媒，通过冷表面对湿空气进行冷却处理，当冷表面温度高于或等于湿空气的露点温度时，空气中的水蒸气不会凝结，含湿量不会发生变化，但温度降低，焓值将减少，因此空气状态变化是等湿减焓降温过程。在图 4-3 上可表示为 *A*—*C* 的过程。

3. 等焓加湿过程

用喷水室喷循环水处理空气时，水吸收空气的热量蒸发为水蒸气，空气失去显热量，温度降低。水蒸气扩散到空气中使空气的含湿量增加，同时潜热量也增加。空气失去显热得到潜热，焓值基本不变，所以此过程为等焓加湿过程。因为此过程与外界无热量交换，又称绝热加湿过程。此时，循环水温稳定在空气的湿球温度上。在图 4-3 上可表示为 *A*—*D* 的过程。

4. 等焓减湿过程

用固体吸湿剂处理空气时，湿空气中水蒸气被吸附，在吸湿剂表面凝结，空气含湿量降低，同时失去潜热。水蒸气凝结时放出的汽化热使空气温度升高，空气近似按等焓减湿升温过程变化。在图 4-3 上可表示为 *A*—*E* 的过程。

5. 等温加湿过程

等温加湿是通过向空气中喷入蒸汽而实现的，空气中增加水蒸气后，其焓值和含湿量值都将增加，焓的增加值为加入蒸汽的全热量。在图 4-3 上可表示为 *A*—*F* 的过程。

6. 减湿冷却（或冷却干燥）过程

利用喷水室或表面式冷却器处理空气时，若冷水温度或冷表面温度低于湿空气的露点温度，空气中的水蒸气将凝结为水，使空气的含湿量降低，空气的状态变化过程为减湿冷却过程或冷却干燥过程。在图 4-3 上可表示为 *A*—*G* 的过程。

4.3 室内外空气状态参数

4.3.1 室内空气计算参数

室内外空气计算参数是空调房间冷（热）、湿负荷计算的依据。

室内空气计算参数主要指空调工程作为设计与运行控制标准而采用的空气温度、相对湿度和空气流速等室内环境控制参数。

室内空气计算参数的确定，除了考虑室内参数综合作用下的人体舒适和工艺特定需要外，还应根据工程所处地理位置，室外气象、经济条件和节能政策等具体情况进行综合考虑。

1. 舒适性空调

舒适性空调是以民用建筑和工业企业辅助建筑中保证人体舒适、健康和提高工作效率为目的的空调，它是以人为主的空气环境调节系统。

空气调节室内热舒适性采用预计的平均热感觉指数（PMV）和预计不满意者的百分数（PPD）评价，其值宜为$-1<PMV\leqslant+1$，$PPD\leqslant27\%$。PMV 指数是根据人体热平衡的基本方程式以及心理生理学主观热感觉的等级为出发点，综合考虑了热舒适条件下人体活动程度、着衣情况、空气温度、湿度等诸多有关因素的全面评价指标，是表明群体对于（+3 ~ −3）7 个等级热感觉投票的平均指数。它可以代表绝大多数人对同一热环境的舒适感觉。但由于人与人之间的生理差别，总有少数人对该热环境并不满意，对此还需使用预计不满意百分数指标来加以反映。

根据《民用建筑供暖通风与空气调节设计规范》（GB 50736—2012）规定，舒适性空调室内计算参数应符合表 4-1 的规定。

表 4-1 舒适性空调室内计算参数

参数	夏季	冬季
温度/ °C	24 ~ 28	18 ~ 24
风速/（m/s）	≤0.25	≤0.2
相对湿度/%	40 ~ 70	30 ~ 60

2. 工艺性空调

工艺性空调室内温、湿度基数及其允许波动范围，应根据工艺需要并考虑必要的卫生条件确定。

工艺性空调可分为一般降温性空调、恒温恒湿空调和净化空调等。

降温性空调对温、湿度的要求是夏季工人操作时手不出汗，不使产品受潮。因此，一般只规定温度或湿度的上限，不再注明空调精度。例如，电子工业的某些车间，规定夏季室温不大于 28 °C，相对湿度不大于 60%即可。再如，棉纺工业有关车间夏季温度一般为 27 ~ 31 °C，工艺上的特殊要求只是相对湿度不能太低，一般为 50% ~ 75%，可随着生产工艺性质不同取高值或低值。这主要是因为纯棉纤维具有吸湿和放湿性能，对湿度比较敏感，直接影响纤维强度和纤维相互摩擦时产生的静电大小。

恒温恒湿空调室内空气的温、湿度基数和精度都有严格要求，如某些计量室，室温要求全年保持（20±0.1）°C，相对湿度保持 50%+5%。

净化空调不仅对空气温、湿度提出一定要求，而且对空气中所含尘粒的大小和数量有严格要求。

必须指出，确定工艺性空调室内计算参数时，一定要了解实际工艺生产过程对温、湿度的要求。各种建筑物空调室内空气计算参数的具体规定详见《民用建筑供暖通风与空气调节设计规范》(GB 50736—2012)。

4.3.2 室外空气计算参数

人们习惯将空调工程设计与运行中所用的一些室外气象参数称为室外计算参数。我国部分城市室外空气计算参数见附录 5。

室外气象参数就某一地区而言，随季节、昼夜或时刻在不断变化着，如全国各地大多在 7 ~ 8 月气温最高，而 1 月份气温最低；一天当中，一般凌晨 3 ~ 4 时气温最低，而下午 14 ~ 15 时气温最高。空气相对湿度取决于干球温度和含湿量，若将一昼夜里含湿量视作近似不变，则相对湿度的变化规律与干球温度变化规律相反。

室外空气计算参数的取值直接影响室内空气状态和设备投资。如果按当地冬、夏最不利情况考虑，那么这种极端最低、最高温湿度要若干年才出现一次而且持续时间较短，这将使设备容量庞大而造成投资浪费。因此，设计规范中规定的室外计算参数是按全年少数时间不保证室内温湿度标准而制定的。当室内温湿度必须全年保证时，应另行确定空气调节室外计算参数。

1. 夏季室外空气计算参数

夏季空气调节室外计算干球温度，应采用历年平均不保证 50 h 的干球温度。

夏季空气调节室外计算湿球温度，应采用历年平均不保证 50 h 的湿球温度。

夏季空气调节室外计算日平均温度，应采用历年平均不保证 5 天的日平均温度。

夏季空气调节室外计算逐时温度，按下式计算确定：

$$t_{sh}=t_{wp}+\beta\Delta t_r \tag{4-9}$$

式中 t_{wp}——夏季空气调节室外计算日平均温度（°C）；

β——室外温度逐时变化系数，按表 4-2 确定；

Δt_r——夏季室外计算平均日较差，按 $\Delta t_r=\dfrac{t_{wg}-t_{wp}}{0.52}$ 计算；

t_{wg}——夏季空调室外计算干球温度（°C）。

表 4-2 室外温度逐时变化系数

时刻	1	2	3	4	5	6
β	−0.35	−0.38	−0.42	−0.45	−0.47	−0.41
时刻	7	8	9	10	11	12
β	−0.28	−0.13	0.03	0.16	0.29	0.40

续表

时刻	13	14	15	16	17	18
β	0.48	0.52	0.51	0.43	0.39	0.28
时刻	19	20	21	22	23	24
β	0.14	0.00	−0.10	−0.17	−0.23	−0.26

2. 冬季室外空气计算参数

由于冬季加热、加湿所需费用低于夏季冷却减湿的费用，冬季围护结构传热按稳定传热计算，不考虑室外气温的波动。因而，只给定一个冬季空调室外计算温度作为计算新风负荷和围护结构传热的依据。

冬季空气调节室外计算温度，应采用历年平均不保证 1 天的日平均温度。

冬季室外空气含湿量远小于夏季，且变化也很小，因此不给出湿球温度，只给出室外计算相对湿度。

冬季空调室外计算相对湿度，应采用累年最冷月平均相对湿度。

4.4 空调房间的冷（热）、湿负荷

4.4.1 得热量和冷负荷的基本概念

空调冷负荷

得热量是指在某一时刻由室外和室内热源散入房间的热量的总和。根据性质的不同，得热量可分为潜热和显热两类，而显热又包括对流热和辐射热两种成分。

瞬时冷负荷是指为了维持室温恒定，空调设备在单位时间内必须自室内取走的热量，也即在单位时间内必须向室内空气供给的冷量。

冷负荷与得热量有时相等，有时则不等。围护结构热工特性及得热量的类型决定了得热和负荷的关系。在瞬时得热中的潜热得热及显热得热中的对流成分是直接放散到房间空气中的热量，它们立即构成瞬时负荷，而显热得热中的辐射成分（如经窗的瞬时日晒得热及照明辐射热等）则不能立即成为瞬时冷负荷。因为辐射热透过空气被室内各种物体的表面所吸收和蓄存，这些物体的温度会提高，一旦其表面温度高于室内空气温度时，它们又以对流方式将蓄存的热量再散发给空气。各种瞬时得热量中所含各种热量成分百分比参考数据如表 4-3 所示。

表 4-3　各种瞬时得热量中所含各种热量成分

得热	辐射热 β_t（%）	对流热 β_d（%）	潜热（%）
太阳辐射热（无内遮阳）	100	0	0
太阳辐射热（有内遮阳）	58	42	0
荧光灯	50	50	0
白炽灯	80	20	0

续表

得热	辐射热 β_t（%）	对流热 β_d（%）	潜热（%）
人体	40	20	0
传导热	60	40	0
机械或设备	20～80	80～20	0
渗透和通风	0	100	0

图 4-4 所示为一间朝西的房间，当其温度保持一定，空调装置连续运行时，进入室内的瞬时太阳辐射热与冷负荷之间的关系。由该图可知，实际冷负荷的峰值大致比太阳辐射热的峰值少 40%，而且出现的时间也迟于太阳辐射热峰值出现的时间。图中左侧阴影部分表示蓄存于结构中的热量，由于保持室温不变，两部分阴影面积是相等的。由以上分析可见，得热量转化为冷负荷过程中，存在着衰减和延迟现象。

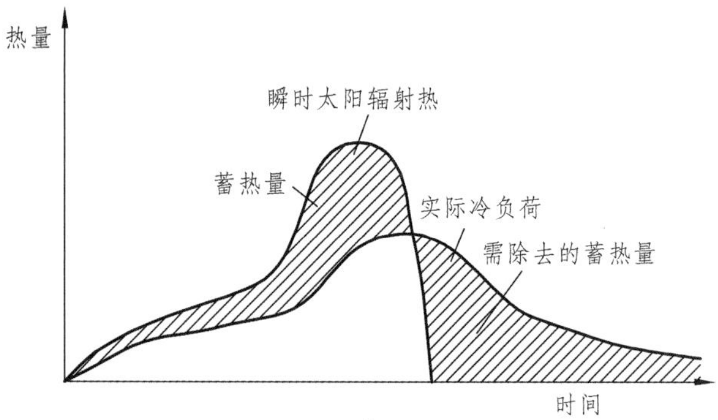

图 4-4　瞬时太阳辐射热与房间实际冷负荷的关系

图 4-5 所示为不同重量围护结构的蓄热能力对冷负荷的影响。重型结构的蓄热能力比轻型结构蓄热能力大得多，其冷负荷的峰值就比较小，延迟时间也长得多。

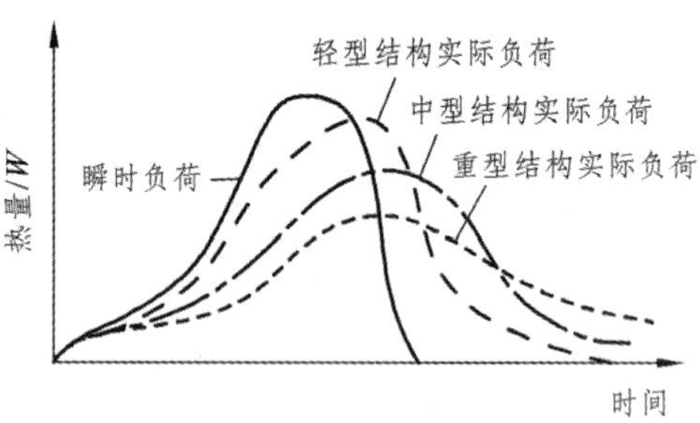

图 4-5　瞬时日射得热与轻、中、重型建筑实际冷负荷的关系

4.4.2　用冷负荷系数法计算围护结构的空调冷负荷

围护结构的冷负荷计算有许多方法，目前国内采用较多的是谐波反应法和冷负荷系数法。冷负荷系数法是便于工程上进行手算的一种简化方法，本教材将详细介绍此方法。

1. 外墙、屋顶、外窗传热形成的逐时冷负荷

在太阳辐射和室外气温的综合作用下，外墙、屋顶、外窗传热形成的冷负荷可按下式计算：

$$CL_q=KF(t_{ql}-t_N) \quad (4\text{-}10)$$

$$CL_w=KF(t_{wl}-t_N) \quad (4\text{-}11)$$

$$CL_c=KF(t_{cl}-t_N) \quad (4\text{-}12)$$

式中，CL_q——计算时刻通过外墙得热形成的冷负荷（W）；

CL_w——计算时刻通过屋顶得热形成的冷负荷（W）；

CL_c——计算时刻通过外窗得热形成的冷负荷（W）；

K——屋顶、外墙、外窗的传热系数[W/（m^2·K）]，查附录 6、附录 7、附录 8；

F——外墙、屋面或外窗的传热面积（m^2）；

t_N——夏季空调区设计温度（°C）；

t_{ql}——外墙逐时冷负荷计算温度（°C），参见附录 9。

t_{wl}——屋面逐时冷负荷计算温度（°C），参见附录 10。

t_{cl}——外窗逐时冷负荷计算温度（°C），参见附录 11。

2. 外窗的日射得热形成的负荷

透过玻璃窗进入室内的日射得热包括透过窗玻璃直接进入室内的太阳辐射热和窗玻璃吸收太阳辐射后传入室内的热量。这两部分的太阳辐射热与太阳辐射强度、玻璃的光学性能、窗的类型、遮阳设施等多种因素有关，为了简化计算，透过玻璃窗进入室内的日射得热形成的逐时冷负荷按下式计算；

$$CL=FC_zD_{jmax}C_{cl} \quad (4\text{-}13)$$

$$C_Z=C_sC_n \quad (4\text{-}14)$$

式中　F——窗玻璃的净面积（m^2）；

C_z——窗玻璃的综合遮挡系数；

C_s——窗玻璃的遮阳系数，查表 4-4；

C_n——窗内遮阳设施的遮阳系数，查表 4-5；

D_{jmax}——夏季透过标准玻璃窗日射得热因数最大值（W/m^2），见附录 12；

C_{cl}——透过无遮阳标准玻璃太阳辐射冷负荷系数，见附录 13。

表 4-4　窗玻璃的遮阳系数 C_s

玻璃类型	层数	厚度/mm	C_s
透明普通玻璃	单	3	1.00
	单	5	0.93
	单	6	0.89
浅蓝色吸热玻璃	单	3	0.96
	单	5	0.88
	单	6	0.83

续表

玻璃类型	层数	厚度/mm	C_s
透明普通玻璃	双	3+3	0.86
	双	5+5	0.78
	双	6+6	0.74
透明浮法玻璃	双	6+6	0.84
茶色浮法玻璃+透明浮法玻璃	双	4+4	0.66
	双	6+6	0.55
	双	10+6	0.40
灰色浮法玻璃+透明浮法玻璃	双	4+4	0.63
	双	6+6	0.55
	双	10+6	0.40
绿色浮法玻璃+透明浮法玻璃	双	6+6	0.55

表 4-5　窗内遮阳设施的遮阳系数 C_n

内遮阳类型	颜色	C_n	内遮阳类型	颜色	C_n
布窗帘	白色	0.50	活动百叶窗（叶片 45°）	白色	0.60
布窗帘	浅蓝色	0.60	活动百叶窗（叶片 45°）	淡黄色	0.68
布窗帘	深黄色	0.65	活动百叶窗（叶片 45°）	浅灰色	0.75
布窗帘	紫红色	0.65	窗上涂白	白色	0.60
布窗帘	深绿色	0.65	毛玻璃	次白色	0.40

3. 室内热源散热引起的冷负荷

室内热源主要指照明散热、人体散热及工艺设备散热三部分。室内热源散热包括显热和潜热两部分。潜热散热为瞬时冷负荷。显热散热中对流热为瞬时冷负荷，辐射热部分则先被围护结构等物体表面所吸收，然后再缓慢散出，形成滞后冷负荷。这些均可采用相应的冷负荷系数计算。

1）照明散热形成的冷负荷

照明设备散热量属于稳定得热，只要电压稳定，这一得热量是不随时间变化的。照明设备所散发的热量由对流和辐射两部分组成。

根据照明灯具的类型和安装方式的不同，其冷负荷计算式分别为

白炽灯：$CL=1\,000NC_{cl}$　　（4-15）

荧光灯：$CL=1\,000n_1n_2NC_{cl}$　　（4-16）

式中　N——照明灯具所需功率（kW）；

n_1——镇流器消耗功率系数，当明装荧光灯的镇流器装在空调房间内时，取 $n_1=1.2$；当暗装荧光灯镇流器装设在顶棚内时，取 $n_1=1.0$；

n_2——灯罩隔热系数，当荧光灯罩上部穿有小孔，可利用自然通风散热于顶棚内时，取 $n_2=0.5\sim0.6$；对荧光灯罩无通风孔者，则视顶棚内通风情况取 $n_2=0.6\sim0.8$；

C_{cl}——照明散热冷负荷系数，可查附录 14。

2）人体散热形成的冷负荷

人体散热与人的性别、年龄、衣着、劳动强度及周围环境条件等多种因素有关。人体散发的热量中的潜热和对流热直接形成瞬时冷负荷，而辐射热形成滞后冷负荷。

由于性质不同的建筑物中有不同比例的成年男子、女子和儿童，为了实际计算方便，以成年男子为基础，乘以考虑了不同建筑内各类人员组成比例的系数，称群集系数。

人体散热引起的冷负荷计算公式为

$$CL=\mu n(q_s C_{cl}+q_r) \tag{4-17}$$

式中　q_s——不同室温和劳动性质时成年男子显热散热量（W）（见表 4-6）；

q_r——不同室温和劳动性质时成年男子潜热散热量（W）（见表 4-6）；

n——室内全部人数；

μ——群集系数（见表 4-7）；

C_{cl}——人体显热散热冷负荷系数，可查附录 15。

表 4-6　不同室温和劳动性质时成年男子的散热散湿量

体力活动性质		热湿量	室内温度/°C										
			20	21	22	23	24	25	26	27	28	29	30
静坐	影剧院 会堂 阅览室	显热/W	84	81	78	74	71	67	63	58	53	48	43
		潜热/W	26	27	30	34	37	41	45	50	55	60	65
		全热/W	110	108	108	108	108	108	108	108	108	108	108
		湿量/（g/h）	38	40	45	50	56	61	68	75	82	90	97
极轻劳动	旅馆 体育馆 手表装配 电子元件	显热/W	90	85	79	75	70	65	61	57	51	45	41
		潜热/W	47	51	56	59	64	69	73	77	83	89	93
		全热/W	137	135	135	134	134	134	134	134	134	134	134
		湿量/（g/h）	69	76	83	89	96	102	109	115	123	132	139
轻度劳动	百货商店 化学实验室 电子计算机房	显热/W	93	87	81	76	70	64	58	51	47	40	35
		潜热/W	90	94	100	106	112	117	123	130	135	142	147
		全热/W	183	181	181	182	182	181	181	181	182	182	182
		湿量/（g/h）	134	140	150	158	167	175	184	194	203	212	220
中等劳动	纺织车间 印刷车间 机加工车间	显热/W	117	112	104	97	88	83	74	67	61	52	45
		潜热/W	118	123	131	138	147	152	161	168	174	183	190
		全热/W	235	235	235	235	235	235	235	235	235	235	235
		湿量/（g/h）	175	184	196	207	219	227	240	250	260	273	283
重度劳动	炼钢车间 铸造车间 排练厅 室内运动场	显热/W	169	163	157	151	145	140	134	128	122	116	110
		潜热/W	238	244	250	256	262	267	273	279	285	291	297
		全热/W	407	407	407	407	407	407	407	407	407	407	407
		湿量/（g/h）	356	365	373	382	391	400	408	417	425	434	443

表 4-7　群集系数 μ

工作场所	影剧院	百货商店	旅馆	体育馆	图书阅览	工厂轻劳动	工厂重劳动
群集系数	0.89	0.89	0.93	0.92	0.96	0.90	1.0

3）设备散热引起的冷负荷

设备和用具散热引起的冷负荷按式（4-18）计算：

$$CL=Q_sC_{cl}+Q_r \tag{4-18}$$

式中　Q_s——设备和用具的显热散热量（W）；

Q_r——设备和用具的潜热散热量（W）；

C_{cl}——设备和用具显热散热冷负荷系数，可查附录 16、附录 17。

设备和用具显热散热量的计算：

（1）电动设备。当工艺设备及其电动机都放在室内时：

$$Q_s=1\,000n_1n_2n_3N/\eta \tag{4-19}$$

当工艺设备在室内，而电动机不在室内时，

$$Q_s=1\,000n_1n_2n_3N \tag{4-20}$$

当只有电动机放在室内时，

$$Q_s=1\,000n_1n_2n_3\frac{1-n}{\eta}N \tag{4-21}$$

式中　N——电动设备的安装功率（kW）；

η——电动机效率，可由产品样本查得；

n_1——利用系数，即电动机最大实耗功率与安装功率之比，可反映安装功率的利用程度，一般可取 0.7 ~ 0.9；

n_2——同时使用系数，即室内电动机同时使用的安装功率与总安装功率之比，根据工艺过程的设备使用情况而定，一般取 0.5 ~ 0.8；

n_3——负荷系数，每小时的平均实耗功率与设计最大实耗功率之比，反映了平均负荷达到最大负荷的程度，一般可取 0.5 左右，精密机床可取 0.15 ~ 0.4。

（2）电热设备。对于无保温密闭罩的电热设备，按式（4-22）计算：

$$Q_s=1\,000n_1n_2n_3n_4N \tag{4-22}$$

式中　n_4——考虑排风带走热量的系数，一般取 0.5。

（3）电子设备。计算公式同式（4-21），其中系数 n_2 的值根据使用情况而定，对计算机可取 1.0，一般仪表取 0.5 ~ 1.9。

4.4.3　空调房间热负荷的计算

空调房间的热负荷是指空调系统在冬季里，当室外空气温度在设计温度条件时，为保持室内的温度，系统向房间提供的热量。空气调节系统冬季的加热、加湿所耗费用远小于夏季的冷却、除湿所耗费用。为便于计算，冬季按稳定传热方法计算传热量，而不考虑室外气温的波动。其计算方法与采暖耗热量计算方法相同，只是采用冬季空调室外计算温度，而不能采用采暖室外计算温度，且因为空调房间保持一定正压值，故无需计算冷风渗透所形成的热负荷。

4.4.4 湿负荷的计算

湿负荷是指空调房间的湿源（人体散湿、敞开水槽表面散湿等）向室内的散湿量。

1. 人体散湿量

人体散湿量按式（4-23）计算：

$$W=n\mu\omega \tag{4-23}$$

式中 W——人体散湿量（g/h）;

ω——成年男子的散湿量（g/h）;

其他符号意义同式（4-17）。

2. 敞开水槽表面散湿量

敞开水槽表面散湿量可用式（4-24）计算：

$$W=\beta(p_{q,b}-p_q)F\frac{B}{B'} \tag{4-24}$$

式中 W——敞开水槽表面散湿量（kg/s）;

$p_{q,b}$——相应于水表面温度下饱和空气的水蒸气分压力（Pa）;

p_q——空气中水蒸气分压力（Pa）;

F——蒸发水槽表面积（m^2）;

B——标准大气压力，101 325 Pa;

B'——当地大气压力（Pa）;

β——蒸发系数[kg/（N·s）]，由式（4-25）确定。

$$\beta=(\alpha+0.003\,63v)\times10^{-5} \tag{4-25}$$

式中 α——不同水温下的扩散系数[kg/（N·s）]，见表 4-8;

v——书面上空气的流速（m/s）。

表 4-8 不同水温下的扩散系数 α

水温/°C	<30	40	50	60	70	80	90	100
α/[kg/（N·s）]	0.004 3	0.005 8	0.006 9	0.007 7	0.008 8	0.009 6	0.010 6	0.012 5

4.5 冷（热）负荷估算指标

4.5.1 夏季冷负荷估算

空调房间夏季冷负荷应尽量按照上节中介绍的方法计算才能保证准确性。但民用建筑在方案设计阶段，计算条件不具备时，可根据空调负荷概算指标进行估算。所谓空调负荷概算指标，是指折算到建筑物中每一平方米空调面积所需制冷机或空调器提供的冷负荷值。将负荷概算指标乘以建筑物内的空调面积，即得夏季空调制冷系统总负荷的估算值。国内部分建筑空调冷负荷概算指标见表 4-9。

表 4-9 国内部分建筑空调冷负荷概算指标

顺序	建筑类型及房间名称	冷负荷指标/（W/m^2）	顺序	建筑类型及房间名称	冷负荷指标/（W/m^2）
1	旅馆客房（标准层）	80～110	17	医院一般手术室	100～150
2	酒吧、咖啡厅	100～180	18	洁净手术室	300～500
3	西餐厅	160～200	19	X光、CT、B超诊断	120～150
4	中餐厅、宴会厅	180～350	20	商场、百货大楼营业室	150～250
5	商店、小卖部	100～160	21	影剧院观众席	180～350
6	中庭、接待室	90～120	22	休息厅（允许吸烟）	300～400
7	小会议室（允许少量吸烟）	200～300	23	化妆室	90～120
8	大会议室（不允许吸烟）	180～280	24	体育馆比赛馆	120～250
9	理发、美容	120～180	25	观众休息厅（允许吸烟）	300～400
10	健身房、保龄球	100～200	26	贵宾室	100～120
11	弹子房	90～120	27	展览厅、陈列室	130～200
12	室内游泳池	200～350	28	会堂、报告厅	150～200
13	舞厅（交谊舞）	200～250	29	图书阅览	75～100
14	舞厅（迪斯科）	250～350	30	科研、办公	90～140
15	办公	90～120	31	公寓、住宅	80～90
16	医院高级病房	80～110	32	餐馆	200～250

4.5.2 冬季热负荷估算

民用建筑空气调节系统冬季热负荷，可按冬季采暖热负荷指标估算后，乘以空调系统冬季用室外新风量的加热系数 1.3～1.5 即可。

当只知道总建筑面积时，民用建筑的采暖热指标可参考如下数值：

住宅　　47～70 W/m^2

办公楼、学校　　58～81 W/m^2

医院、幼儿园　　64～81 W/m^2

旅馆	58～70 W/m^2
图书馆	47～76 W/m^2
商店	64～87 W/m^2
单层住宅	81～105 W/m^2
食堂、餐厅	116～140 W/m^2
影剧院	93～116 W/m^2
大礼堂、体育馆	116～163 W/m^2

总建筑面积大，外围护结构热工性能好，窗户面积小，采用较小的指标；反之，采用较大的指标。

思政拓展

城市轨道交通通风空调领域的追风者——李国庆

1990年，李国庆从清华大学通风空调采暖专业毕业后，进入北京城建设计研究院，投身北京地铁复八线西单站项目。彼时，正是我国地铁通风空调技术的起步阶段。以往，北京地铁只有通风，没有空调。“4个重做，4个大改。”当李国庆把连续加班3个月完成的8个空调机房图纸交到专业总工程师手中，结果却让他备受打击。从此他边学边做、边做边改，请教前辈、查阅图纸……前后一年时间，数易其稿、几度身心俱疲，才最终完成。从此以后，他心里“有底了”。

此后几年，上海、沈阳、杭州、德黑兰……他在实践中历练，逐渐积累起丰富的经验。

从清华学子到通风空调领域专家，他用30余年的潜心研究，致力于做“风”与“热”有机融合技术的引路人，不断刷新我国地铁通风空调技术。从“地铁车站空气—水通风空调系统”“可调通风型站台门系统”“遁形式”冷却技术到新型城市轨道交通通风空调多功能集成系统等，用一项项创新成果、30多项实用新型专利，不断给出更好的答案。作为我国轨道交通通风空调领域的专家，他先后主持北京、广州、德黑兰等国内外多个城市的30多项地铁工程，是我国轨道交通领域首位国家科技进步二等奖、国家科学技术发明奖二等奖获得者，为城市轨道交通系统的“双碳”目标实现作出了贡献。

随着国家节能减排措施的不断推进，城市轨道通风空调系统作为地铁能耗的重要组成部分，越来越受到人们的重视。随着各种节能措施和新技术、新工艺的不断应用，必将为整个地铁节能提供更大空间。“科技进步必然会淘汰落后技术，我作为一名知识分子应当坚守良知，不能为了保护行业利益无视技术进步。而是要在专业领域不停跋涉，通过创新突破，推动技术不断迭代升级，持续研发出更多更好的东西，为国家繁荣和社会进步作出贡献。”李国庆说。

思考与习题

1. 湿空气是由哪些成分组成的？为什么要把含量很少的水蒸气当作重要成分来考虑？

2. 已知当地大气压力 B=101 325 Pa，试求温度 t=25 °C 时干空气的密度。

3. 相对湿度和含湿量有什么区别和联系？

4. 某空调房间空气温度 t=24 °C，相对湿度 φ=70%，所在地区大气压强 B=101 325 Pa，试计算空气的含湿量。

5. 空调房间的得热量和冷负荷，有什么区别和联系？

6. 舒适性空调和工艺性空调有什么区别？

7. 什么是空调系统的热负荷、湿负荷？

项目 5

空气处理设备

知识结构

- 空气处理设备
  - 用喷水室处理空气
    - 空气与水直接接触时的热湿交换原理
    - 空气与水直接接触时的热湿交换过程
    - 喷水室的类型和结构
  - 用表面式换热器处理空气
    - 表面式换热器的构造与安装
    - 表面式换热器热湿交换过程的特点
  - 空气的其他热湿处理方法
    - 用电加热器加热空气
    - 空气的加湿处理
    - 空气的减湿处理

知识目标

1. 理解空气与水直接接触时的热湿交换原理，理解空气与水直接接触时的热湿交换过程的特点。
2. 了解喷水室的类型和结构，掌握喷水室空气处理的过程。
3. 了解表面式换热器的构造和安装，理解表面式换热器热湿交换过程及特点。
4. 了解空气的其他热湿处理方法。

能力目标

1. 能准确识别喷水室的主要部件，会处理常见的故障。
2. 熟知空调工程中常见的加湿、除湿方法及各自特点。

思政目标

1. 扎根生产，提升行业荣誉感，努力推动行业新技术发展。
2. 培养规范操作的职业素养，增强协作意识，树立团队精神。

在空调工程中，实现不同的空气处理过程需要不同的空气处理设备，如空气的加热、冷却、加湿、减湿设备等。有时，一种空气处理设备能同时实现空气的加热加湿、冷却干燥或者升温干燥等过程。尽管空气的热湿处理设备种类繁多、构造多样，然而它们大多是使空气与其他介质进行热、湿交换的设备。与空气进行热湿交换的介质有水、水蒸气、冰、各种盐类及其水溶液、制冷剂及其他物质。

根据各种热湿交换设备的特点不同可将它们分成两大类：接触式热湿交换设备和表面式热湿交换设备。前者包括喷水室、蒸汽加湿器、局部补充加湿装置以及使用液体吸湿剂的装置等；后者包括光管式和肋管式空气加热器及空气冷却器等。有的空气处理设备如喷水式表面冷却器则兼有这两类设备的特点。

接触式热湿交换设备的特点：与空气进行热湿交换的介质直接与空气接触，通常使被处理的空气流过热湿交换介质表面，通过含有热湿交换介质的填料层或将热湿交换介质喷洒到空气中去，形成具有各种分散度液滴的空间，使液滴与流过的空气直接接触。

表面式热湿交换设备的特点：与空气进行热湿交换的介质不与空气接触，二者之间的热湿交换是通过分隔壁面进行的。根据热湿交换介质的温度不同，壁面的空气侧可能产生水膜（湿表面），也可能不产生水膜（干表面）。分隔壁面有平表面和带肋表面两种。在所有的热湿交换设备中，喷水室和表面式换热器应用最广。

5.1 用喷水室处理空气

5.1.1 空气与水直接接触时的热湿交换原理

空气与水直接接触时，根据水温不同，可能仅发生显热交换，也可能既有显热交换又有潜热交换，即同时伴有质交换（湿交换）。

显热交换是空气与水之间存在温差时，由导热、对流和辐射作用而引起的换热结果。潜热交换是空气中的水蒸气凝结（或蒸发）而放出（或吸收）汽化潜热的结果。总热交换是显热交换和潜热交换的代数和。

如图 5-1 所示，当空气与水直接接触时，在贴近水表面的地方或水滴周围，由于水分子作不规则运动，形成一个温度等于水表面温度的饱和空气层。

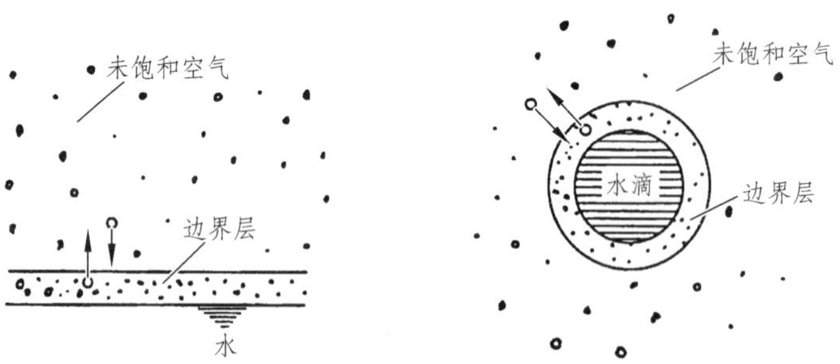

（a）敞开的水面　　（b）飞溅的水滴

图 5-1　空气与水的热、湿交换

如果边界层内空气温度高于主体空气温度，则由边界层向周围空气传热；反之，则由主体空气向边界层传热。

如果边界层内水蒸气分压力大于主体空气的水蒸气分压力，则水蒸气分子将由边界层向主体空气迁移；反之，则水蒸气分子将由主体空气向边界层迁移。所谓“蒸发”与“凝结”现象就是这种水蒸气分子迁移的结果。在蒸发过程中，边界层中减少了的水蒸气分子由水面跃出的水分子补充；在凝结过程中，边界层中过多的水蒸气分子将回到水面。

如上所述，温差是热交换的推动力，而水蒸气分压力差则是质（湿）交换的推动力。空气与水之间的热交换是包括显热交换和潜热交换在内的总热交换，显热交换主要取决于饱和空气层与周围空气之间的温度差，而潜热交换是伴随着湿交换同时产生的，主要取决于两者之间的水蒸气分压力之差。

5.1.2 空气与水直接接触时的热湿交换过程

在喷水室中，用不同温度的水去喷淋空气，可获得各种空气处理过程。为分析方便起见，假定与空气接触的水量无限大，接触时间无限长，即在所谓假想条件下，全部空气都能达到具有水温的饱和状态点。也就是说，此时空气的终状态点将位于 *h-d* 图的饱和曲线上，且空气终温将等于水温。与空气接触的水温不同，空气的状态变化过程也将不同。在上述假想条件下，随着水温不同可以得到如图 5-2 所示的 7 种典型空气状态变化过程。表 5-1 列举了这 7 种典型过程的具体特点。

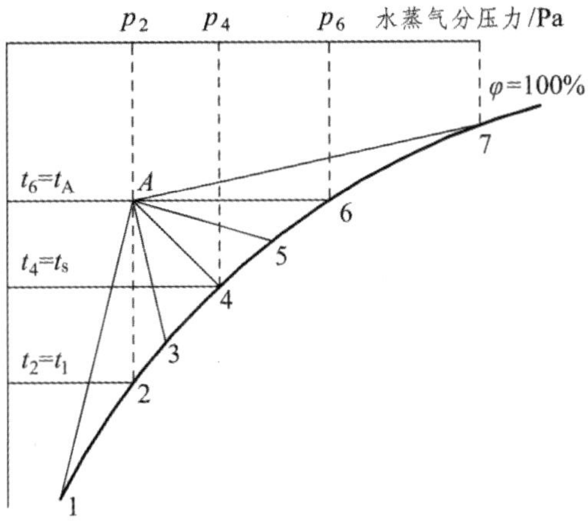

图 5-2 用喷水室处理空气时的状态变化过程

表 5-1 空气与水直接接触各种过程的特点

过程线	水温特点	空气温度或显热	空气含湿量或潜热	空气焓或全热
A—1	$t_w<t_1$	减小	减小	减小
A—2	$t_w=t_1$	减小	不变	减小
A—3	$t_1<t_w<t_s$	减小	增加	减小
A—4	$t_w=t_s$	减小	增加	不变
A—5	$t_s<t_w<t_A$	减小	增加	增加
A—6	$t_w=t_A$	不变	增加	增加
A—7	$t_w>t_A$	增加	增加	增加

注：t_w 为喷水温度，t_1 为空气露点温度，t_s 为空气湿球温度，t_A 为空气干球温度。

在上述 7 种过程中，A—2 过程是空气增湿和减湿的分界线，A—4 过程是空气增焓和减焓的分界线，而 A—6 过程是空气升温和降温的分界线。

事实上，在实际的喷水室中，由于结构特性以及空气与水滴接触时间等条件的限制，空气的状态变化过程不能如图 5-2 所示的那样完美，空气状态的实际变化过程既不是直线，也难以达到与水的终温或初温相等的饱和状态。实际经喷水室处理空气的终点状态只能达到 φ=90% ~ 95%，这一状态点称为“机器露点”。

5.1.3 喷水室的类型和结构

喷水室又称喷雾室，是空调系统采用的一种主要的空气处理设备。喷水室的主要优点是能够实现多种空气处理过程，具有一定的净化空气的能力，消耗金属少，容易加工。它的缺点是对水质要求高、占地面积大、水泵耗能多等。所以，在民用建筑中不再采用，但在以调节湿度为主要目的的纺织厂、卷烟厂等空调中仍大量使用。

喷水室的类型和结构

喷水室除了能改变空气的热、湿状态参数，还可用来净化空调新风中的有害气体，去除颗粒杂质，对改善室内空气品质具有重要作用。

喷水室由挡水板、喷嘴、喷嘴排管、补水装置、回水过滤器、溢水器、喷水室外壳等组成，如图 5-3 所示。喷水室的工作过程：被处理的空气以一定的速度（一般为 2 ~ 3 m/s）经过前挡水板（3）进入喷水空间，与喷嘴中喷出的水滴相接触进行热湿交换，然后经后挡水板分离所携带的水滴后流出。从喷嘴喷出的水滴完成与空气的热湿交换后，落入底池中。

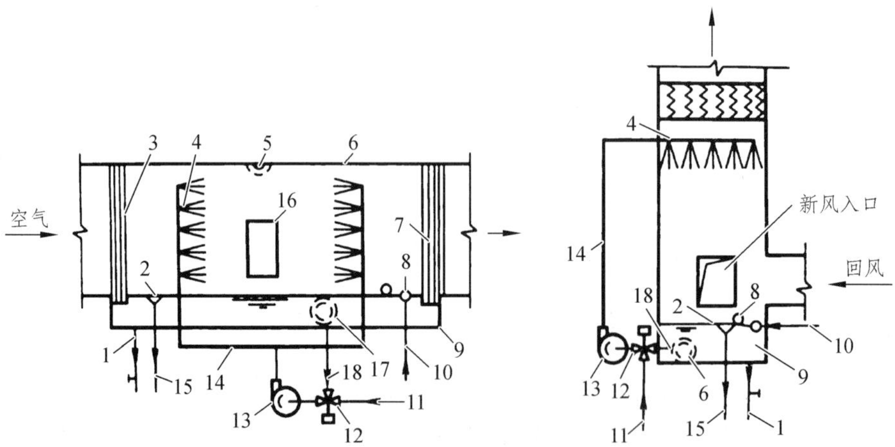

1—泄水管；2—溢水器；3—前挡水板；4—喷嘴与排管；5—防水灯；6—外壳；7—后挡水板；8—浮球阀；9—底池；10—补水管；11—冷水管；12—三通混合阀；13—水泵；14—供水管；15—溢水管；16—检查门；17—滤水器；18—循环水管。

图 5-3 喷水室的构造

喷嘴是喷水室最重要的部件，其作用是将水喷成小的水滴和雾滴，扩大空气与水直接接触进行热湿交换的面积。喷嘴喷出的水滴大小、水量多少、喷射角度和喷射距离与喷嘴的构造、喷口孔径以及水压大小有关。在喷水室中通常设置 1 ~ 3 排喷嘴，最多 4 排。喷水方向根据与空气流动方向相同与否分为顺喷、逆喷和对喷。制作喷嘴的材料一般采用黄铜、尼龙、塑料和陶瓷。

挡水板一般用厚度为 0.75 ~ 1.0 mm 的镀锌钢板制作，也可以用不锈钢板、铝合金板、玻璃钢、塑料或塑料复合钢板制作。前挡水板有挡住飞溅出来的水滴和使进风均匀流动的双重作用。后挡水板能将空气中夹带的水滴分离出来，以减少喷水室的“过水量”，它由多折的或波浪形的平行板组成。

底池 9 的作用是用来容纳喷淋用水和喷淋落水。池中的滤水器 17 和循环水管 18 以及三通阀 12 组成了循环水系统。

底池和以下 4 种管道相通。

1. 循环水管

底池通过滤水器与循环水管相连，使落到底池的水能重复使用。滤水器的作用是清除水中杂物，以免喷嘴堵塞。

2. 溢水管

底池通过溢水器与溢水管相连，以排除水池中维持一定水位后多余的水。在溢水器的喇叭口上有水封罩，可将喷水室内外空气隔绝，防止喷水室内产生异味。

3. 补水管

当用循环水对空气进行绝热加湿时，底池中的水量将逐渐减少，泄漏等原因也可能引起水位降低。为了保持底池水面高度一定，且略低于溢水口，需设补水管并经浮球阀自动补水。

4. 泄水管

为了检修、清洗和防冻等目的，在底池的底部需设泄水管，以便在需要泄水时，将底池内的水全部泄至下水道。

5.2 用表面式换热器处理空气

空调工程中广泛使用表面式换热器。表面式换热器具有构造简单，占地少，水质要求不高，水系统阻力小等优点，是常用的空气处理设备。表面式换热器包括空气加热器和表面式冷却器两类。空气加热器是以热水或蒸汽为热媒；而空气冷却器则以冷水或制冷剂为冷媒，前者又称为水冷式表面冷却器，后者称为直接蒸发式表面冷却器。

表面式换热器

5.2.1 表面式换热器的构造与安装

1. 表面式换热器的构造

表面式换热器有光管式和肋管式两种。光管式表面换热器由于传热效率低已很少应用。肋管式表面换热器由管和肋片构成。为了使表面式换热器性能稳定，应力求使管与肋片间接触紧密，减小接触热阻，并保证长久使用后也不会松动。根据加工方法不同，肋片管又分为绕片管、串片管和轧片管等。

1）绕片管

绕片管是用绕片机把铜带或钢带紧紧地缠绕在铜管或钢管上制成的。绕片管主要有皱褶绕片管和光滑绕片管两种。皱褶绕片既增加了肋片与管子之间的接触面积，又可使空气流过时的扰动增强，从而提高了肋片管的传热系数。但是皱褶会使空气流过肋片管的阻力增加，而且容易积灰，不便清理，如图 5-4（a）所示。光滑绕片没有皱褶，它们是用延展性更好的铝带缠绕在钢管上制成，如图 5-4（b）所示。

2）串片管

串片管是把事先冲好管孔的肋片与管束串在一起，通过胀管处理使管壁与肋片紧密结合，如图 5-4（c）所示。常用的铝片制成肋片串在铜管上。串片管生产的机械强度可以很高，现在大批铜管铝片的表面式换热器均用此法生产。

3）轧片管

轧片管是用轧片机在光滑的铜管或铝管表面轧制出肋片，如图 5-4（d）所示。由于轧片和管子是一个整体，没有因存在缝隙而产生的接触热阻，所以轧片管的传热性能更好，但是轧片管的肋片不能太高，管壁不能太薄。

4）二次翻边片管

二次翻边片由于进行了二次翻边，既保证了肋片的间距，又增加了肋片与管壁的接触强度，从而增加了肋片管的传热效果，如图 5-4（e）所示。

5）新型肋片管

为了进一步提高肋片管的传热性能，新型肋片管的片形多采用波纹形、条缝形和波形冲缝等，以增加气流的扰动性，提高管子外表面的换热系数。

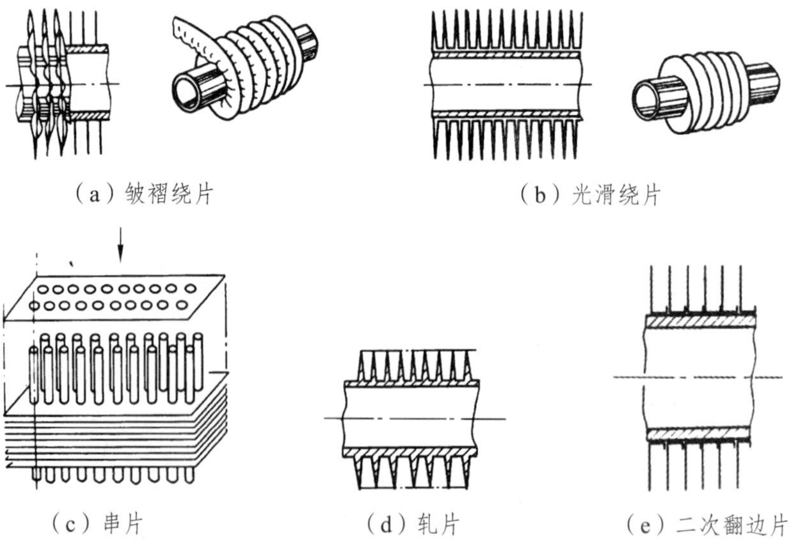

（a）皱褶绕片　（b）光滑绕片

（c）串片　（d）轧片　（e）二次翻边片

图 5-4　各种肋片管式换热器的构造

2. 表面式换热器的安装

表面式换热器可以垂直安装，也可以水平安装或倾斜安装。对于以蒸汽做热媒的空气加热器最好不要水平安装，以免聚集凝结水而影响传热性能；若必须水平安装时，应当考虑有 0.01 的坡度。对于表冷器，在垂直安装时必须使肋片处于垂直位置，以免肋片上部积水而增加空气阻力和降低传热系数。由于表面式冷却器工作时，表面常有凝结水产生，为了接纳凝结水并及时将凝结水排走，表冷器的下部应安装滴水盘和排水管。

按空气流动方向来说，表面式换热器可以并联，也可以串联或者既有并联又有串联。到底采用什么样的组合方式，应按通过空气量的多少和需要的换热量大小来决定。一般是通过空气量多时采用并联，需要空气温升（或温降）大时采用串联。

为了便于使用和维修，冷、热媒管路上应设阀门、压力表和温度计。在蒸汽加热器的管路上还应设蒸汽压力调节阀和疏水器。为了保证换热器正常工作，水系统最高点应设排空气装置，而在最低点应设泄水和排污阀门。

如果表面式换热器冷热两用，则热媒最好采用 65 °C 以下的热水，以免因管内壁积垢过多而影响换热器的出力。

5.2.2 表面式换热器热湿交换过程的特点

表面式换热器是利用主体空气与紧贴换热器外表面的边界层空气之间的温差和水蒸气分压力差作用进行热湿交换的。根据主体空气与边界层空气的参数不同，表面式换热器可以实现 3 种空气处理过程：当边界层空气温度高于主体空气温度时，发生等湿加热过程；当边界层空气温度虽低于主体空气温度，但高于其露点温度时，将发生等湿冷却过程或称干冷过程（干工况）；当边界层空气温度低于主体空气的露点温度时，将发生减湿冷却过程或称湿冷过程（湿工况）。

由于在等湿加热和冷却过程中，主体空气和边界层空气之间只有温差，并无水蒸气分压力差，所以只有显热交换；在减湿冷却过程中，由于边界层空气与主体空气之间不但存在温差，也存在水蒸气分压力差，所以通过换热器表面不但有显热交换，也有伴随湿交换的潜热交换。由此可知，湿工况下的表冷器比干工况下有更大的热交换能力。

5.3 空气的其他热湿处理方法

在空调系统中，除利用喷水室对空气进行加热加湿，表面式换热器（空气加热器）对空气进行加热外，还采用下面一些加热和加湿方法。

5.3.1 用电加热器加热空气

电加热器是让电流通过电阻丝发热而加热空气的设备。它有结构紧凑、加热均匀、热量稳定、控制方便等优点。但是由于电加热器利用的是高品位能源，所以只宜在一部分空调机组和小型空调系统中采用。在温控精度要求较高的大型空调系统中，也常用电加热器控制局部加热或做末级加热器使用。

电加热器有两种基本形式：裸线式和管式。

裸线式电加热器由裸露在气流中的电阻丝构成，如图 5-5 所示。在定型产品中，常把这种电加热器做成抽屉式，检修更为方便。裸线式电加热器的优点是热惰性小，加热迅速且结构简单，除由工厂批量生产外，也可自己按图纸加工。它的缺点是电阻丝容易烧断，安全性差，所以使用时必须有可靠的接地装置，并应与风机联锁运行，以免发生安全事故。

管式电加热器由管状电热元件组成，如图 5-6 所示。这种电热元件是将电阻丝装在特制的金属套管中，中间填充导热性好的电绝缘材料，其优点是加热均匀、热量稳定、使用安全，缺点是热惰性大、结构复杂。

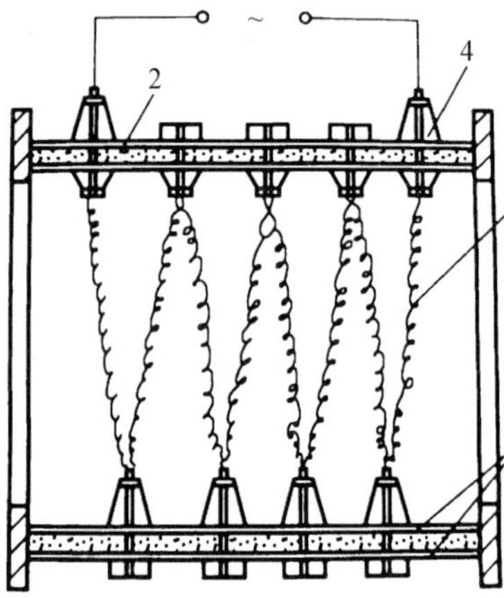

1—钢板；2—隔热层；3—电阻丝；4—瓷绝缘子。

图 5-5　裸线式电加热器

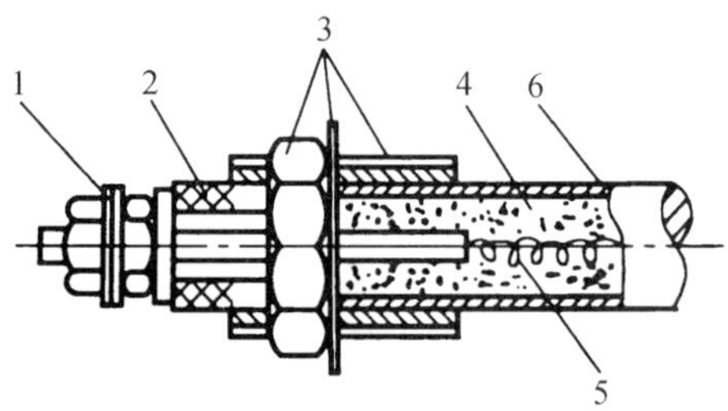

1—接线端子；2—瓷绝缘子；3—禁锢装置；4—绝缘材料；5—电阻丝；6—金属套管。

图 5-6　管式电加热器

5.3.2　空气的加湿处理

在冬季和过渡季节，室外空气含湿量一般比室内空气含湿量低，为了保证相对湿度的要求，有时需要向空气中加湿。在空调系统中，空气的加湿可以在两个地方进行：在空气处理室或送风管道内对空气集中加湿，或在空调房间内部对空气进行局部补充加湿。

空气的加湿方法，除利用喷水室加湿外，还有喷蒸汽加湿、电加湿和直接喷水加湿等。从本质上讲，这些加湿方法可归为两类：一是将水蒸气直接混入空气中进行加湿，即等温加湿；二是将水直接喷入空气中，由水吸收空气中的显热而气化进入空气的加湿，即等焓加湿。

1. 等温加湿（用外界热源产生的蒸汽来加湿空气）

1）蒸汽喷管加湿

蒸汽喷管加湿是把低压蒸汽通过管子上的小孔直接喷到空气中加湿空气的方法。蒸汽喷管可以在空气处理室里，也可以在需要加湿的地方。蒸汽喷管上开有多个孔径为 2 ~ 3 mm 的小孔，蒸汽在管网压力作用下，从这些小孔中喷出，混合到从蒸汽喷管周围流过的空气中去。

蒸汽喷管虽然构造简单，容易加工，但喷出的蒸汽中带有凝结水滴，影响加湿效果的控制。为了防止蒸汽的冷凝水滴进入空气，通常采用称为“干蒸汽加湿器”的设备来加湿空气。

2）干蒸汽加湿器

干蒸汽加湿器由干蒸汽喷管、分离室、干燥室和电动或气动调节阀等组成（见图 5-7）。为了防止蒸汽喷管中产生凝结水，来自接管 1 的蒸汽先进入外套 2，对喷管中的蒸汽加热、保温和防止其冷凝。由于外套的外壁直接与被处理的空气接触，所以外套内将产生少量凝结水并随蒸汽进入分离室 4。由于分离室断面大，使蒸汽减速，再加上惯性作用及分离挡板 3 的阻挡，冷凝水被拦截下来。分离出凝结水的蒸汽经由分离室顶端的调节阀孔 5 减压后，再进入干燥室 6，使残留在蒸汽中的水滴在干燥室中汽化，最后从喷管 8 喷出的便是没有凝结水滴的干蒸汽。

3）电热式加湿器

电热式加湿器是用管状电热元件置于水盘中做成的（见图 5-8）。元件通电之后便能将水加热而产生蒸汽。补水靠浮球阀自动控制，以免发生断水空烧现象。此种电热式加湿器的加湿量大小取决于水温和水表面积。

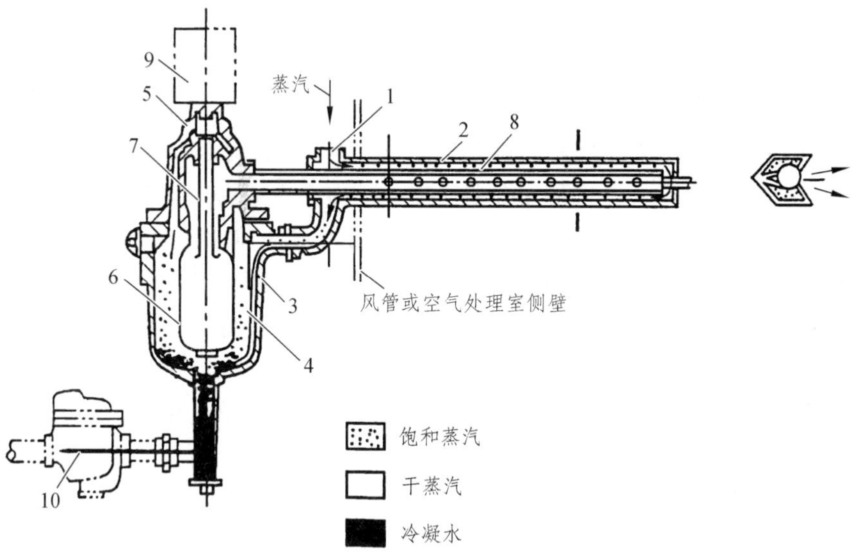

1—接管；2—外套；3—挡板；4—分离室；5—阀孔；6—干燥室；
7—消声枪；8—喷管；9—电动或气动执行机构；10—疏水器。

图 5-7　干蒸汽加湿器

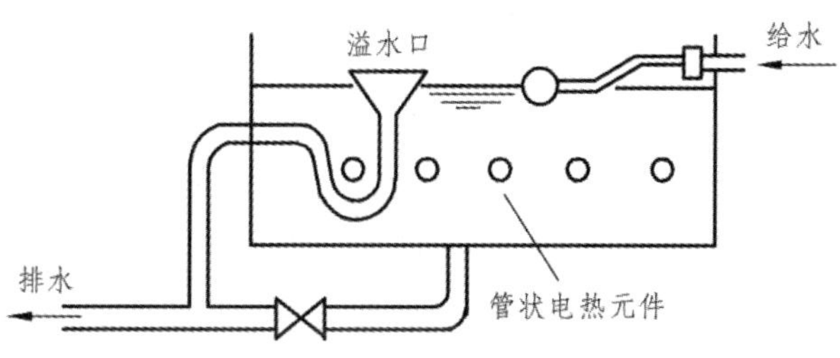

图 5-8　电热式加湿器

4）电极式加湿器

电极式加湿器是利用三根铜棒或不锈钢棒插入盛水的容器中作为电极（见图 5-9），当电极和三相电源接通后，电流从水中流过，在这里水是电阻，因而能被加热成蒸汽。电极式加湿器结构紧凑，加湿量易于控制。但耗电量较大，电极上易产生水垢和腐蚀，适用于小型空调系统。

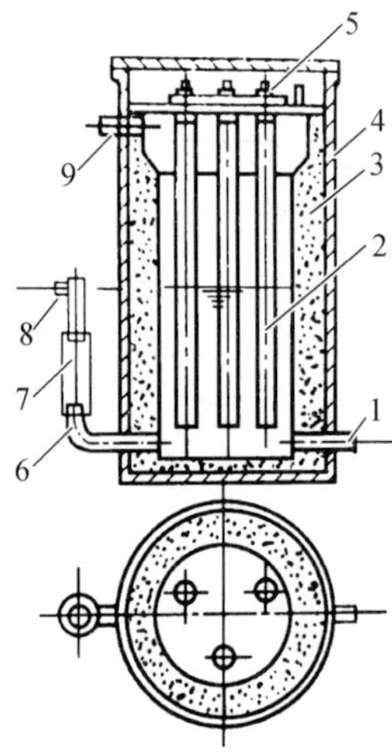

1—进水管；2—电极；3—保温层；4—外壳；5—接线柱；6—溢水管；7—橡皮短管；8—溢水嘴；9—蒸汽出口。

图 5-9　电极式加湿器

2. 等焓加湿（用水吸收空气中的显热蒸发来加湿空气）

直接向空调房间空气中喷水的加湿装置有：压缩空气喷雾器、电动喷雾机、离心式加湿器和超声波加湿器等。

压缩空气喷雾器是用压强为 0.03 MPa（工作压强）左右的压缩空气将水喷到空气中去，可分为固定式和移动式两种。电动喷雾机由风机、电动机和给水装置组成。这两种加湿装置在一般的空气调节工程中应用很少。

离心式加湿器的工作原理是向高速旋转盘上供给水，形成水膜流向转盘的周边，水撞到周边的挡板上而受离心力雾化。这种加湿器所需的动力小，适用于工业场合或供暖的场合，可安装在风道内，也可以和送风机组合成单元式机组设在室内使用。

超声波加湿器借助超声波振子的高频振荡将电能转换成机械能，从水中向水面发射 1.7 MHz 的超声波，使水表面直接雾化，雾粒直径为 3 ~ 5 μm，水雾在空气中吸热汽化，从而加湿空气。超声波加湿装置要求使用软化水或去离子水，以防止换能片结垢而降低加湿能力。它的主要优点是产生的水滴颗粒细，运行安静可靠，产品小型单元化、使用方便，目前已大量进入城镇家庭。

5.3.3　空气的减湿处理

空调系统常用的除湿方法除了利用表面式冷却器除湿外，还有加热通风除湿、冷冻除湿、液体吸湿剂除湿和固体吸湿剂除湿。

1. 加热通风法除湿

空气的加热过程，是等湿升温、相对湿度降低的过程。实践证明，在含湿量一定时，空气温度每升高 1 °C，相对湿度约降低 5%。如果室外空气含湿量低于室内空气的含湿量，就可以将经过加热的室外空气送入室内，同时从房间内排除同样数量的潮湿空气，从而达到除湿的目的。这是一种经济易行的方法，其特点是设备简单、投资少、运行费用低，但受自然条件的限制，不能确保室内的除湿效果。

2. 用冷冻减湿机减湿

冷冻减湿机（除湿机）是由制冷系统和风机等组成的除湿装置，其工作原理如图 5-10 所示。减湿过程中的空气状态变化如图 5-11 所示。需要减湿的空气由状态 1，经过蒸发器后达到状态 2，再经过冷凝器达到状态 3，所以经过冷冻减湿机后得到的是高温、干燥的空气。由此可见，在既需要减湿又需要加热的地方使用冷冻减湿机比较合适。相反，在室内产湿量大、产热量也大的地方，最好不采用冷冻减湿机。

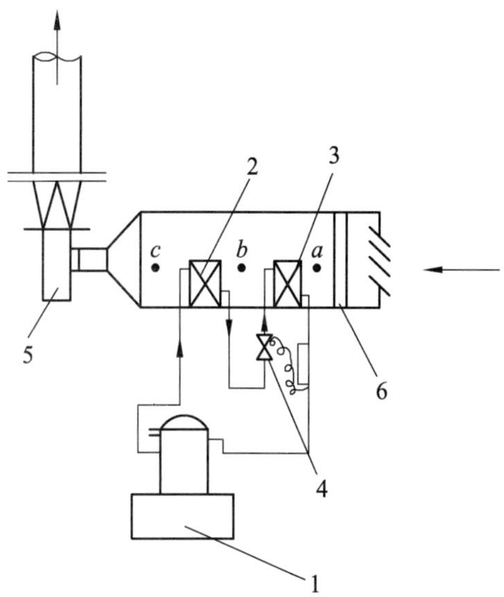

1—压缩机；2—冷凝器；3—蒸发器；4—膨胀阀；5—风机；6—空气过滤器。

图 5-10　除湿机原理

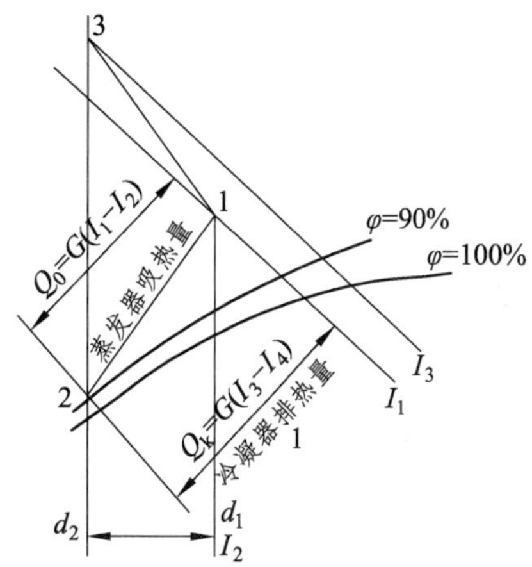

图 5-11　除湿机中的空气状态变化

3. 液体吸湿剂除湿

某些盐类的水溶液对空气中的水蒸气具有强烈的吸收作用，在空调工程中也利用它们达到减湿目的。这类盐水溶液又称为液体吸湿剂。

常用的液体吸湿剂有氯化钙、氯化锂、三甘醇等。其中，氯化钙溶液对金属有较强的腐蚀作用，但因其价格便宜有时也会采用；氯化锂溶液对金属也有一定的腐蚀作用，但因其吸湿性能较好，所以国外用得较多；三甘醇的主要优点是没有腐蚀性，而且吸湿能力较强，因而有一定发展前途。

液体吸湿剂的特点是腐蚀性强，在使用过程中，需要采用防腐材料或缓蚀剂。

4. 固体吸湿剂除湿

固体除湿剂除湿的原理是因为其内部有很多孔隙，孔隙中原有少量的水，由于毛细管作用使水面呈凹形，凹形水面的水蒸气分压力比空气中水蒸气分压力低，空气中水蒸气被固体吸湿剂吸收，达到除湿的目的。

目前采用的固体除湿剂主要有硅胶、铝胶和氯化钙等。硅胶有原色和变色之分，原色硅胶在吸湿过程中不变色；而变色硅胶，如氯化钴硅胶，吸湿后颜色由蓝变红逐渐失去吸湿能力。变色硅胶价格高，通常利用它作原色硅胶吸湿程度的指示剂。硅胶失去吸湿能力后可加热再生，使吸附的水分蒸发，再生后的硅胶仍能重复使用。

采用固体吸附剂干燥空气，可使空气含湿量变得很低。但干燥过程中释放出来的吸附热又加热了空气。所以特别适合需要干燥又需要加热空气的地方。

5. 氯化锂转轮除湿机

氯化锂转轮除湿机利用一种特制的吸湿纸来吸收空气中的水分。吸湿纸是以玻璃纤维滤纸为载体，将氯化锂等吸湿剂和保护加强剂等液体均匀地吸附在滤纸上烘干而成。存在于吸湿纸内的氯化锂等晶体吸收水分后生成结晶水而不变成盐水溶液。常温时吸湿纸上水蒸气分压力比空气中水蒸气分压力低，所以能够从空气中吸收水蒸气；而高温时吸湿纸上水蒸气分压力高于空气的水蒸气分压力，因此又可将吸收的水蒸气释放出来。如此反复循环使用便可达到连续除湿的目的。

图 5-12 为转轮除湿机的工作原理。当转轮以 6 r/h 的速度缓慢转动时，需要除湿的空气经过滤，进入 3/4 的通道，通道呈蜂窝状，以增加接触面积。空气中的水蒸气被浸有氯化锂溶液石棉纸吸收，除湿后的空气由风机送到使用地点。同时，再生空气经加热后，从转轮相反的方向进入到转轮的 1/4 通道，带走除湿剂及载体的水分，使石棉纸上的氯化锂再生。随着转轮的不断转动空气连续得到干燥。

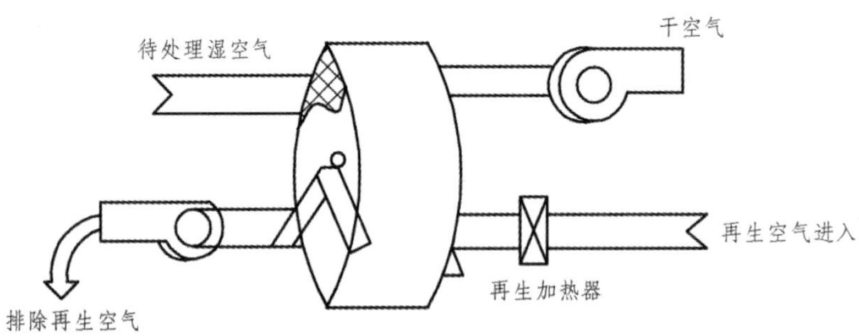

图 5-12　转轮除湿机工作原理

氯化锂转轮除湿机吸湿能力较强，维护管理方便，是一种较理想的除湿设备。目前，许多厂家都有定型产品可供选用。

近些年来，使用除湿剂的除湿冷却式空调系统得到了进一步发展。使用除湿冷却式空调系统在节能、节电和减少环境污染方面有一定应用前景，同时也为工业余热和太阳能的利用开辟了新的途径。随着技术的发展，除湿冷却式空调系统也有可能和传统的空调制冷设备结合起来使用。

思政拓展

北京冬奥黑科技之二氧化碳跨临界直冷制冰技术

2022 年第 24 届冬季奥林匹克运动会（Olympic Winter Games），是由我国首次举办的国际性冬季奥林匹克赛事。

本届冬奥会首次采用了清洁低碳的二氧化碳跨临界直冷制冰技术。以二氧化碳为制冷剂的"二氧化碳跨临界直冷制冰技术"，被认为是一种绿色低碳、高效节能的方案，但其技术一直掌握在欧美等国家企业手中。

图 5-13　首都体育馆冰场

为助力绿色冬奥、科技冬奥，欧悦冰雪投资管理（北京）有限公司、天津大学等 8 家单位通过产学研协同攻关，联合研发、设计和建造了具有自主知识产权的二氧化碳跨临界直冷制冰机组，在首都体育馆冰场进行示范应用。

二氧化碳是一种天然的绿色环保制冷剂，相较于传统的制冰技术，它不仅将能效提升 30%，冰面温差可控制在 0.5 °C 以内，制成的冰也更均匀平整，能满足不同比赛项目对冰面的要求。据介绍，该技术是世界上最环保的制冰技术，碳排放值趋向于零，能最大限度减少温室气体排放，运行过程中会节能 20%。而且一年能够节省用电 200 万度，相当于约 120 万棵树实现的碳减排量。如果使用传统制冷剂，同等用量下的碳排放量是二氧化碳制冷剂的近 4 000 倍。

此外，这种"黑科技"不光能制冰，还能实现全热回收，制冷产生的余热回收后，可以产生 70 °C 热水，用于生活用水和除湿再生等用途，大大降低场馆的供暖、防冻、除湿、浇冰成本。

此次冬奥会是我国科技创新成果的一次集中展示，我们也将以此为契机，推动冬奥科技成果落地应用，借助冬奥红利推动冰雪运动发展，并面向产业升级加速培育龙头企业，打造"中国智造"品牌，助力科技型企业加速发展。

思考与习题

1. 喷水室主要有哪些部件？各有何作用？

2. 采用喷水室处理空气时，如果后挡水板性能不好，造成过水量太多，会给空调房间带来什么影响？

3. 采用喷水室对空气进行热湿处理有哪些优、缺点？它应用于什么场合？表面式换热器又有哪些优、缺点？

4. 用表面式换热器处理空气能实现哪些过程？试说明每个过程的水温特点。

5. 表面式换热器在什么情况下串联？什么情况下并联？

6. 使用水做热媒或冷媒时，水管与表面式换热器可以串联也可以并联，通常的做法是什么？

7. 空调工程中常用哪些加湿方法？有何特点？

8. 空调工程中常用哪些减湿方法？有何特点？

项目 6

空气调节系统

知识结构

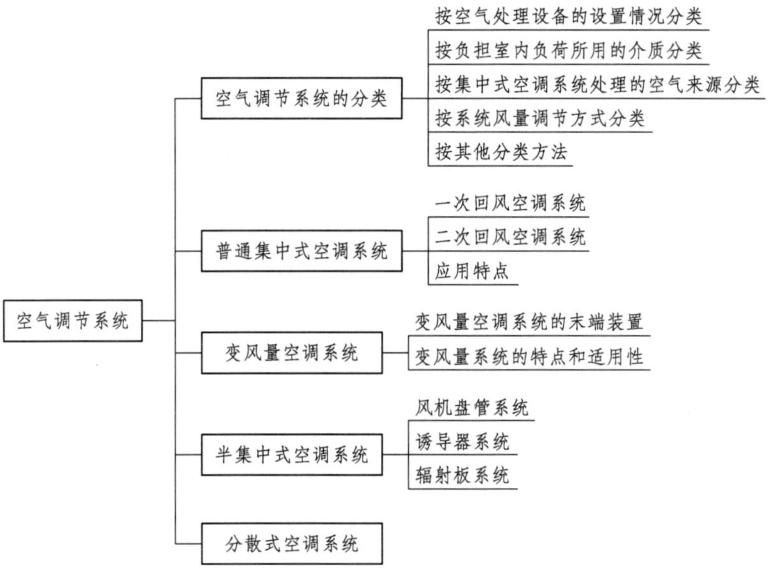

知识目标

1. 掌握空气调节系统的分类及特点。
2. 掌握一次回风空调系统的特点和处理过程。
3. 熟悉二次回风空调系统的特点和处理过程。
4. 掌握风机盘管系统的特点和工作原理，熟悉诱导器和辐射板系统的特点和工作原理。
5. 掌握分散式空调系统的特点和分类。
6. 熟悉变风量空调系统的工作原理和变风量空调系统末端装置的工作特点。

能力目标

1. 能识别空调系统的类型。
2. 能正确选择空调系统的形式。

思政目标

1. 培养艰苦奋斗的敬业精神，脚踏实地的工作作风。
2. 培养规范操作的职业素养，增强协作意识，树立团队精神。

空气调节系统一般由被调对象、空气处理设备、空气输送设备和空气分配设备组成。根据需要，可以组成许多不同形式的系统。在工程上应根据空调对象的性质和用途、热湿负荷特点、室内设计参数要求、温湿度调节和控制要求、空调机房的面积和位置、初投资和运行维修费用等许多方面的因素，经过分析和比较，选择合理的空调系统。

6.1 空气调节系统的分类

6.1.1 按空气处理设备的设置情况分类

空气调节系统的分类及特点

1. 集中式空调系统

该系统的特点是所有的空气处理设备（包括加热器、冷却器、过滤器、加湿器和风机等）都设在一个集中的空调机房内，处理后的空气经风道输送到各空调房间。集中式空调系统处理的空气量大，有集中的冷源和热源，运行可靠，便于管理和维修，但机房占地面积较大。集中式空调系统又可分为单风管系统、双风管系统和变风量系统。

2. 半集中式空调系统

该系统除了设有集中在空调机房的空气处理设备可以处理一部分空气外，还有分散在被调房间内的二次空气处理设备（又称末端设备）。它可以对室内空气进行就地处理或对来自集中处理设备的空气进行补充处理，满足每个房间各自的温湿度控制要求，常见的如风机盘管系统、诱导器系统。

3. 分散式空调系统

分散式空调系统又称局部空调系统。该系统的特点是将冷（热）源、空气处理设备和空气输送设备全部或部分集中在一个空调机组内，组成整体式或分散式等空调机组，可以根据需要，灵活、方便地布置在各个不同的空调房间或邻室内，常见的如窗式空调器系统、分体式空调器系统、柜式空调器系统等。

6.1.2 按负担室内负荷所用的介质分类

1. 全空气系统

全空气系统是指空调房间的热湿负荷全部由经过处理的空气来负担。以空气为介质，向房间输送经过处理的空气除去房间内的热负荷，如图 6-1（a）所示。由于空气的比热容较小，需要用较多的空气量才能达到消除余热、余湿的目的，因此要求有较大断面的风道，占用建筑空间较多。由于空气处理设备的集中设置，便于维护管理，一般适合用于需要空调的大空间区域，如餐厅、大型商场、影剧院等。全空气系统大部分是集中式空调系统。

2. 全水系统

全水系统是指空调房间的热湿负荷全部靠水作为冷热介质来承担的空调系统，如图 6-1

（b）所示。全水空调系统的末端装置为风机盘管，因此全水空调系统又称为全水风机盘管系统。由于水的比热容比空气大得多，所以在相同条件下只需较小的水量，这样输送管道所占用的空间较少。但是仅靠水来消除余热、余湿并不能解决房间的通风换气问题，室内空气品质较差，因而通常不单独采用这种方法。

3. 空气-水系统

由空气和水共同负担空调房间热湿负荷的空调系统称为空气-水系统，如图 6-1（c）所示，除了向室内送入经过处理的空气外，还在室内设有以水作为介质的末端设备对室内空气进行冷却或加热。该系统有效地解决了全空气系统占用建筑空间大和全水系统中空调房间通风换气的问题。根据设在房间内的末端设备形式可分为以下 3 种系统：

（1）空气-水风机盘管系统，指在房间内设置风机盘管的空气-水系统。

（2）空气-水诱导器系统，指在房间内设置诱导器（带有盘管）的空气-水系统。

（3）空气-水辐射板系统，指在房间内设置辐射板（供冷或采暖）的空气-水系统。

4. 冷剂系统

冷剂系统是通过制冷剂的直接蒸发来负担空调房间内的负荷调节，由于制冷剂的双向工况运行特性，使其具有制冷和制暖的双向功能。冷剂系统常用于分散安装的局部空调机组，如图 6-1（d）所示。

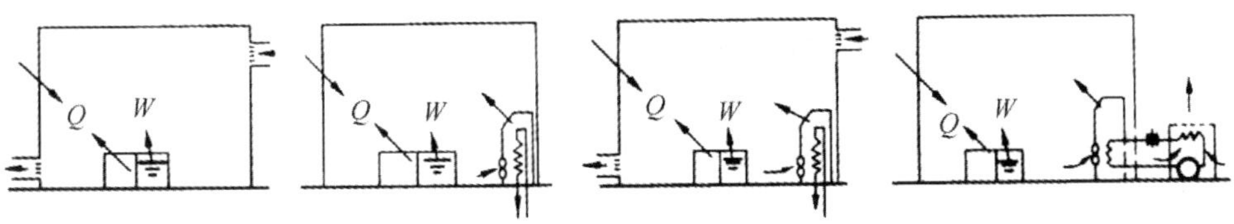

（a）全空气系统　（b）全水系统　（c）空气-水系统　（d）冷剂系统

Q—散热量；W—散湿量。

图 6-1　按负担室内负荷所用的介质分类的空调系统

6.1.3　按集中式空调系统处理的空气来源分类

1. 封闭式系统（全回风式系统）

封闭系统所处理的空气全部来自空调房间，没有室外空气补充，因此房间和空气处理设备之间形成了一个封闭环路，如图 6-2（a）所示。这种系统最节能，但卫生条件也最差。它只适合于无人或很少有人进出但又需保持一定温湿度的库房等场所。

2. 直流式系统（全新风系统）

所处理的空气全部来自室外（室外新风），室外空气经热湿处理后送入室内，吸收余热、余湿后又全部排至室外，如图 6-2（b）所示。该系统耗能最多，但室内空气得到了百分之百的交换。它适合于产生剧毒物质、病菌及散发放射性有害物的空调房间。

3. 混合式系统（新回风混合式系统）

由于封闭式系统不满足卫生要求，直流式系统在经济上不合理，因而两者在使用时有很大的局限性。对于绝大多数场合，往往需要综合两者的利弊，采用室外空气（新风）与室内再循环空气（回风）相混合的系统，如图 6-2（c）所示。这种系统既能满足卫生要求，又经济合理，故应用最广。

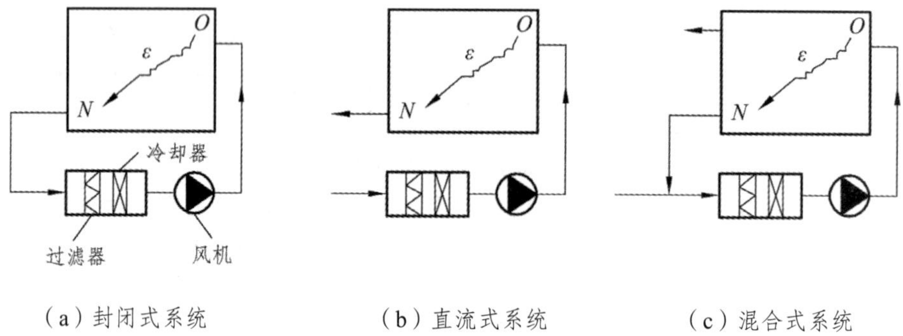

N—室内空气状态；O—送风空气状态。

图 6-2 按所使用空气的来源分类的空调系统示意

6.1.4 按系统风量调节方式分类

1. 定风量空调系统（CAV 系统）

通常的集中式空调系统，风机的风量保持一定，通过改变送风温度来适应空气调节区的负荷变化，以调节室内的温湿度，这种系统称为定风量空调系统。

2. 变风量空调系统（VAV 系统）

不改变送风状态，通过改变送风量而保持一定的送风温度，适应空气调节区的负荷变化，以达到调节所需要的室内温湿度，这类系统称为变风量空调系统。

6.1.5 其他分类方法

空调系统除了以上常用的分类外，还可以根据另外一些原则进行分类。

（1）根据系统风管内空气流速的高低，可分为低速和高速空调系统。

（2）根据系统用途不同，可分为工艺性和舒适性空调系统。

（3）根据系统精度不同，可分为一般性空调系统和恒温、恒湿空调系统。

（4）根据系统运行时间不同，可分为全年性空调系统和季节性空调系统。

（5）根据系统使用场所不同，可分为大型工民建用中央空调、商用中央空调和家用（户式）中央空调系统等。

6.2 普通集中式空调系统

普通集中式空调系统是最早出现的一种典型的全空气系统。该空调系统服务面积大，处理的空气量多，便于集中管理，在一些大型建筑（体育场馆、剧场、商场等）中采用较多。

集中式空调系统

普通集中式空调系统可以分为全新风系统、全回风系统和新回风混合式系统，前两种系统仅在特定情况下使用。本节仅介绍应用广泛的新回风混合式系统，该系统又包括一次回风式系统和二次回风式系统两种。

6.2.1 一次回风空调系统

一次回风空调系统是将回风与室外新风在喷水室（或表面式空气处理设备）前混合，经过处理再送到室内的空调系统。由于这种系统兼顾了卫生和经济两个方面，故应用最广泛。

1. 夏季空气处理过程

一次回风系统的夏季空气处理装置示意图如图 6-3（a），图中 W 表示夏季室外空气状态点，N 表示室内要求的空气状态点，O 为夏季送风状态点。状态为 W 的室外新风与状态为 N 的室内回风混合为状态 C，经喷水室或（表面冷却器）冷却减湿到点 L（L 点为机器露点），再从 L 加热到送风状态点 O，然后送入房间，吸收房间的余热余湿后变为室内状态 N，一部分空气排到室外，另一部分返回到空调机组与新风混合。整个处理过程如下：

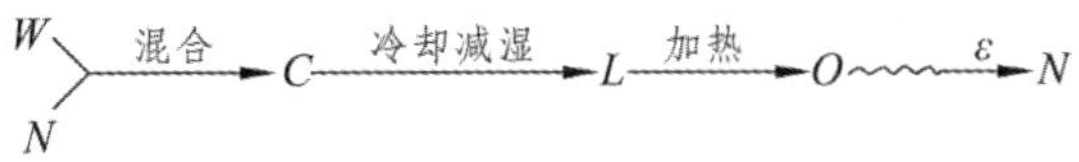

该过程在 h-d 图上的表示如图 6-3（b）所示，其作图步骤如下：

（1）在 h-d 图上找出室内状态点 N 和室外状态点 W。

（2）过室内状态点 N 画出热湿比线 ε。

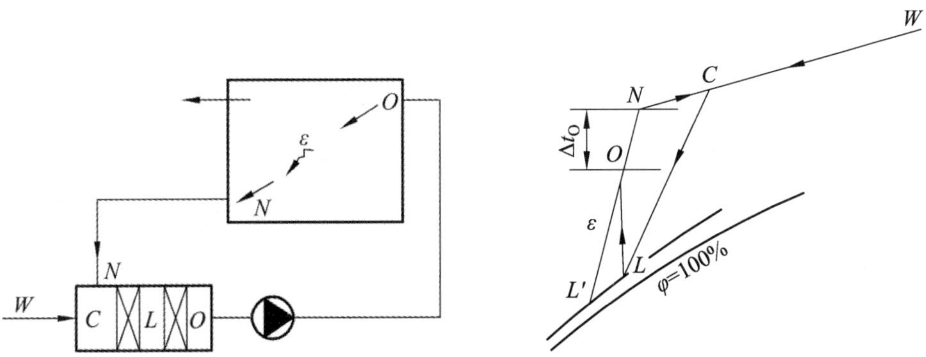

（a）系统图　　（b）焓湿图

图 6-3　一次回风空调系统夏季处理过程

（3）由空调精度选取送风温差 Δt，并由此求出送风温度 t_O，t_O 等温线与热湿比线的交点

即送风状态点 O。

（4）根据新风量与总送风量的比例关系，确定混合状态点 C 的位置。

（5）过 O 点作等含湿量线与 φ=95% 线相交可得机器露点 L。

需要注意的是对于送风温差无严格限制的空调系统，可以采用露点送风，不需再加热送入室内，这样一方面可以省去再热量，另一方面也可以减少抵消这部分再热的冷量，有利于节能。

2. 冬季空气处理过程

一次回风系统的冬季空气处理装置示意图如图 6-4（a）所示，图中 W'表示冬季室外空气状态点，N 表示室内要求的空气状态点，O 为冬季送风状态点。状态为 W'的室外新风与状态为 N 的室内回风混合为状态 C，经绝热加湿（也即等焓加湿）到机器露点 L'，再从 L'加热到送风状态点 O'，然后送入房间吸收室内的余热余湿后变为室内状态 N。因此整个处理过程可写成：

$$\left.\begin{matrix}W'\\N\end{matrix}\right\rangle \xrightarrow{\text{混合}} C' \xrightarrow{\text{绝热加湿}} L' \xrightarrow{\text{再热}} O' \xrightarrow{\varepsilon'} N$$

该过程在 h-d 图上的表示如图 6-4（b）所示，采用这种方法，由状态为 W'的室外新风和状态为 N 的室内回风混合而成的状态 C'的空气的焓值必须等于机器露点 L'的焓值，即 $h_C=h_{L'}$，这是因为需要把状态为 C'的空气等焓加湿到机器露点 L'。

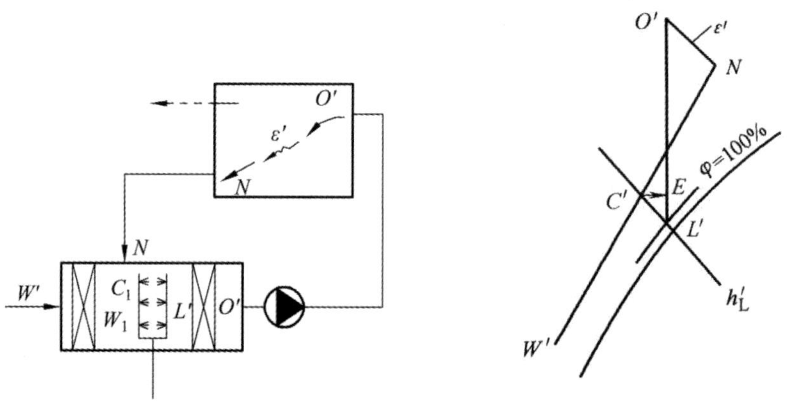

（a）系统图　　（b）焓湿图

图 6-4　一次回风空调系统冬季处理过程

当按最小新风比混合后 $h_C>h_{L'}$时，应增大新风量，使 $h_{C'}$减小，不但满足了空调系统要求，改善了卫生条件，而且不增加能耗。当按最小新风比混合后 $h_{C'}<h_{L'}$时，则应对新风进行预热，空气处理过程可表示为：

$$W' \xrightarrow{\text{预热}} \left.\begin{matrix}W_1\\N\end{matrix}\right\rangle \xrightarrow{\text{混合}} C_1 \xrightarrow{\text{绝热加湿}} L' \xrightarrow{\text{再热}} O' \xrightarrow{\varepsilon'} N$$

在上述一次回风系统中用的绝热加湿的方法增加含湿量，除此之外还可以采用喷蒸汽的方法加湿空气，即从 C'等温加湿到点 E。

6.2.2　二次回风空调系统

一次回风系统空气处理过程中，使用再热器来解决送风温差受限制的问题，但这种冷热抵消的方法不符合节能原则。二次回风空调系统是在喷水室（或空气冷却器）前后两次引入室内回风，以冷却减湿设备后的回风代替再热器对空气再加热，达到节省热量和冷量的目的。由于这一过程采用了两次回风，所以称为二次回风空调系统。

1. 夏季空气处理

二次回风系统的装置示意图及焓湿图如图 6-5 所示，图中 G_1 为一次回风量，G_2 为二次回风量，ε 为热湿比。

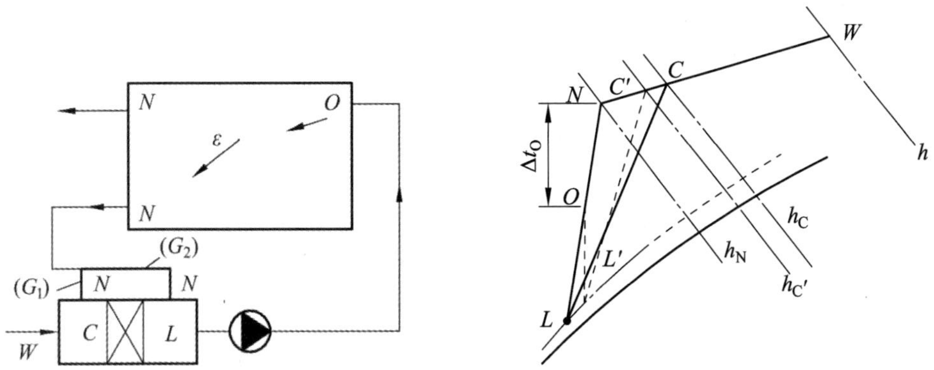

（a）系统图　　　　（b）焓湿图

图 6-5　二次回风空调系统夏季处理过程

空气处理过程如下：

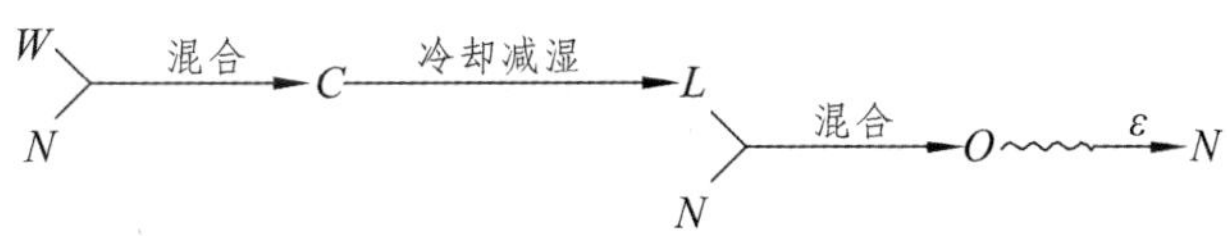

此过程处理空气所需冷量为

$$Q_O=(G-G_2)(h_C-h_L)=G_L(h_C-h_L) \tag{6-1}$$

式中　G_L——一次回风和室外新风量之和（kg/h）；

G_2——二次回风量（kg/h）。

由式（6-1）可以看出，在夏季空气处理过程中，二次回风空调系统所需冷量小于一次回风系统，在节能方面具有优势。

2. 冬季空气处理

假定冬季室内余湿量及室内状态与夏季一样，送风量也与夏季相同，则冬季送风状态的含湿量也与夏季相同（见图 6-6）。如果再考虑二次回风混合比与夏季相同，则机器露点也与夏季相同。在这种情况下，只需将原夏季工况送风状态点 O 通过加热提高到冬季送风状态点 O'即可。

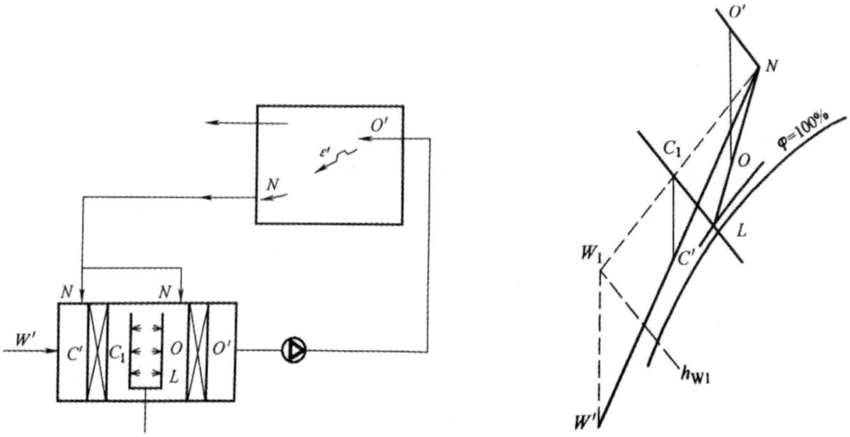

（a）系统图　　　　　　（b）焓湿图

图 6-6　二次回风空调系统冬季处理过程

二次回风冬季空气处理过程也有先预热新风后混合及先混合后预热两种方案，这两种预热方案的空气调节过程分别为：

$$\left.\begin{matrix} W' \xrightarrow{\text{预热}} W_1 \\ N \end{matrix}\right\rangle \xrightarrow{\text{混合}} C_1 \xrightarrow{\text{加湿}} \left.\begin{matrix} L \\ N \end{matrix}\right\rangle \xrightarrow{\text{混合}} O \xrightarrow{\text{再热}} O' \stackrel{\varepsilon'}{\rightsquigarrow} N$$

$$\left.\begin{matrix} W' \\ N \end{matrix}\right\rangle \xrightarrow{\text{混合}} C' \xrightarrow{\text{预热}} C_1 \xrightarrow{\text{加湿}} \left.\begin{matrix} L \\ N \end{matrix}\right\rangle \xrightarrow{\text{混合}} O \xrightarrow{\text{再热}} O' \stackrel{\varepsilon'}{\rightsquigarrow} N$$

6.2.3　应用特点

一次回风和二次回风空调系统在空气处理、新风利用及运行管理等方面独具优势，全年能耗介于直流式和封闭式系统之间，属于传统的主要集中式空调系统形式。

一次回风空调系统的优点是处理流程简单，操作管理方便；缺点是当有送风温差要求时，需采用再热过程，有冷、热抵消的现象，会造成能量浪费。对于室内状态和送风温差没有严格要求的系统，特别是对于允许采用机器露点送风的场合，采用一次回风系统节能效果明显。因此，一次回风空调系统尤其适合于使用舒适性空调的工程。

二次回风空调系统的优点是用二次混合过程代替了再热过程，节能效果明显；缺点是处理流程复杂，给运行管理带来不便。因此，该系统只适用于对室内温度、湿度要求严格、送风温差较小、风量较大的恒温恒湿或净化空调之类的工程。

6.3　变风量空调系统

普通集中式空调系统是按房间最大热湿负荷确定送风量，并在全年运行中保持送风量固定不变，称为定风量（Constant Air Volume，CAV）系统。实际上房间热湿负荷不可能经常处于最大值，而是在全年的大部分时间低于最大值。当室内负荷减少时，定风量系统是靠调节再热量以提高送风温度（减小送风温差）来维持室温不变的。这样既浪费热量，又浪费冷量。因此变风量（Variable Air Volume，VAV）空调系统应运而生。

VAV 系统源于美国，20 世纪 80 年代在欧美、日本等地得到迅速发展，经过多年的普及和发展，目前采用 VAV 技术的多层建筑与高层建筑已达 95%。它的特点是可根据室内负荷变化自动调节送风量。该系统在减少送风量、满足舒适需要的同时，还具有非常显著的节能效果，对于大容量的空调装置节能效果尤为明显。

6.3.1 变风量空调系统的末端装置

从设备设置来看，变风量空调系统除有集中空调机房外，在送风的末端还设有变风量装置，称为“末端装置”。集中空调机房把空气处理到送风状态后，由风道把空气输送到各个房间，各房间送风量的大小由变风量末端装置调节，以适应冷负荷的变化，维持室温不变。

变风量末端送风装置有三种基本类型，即节流型、旁通型和诱导型。其中，以节流型的节能效果为好。

1. 节流型末端装置

节流型末端装置的风量调节原理是通过改变空气流通截面面积达到调节送风量的目的，包括文氏管型变风量装置和条缝送风节流型末端装置。

文氏管型变风量装置如图 6-7（a）所示。该装置阀体呈文氏管状，文氏管有两个独立的动作部分：一个是变风量机构，即随室内负荷变化、由室内温控器控制的电动或气动执行机构，通过改变锥形体与管道间的流通面积来调节风量；另一个是定风量机构，即依靠锥体构件内弹簧的补偿作用来平衡上游风管静压的变化，使风口的风量保持不变。

条缝送风节流型末端装置如图 6-7（b）所示。它的送风口呈条缝状，并可与建筑结构串联在一起相配合，使送风气流贴于顶棚。此外风口本身就是静压箱，可内贴吸声材料，也可均匀的静压出风。它的变风量与定风量作用是依靠其内部的一个橡皮囊来完成的。当室内负荷减少时，在室内温度控制器的作用下使其皮囊充分膨胀，减少了流通空气的截面面积，从而达到了变风量的目的。

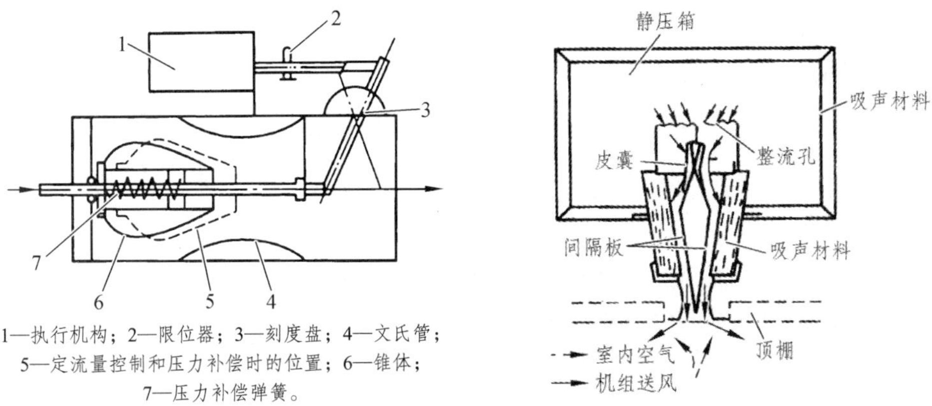

1—执行机构；2—限位器；3—刻度盘；4—文氏管；
5—定流量控制和压力补偿时的位置；6—锥体；
7—压力补偿弹簧。

（a）文氏管型变风量风口　　（b）条缝型变风量风口

图 6-7　节流型变风量系统末端装置

节流型装置有如下特点：

（1）节流型变风量末端装置一般都有定风量装置，能够自动平衡管道内的压力变化，故实际上不需进行风道阻力平衡，设计和施工得以简化。

（2）当风量过小时，会产生以下不利影响：新风量不易保证；对于散湿量大的房间，难以保持一定的相对湿度；室内气流组织会受到一定的影响。要克服上述缺点，需要增加房间风量控制、系统风量及最小新风量控制，导致自动控制系统较复杂，造价较贵。

（3）送风口节流后，风机与风道联合工作的特性变化了，使管内静压升高，为了进一步节能，应在风道内设静压控制器调节风机风量。

2. 旁通型末端装置

旁通型变风量末端装置是利用设置在末端箱体上的旁通调节阀来改变房间送风量的一种末端装置，如图 6-8 所示。该系统风机的风量是一定的，当室内负荷减少时，通过送风口的分流机构来减少送入室内的空气量，其余部分则送入吊顶内转而进入回风管循环。其系统工作原理如图 6-9 所示，旁通型末端装置的旁通口和送风口上设有动作相反的风阀，并与电动（或气动）执行机构相连接，且受室内温度控制器控制。旁通型末端装置也可以选配热水再热盘管或电加热器，以增加再热功能。

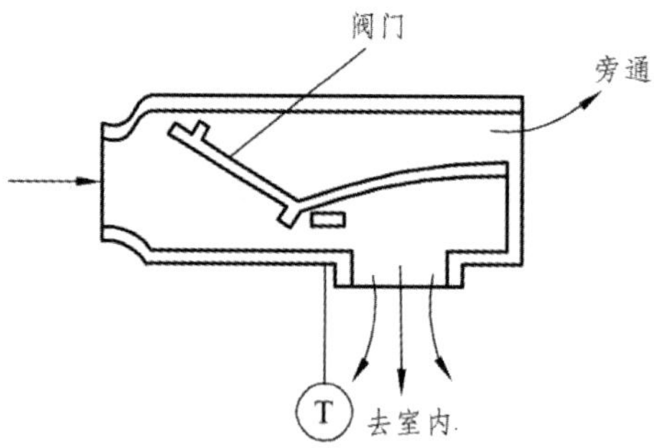

图 6-8　旁通型变风量末端装置

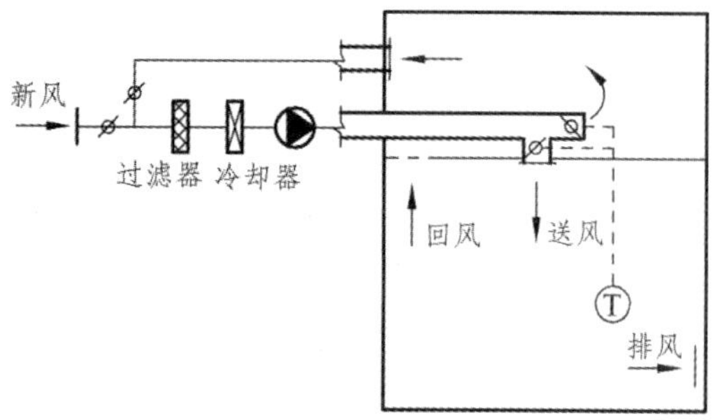

图 6-9　旁通型变风量系统工作原理

旁通型末端装置的特点如下：

（1）室内负荷变化但系统风量和静压不变，也不会增加噪声，风机不需要调速控制。

（2）当室内负荷减少时，不必增加再热量（与定风量系统相比较），但风机动力没有节约且需要增设回风道。

（3）大容量的装置采用旁通型时经济性不强，它适合于小型系统并采用直接蒸发式冷却器的空调装置。

3. 诱导型末端装置

诱导型变风量末端装置是一种半集中式空调系统，它由箱体、喷嘴和调节风阀等部件组成，如图 6-10 所示。经过集中空调器处理的一次风由风机送入设于各空调房间内的诱导型末端装置中。一次风进入诱导型变风量末端装置，经喷嘴高速射出。由于喷出气流的引射作用，在诱导型变风量末端装置内局部区域形成负压，室内空气被吸入，与一次风混合后从出风口送出。

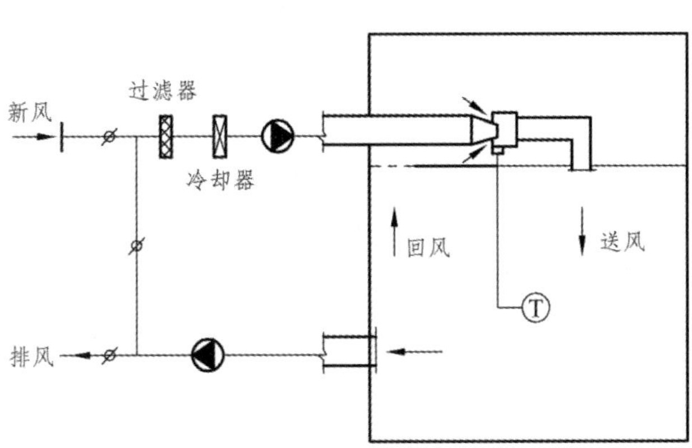

图 6-10　诱导型变风量系统工作原理

诱导型末端装置的特点如下：

（1）由于系统诱导回风可以提高送风温度，因此一次风温度可以较低，所需要的风量少，同时风速高，所以风道断面面积小，然而要达到诱导作用必须提高风机压头。

（2）可以利用室内照明热量提高送风温度，故适用于高照度的办公大楼等场合。

（3）室内空气（二次风）不能进行有效的过滤。

（4）即使负荷减少，房间风量变化也不大，对气流分布的影响较节流型末端装置小。

6.3.2　变风量系统的特点和适用性

（1）设备容量减小，运行能耗节省。由于 VAV 系统通过调节送入房间的风量来适应负荷的变化，所以能够节约风机运行能耗和减少风机装机容量。

（2）能进行分区温度控制。各个房间的室内温度可以个别调节，每个房间的风量调节直接受装在室内的恒温器控制。

（3）维修工作量少。变风量空调系统属于全空气系统，与风机盘管系统相比有明显的好处是冷冻水管与冷凝水管不进入建筑吊顶空间，因而免除了盘管凝水和霉变问题。

（4）系统的灵活性较好，易于改、扩建，尤其适用于格局多变的建筑，如出租写字楼等。

（5）节能效果不明显，系统的初投资比较大；对于室内湿负荷变化较大的场合，如果采用室温控制而又没有末端再热装置，往往很难保证室内湿度要求。

6.4　半集中式空调系统

半集中式空调系统除了有集中的空气处理室外，还在空调房间内设有二次空气处理设备。该系统集中输送的部分仅为热湿处理后的新鲜空气（室外空气），风道较小；室内则分散设置由水和冷剂直接换热的装置（又称末端装置），具有独立调节的优点。半集中式空调系统因二次空气处理设备种类不同分为风机盘管系统、诱导器系统和辐射板系统。

半集中式空调系统

6.4.1 风机盘管系统

风机盘管系统在每个空调房间内设有风机盘管机组。室内空气直接通过机组内盘管进行冷却减湿或加热处理，风机盘管机组既是空气处理输送设备，又是末端装置，再加上经集中处理后的新风送入房间，由两者结合运行。该系统主要用在宾馆、公寓、医院、办公楼等高层建筑中。

风机盘管系统

1. 风机盘管机组的构造、分类和特点

1）风机盘管机组的构造

风机盘管机组（Fan Coil Unit，FCU）由风机、风机电动机、冷热盘管（换热器）、空气过滤器、凝水盘和箱体等组成，如图 6-11 所示。

风机多采用离心式多叶风机和贯流式风机。风机的电动机一般采用单相电容调速低噪声电动机；与风机盘管相连接的有冷、热水管路和凝结水管路，凝水盘与泄水管置于盘管底下，其作用是接纳盘管上不断凝结出来的水滴，由泄水管排出室外；空气过滤器一般采用粗孔泡沫塑料、纤维织物或尼龙编织物制作，不仅改善了房间的卫生条件，同时可以保护盘管不被尘埃堵塞。

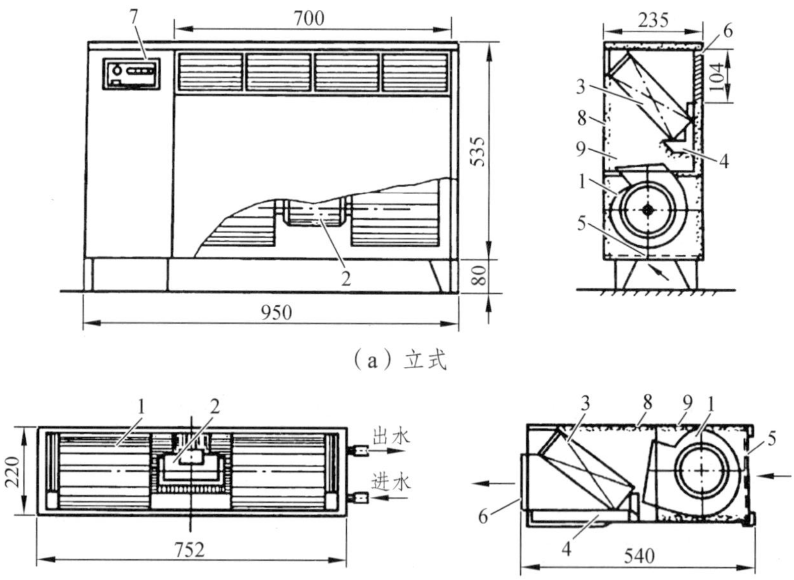

（a）立式

（b）卧式

1—风机；2—电动机；3—盘管；4—凝结水管；5—循环风进口及过滤器
6—出风口格栅；7—控制器；8—吸声材料；9—箱体。

图 6-11 风机盘管构造示意图

从风机盘管机组的构造上可以看出，风机盘管机组可分为水路和气路。水路由集中冷（热）源设备（如制冷机）供给冷（热）媒水，在水泵作用下，输送到盘管内循环流动。气路是空气由风机经回风口吸入，然后横掠过盘管，与盘管内的冷（热）媒水换热后，降温除湿，再由送风口送入室内。如此反复循环，使室内温湿度得以调节。

风机盘管在调节方式上，一般采用风量调节或水量调节。水量调节是指在进、出水管（冷冻水管）上安装水量调节阀，由室内温度控制器根据室内温度控制阀门的启闭，使室内的温度和湿度控制在设定的范围内；风量调节则是通过改变风机电动机的转速，来实现对室内温湿度的控制。

2）风机盘管机组的分类

风机盘管机组按结构形式可分为立式、卧式、卡式和壁挂式；按安装形式分为暗装和明装；按特征分为单盘管和双盘管；按出口静压分为低静压型和高静压型等。

3）风机盘管机组的特点

风机盘管机组的优点是布置灵活，容易与装饰装修工程配合；各房间可独立调节室温，当房间无人时可方便地关掉机组而不影响其他房间的使用，有利于节省运行费用；各房间之间空气互不串通；系统占用建筑空间少。

风机盘管机组的缺点是布置分散，维护管理不方便；当机组没有新风系统同时工作时，冬季室内相对湿度偏低，故不能用于全年室内湿度有要求的地方；空气的过滤效果差；必须采用高效低噪声风机；水系统复杂，容易漏水；盘管冷热兼用时，容易结垢，不易清洗。

2. 风机盘管机组的新风供给方式

如图 6-12 所示，风机盘管机组的新风供给方式主要有三种。

1）靠房间缝隙渗入室外新风

卫生间、浴室等处的机械排风在房间内形成负压，促使新风经门窗缝隙渗入室内，如图 6-12（a）所示。这种方式初投资和运行费用低，但机组处理的基本是再循环空气，室内卫生条件差；且受无组织渗风的影响，室内温度场分布不均匀。这种方式仅适用于室内人少、清洁度要求不高的空调建筑，特别适用于旧建筑增设风机盘管机组且布置新风管困难的场合。

2）从机组背面的墙洞引入新风

把风机盘管机组设在外墙窗台下，立式明装，在盘管机组背后的墙上开洞，把室外新风用短管引入机组内，如图 6-12（b）所示。这种方式初投资少且节约建筑空间，但风机盘管适应新风负荷的变化比较困难。故这种系统只用于室内参数要求不太严格的场合。另外，新风口还会破坏建筑立面，增加污染和噪声，所以对环境条件要求高的地方也不宜采用。

3）独立的新风系统供给室内新风

把室外新风处理到一定状态参数后，由风管系统直接送入各个房间，如图 6-12（c）所示，或送入风机盘管空调机组如图 6-12（d）所示，使其与房间里的风机盘管共同负担空调房间的冷（热）、湿负荷。这种系统目前被广泛采用。

（1）新风管单独接入室内。这时送风口可以紧靠风机盘管的出风口，也可以不在同一地点，但从气流组织的角度来说，两者混合后再送入工作区比较好。

（2）新风接入风机盘管机组。新风和回风先混合，再经风机盘管，处理后送入房间。这种方法，由于新风经过风机盘管机组，增加了机组风量的负荷，使运行费用增加、噪声增大。此外，由于受热湿比的限制，盘管只能在湿工况下运行。

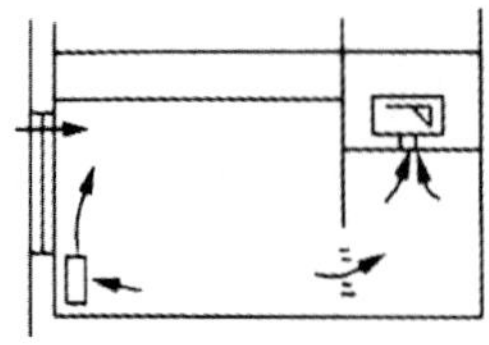

（a）室外渗入新风

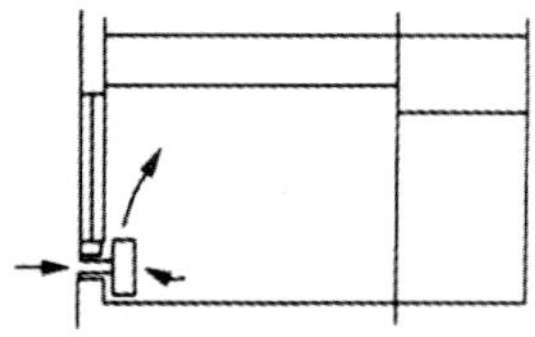

（b）墙洞引入新风

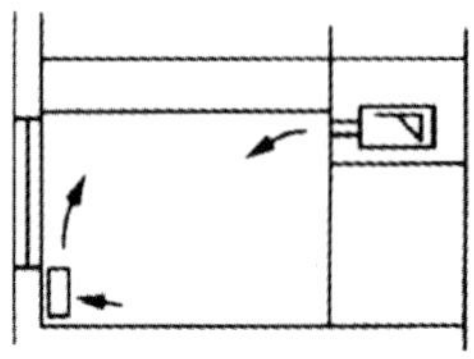

（c）独立的新风系统（上部送入）

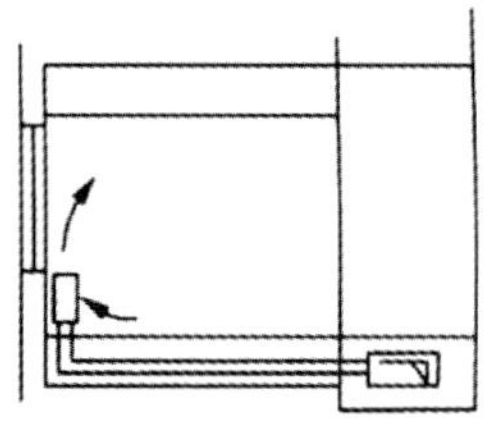

（d）独立的新风系统（风机盘管机组送入）

图 6-12　风机盘管机组的新风供给方式

6.4.2　诱导器系统

1. 诱导器系统的工作原理

诱导器由静压箱、喷嘴和换热器（冷热盘管）、混合室等组成，如图 6-13 所示。诱导器（IU）是依靠喷嘴将经过处理的空气（一次风）形成的射流与混合室内空气（二次风）混合后构成房间送风的空调设备，是空气-水空调系统的末端装置。诱导器的工作原理（见图 6-14）：经过集中处理的空气（一次风）由风机送入设在空调房间的诱导器静压箱中，由喷嘴高速喷出，在诱导器内产生负压，将室内空气（二次风）经盘管吸入，二次风与诱导器内的换热盘管进行热交换，从而实现冷却或加热；在混合室内，二次风与一次风混合后进入空调房间，从而达到调节房间温、湿度的目的。

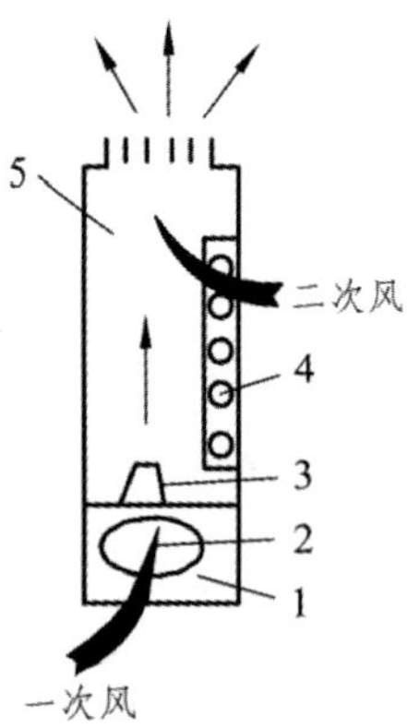

1—静压箱；2—一次风连接管；3—喷嘴；
4—换热盘管；5—混合室。

图 6-13　诱导器的结构示意图

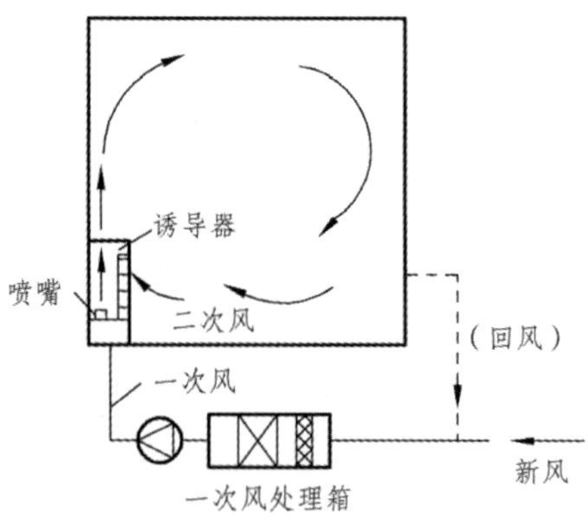

图 6-14　诱导器系统工作原理图

2. 诱导器系统的特点

1）诱导器系统的优点

由于诱导器空调系统能在房间内就地回风，不需要再把回风抽到集中处理室处理，集中处理的空气量减少了很多，因而具有空气处理室小、风道断面小、空调机房占地少、风机耗电量少等优点；当一次风全都是室外新风时，能保证每个房间有必要的新风量，且回风只经过诱导器，不经过风机，在防爆和卫生方面都有优越性。当冬季不使用一次风时，将盘管通热水就成了自然对流的散热器，比另设一套供暖系统节省投资。

2）诱导器系统的缺点

诱导器系统中的二次风流速低，制冷能力差，同一制冷量诱导器体积比风机盘管大；喷嘴处风速高时可能产生噪声；“空气-水”诱导器系统既有一次风管，又有冷、热水管和冷凝水管，所以管路复杂，施工不便。故从 20 世纪 70 年代中期起，诱导器系统大多被风机盘管系统所代替，但随着对室内空气品质的重视，欧洲、北美一些国家又有恢复使用的倾向。

6.4.3 辐射板系统

1. 辐射板系统的工作原理

辐射板空调系统是指降低围护结构内表面中一个或多个表面的温度，形成冷辐射面，依靠冷辐射面提供冷量，使室温下降，从而除去房间显热负荷的空调系统。

2. 辐射板系统的分类

根据辐射板安装位置，辐射板系统可以分为顶板辐射、地板辐射、墙壁辐射系统等。同样的条件下，如果辐射末端结构不同，表面温度不同，传热效果也是不一样的。根据末端装置的结构形式，辐射板主要可以分为 3 类：

（1）金属辐射板。金属辐射板是目前在工程中运用得最多的一种辐射空调系统末端，从原理上来讲，它可以算是一种管内通水、管外为空气的表面空气换热器，常用于顶板辐射系统。

（2）毛细管辐射板。毛细管辐射板以塑料为材料，由比较密集的毛细管状水管组成，两端分别连接分水联箱和集水联箱，形成“冷网格”结构，常用于地板辐射系统。

（3）混凝土辐射板。混凝土辐射板需要在楼板浇筑前设计完成，并将供水管道按设计排列并固定在钢筋网上，最后使用混凝土浇筑而成，常用于墙壁辐射系统。

3. 辐射板系统的特点

辐射板空调系统有着传统空调系统无法比拟的优势，例如节能，具有良好的室内舒适性，冬、夏季可以共用一套室内系统，使初投资少，具有“自调节”功能等。辐射板空调系统弥补了传统空调系统的不足，有着巨大的发展潜力，但是该系统也出现了如供冷能力不足、结露、单独使用时容易出现闷热感等问题。特别是辐射板表面结露会带来巨大的危害，比如影响建筑物的美观、使居住者有不舒适感以及室内环境污染等。

6.5 分散式空调系统

在一些建筑物中，如果只有少数房间有空调要求，这些房间又很分散，或者各房间负荷变化规律有很大不同，显然采用集中式或半集中式空调系统是不适宜的，此时宜采用分散式空调系统。

分散式空调系统是空调房间的负荷由制冷剂直接负担的系统，制冷系统蒸发器或冷凝器直接从空调房间吸收（或放出）热量，也称为局部空调系统或机组式系统。空调机组是由空气处理设备（空气冷却器、加热器、加湿器、过滤器等）与通风机、制冷机组组成的空气调节设备。它由制造厂家整机供应，用户按机组规格、型号选用即可。工程中最常见的机组式系统有房间空调器系统、单元式空调机系统、变制冷剂流量空调系统和水环热泵空调系统。

1. 分散式空调系统的特点

与集中式空调系统相比，分散式空调系统具有以下特点：

（1）结构紧凑、体积小、占地面积小、自动化程度高。

（2）由于机组的分散布置，可以使各空调房间根据自己的需要停开各自的空调机组，以满足各种不同的使用要求，机组系统操作简单，使用灵活方便；同时，各空调房间之间也不互相污染、串声，发生火灾时，也不会通过风道蔓延，对建筑防火非常有利。

（3）空调机组的制冷性能系数较小，一般在 2.5 ~ 3。同时，机组系数不能按室外一般气象参数的变化和室内负荷实现全年多工况节能运行调节，过渡季也不能使用全新风。

（4）机组系统对建筑外观有一定影响。安装房间空调机组后，经常会破坏建筑物原有的建筑立面。另外，噪声、凝结水、冷凝器热风对环境会造成污染。

2. 分散式空调系统的分类

1）按照空调机组的外形分类

（1）窗式空调机。

窗式空调机是安装在窗口上或外墙上的一种小型房间空调器。其制冷量一般在 1.5 ~ 7 kW，风量在 0.33 m^3/s 以下，压缩机功率在 0.4 ~ 2.2 kW，蒸发器朝向室内，冷凝器朝向室外，如图 6-15 所示。

（2）壁挂式空调机。

壁挂式空调机是把制冷压缩机、冷凝器（热泵运行时为蒸发器）同室内空气处理设备分开安装的空调机组。冷凝器与压缩机一起组成一套机组，一般置于室外，称为室外机；空气处理设备组成另一套机组，置于室内，称为室内机。室内机和室外机之间用制冷剂管道连接。室内机有壁挂式、落地式。壁挂式空调机容量较小，冷量一般在 13 kW 以下，风量在 0.33 m^3/s 以下。

（3）立柜式空调机。

立柜式空调机组通常落地安装，机组可放在室外，制冷量一般在 70 kW 以下，风量在 5.55 m^3/s 以下。

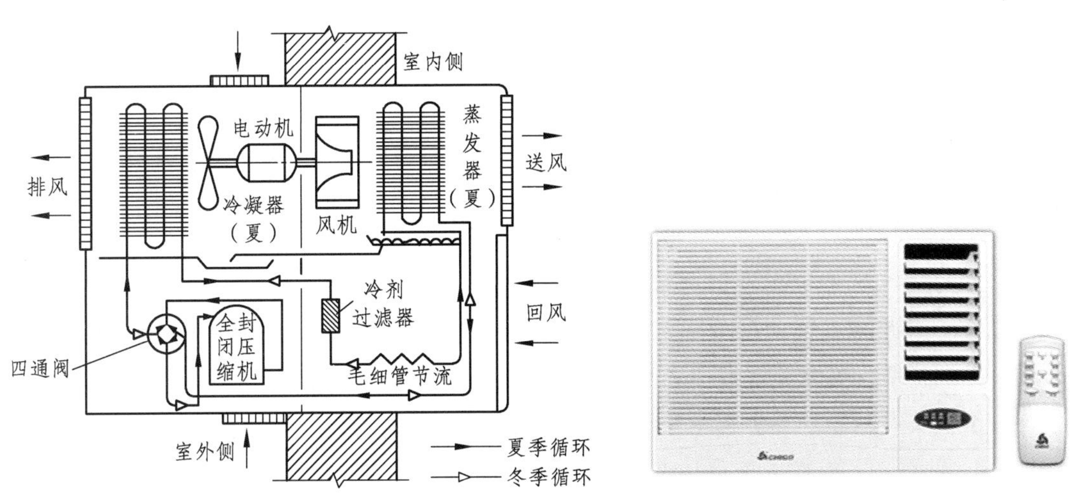

（a）内部结构示意图　　（b）外形图

图 6-15　窗式空调机

2）按制冷设备冷凝器的冷却方式分类

（1）水冷式空调机组。

水冷式空调机组中的制冷系统以水作为冷却介质，用水带走其冷凝热。为了节约用水，用户一般要设置冷却塔，冷却水循环使用，通常不允许直接使用地下水或自来水。

（2）风冷式空调机组。

风冷式空调机组中的制冷系统以空气作为冷却介质，用空气带走其冷凝热。制冷性能系数要低于水冷式空调机组，不需要设置冷却塔和冷却水泵，安装与运行简单，在任何地区都可以使用。

3. 分散式空调机组的性能和应用

1）空调机组的能效比（EER）

空调机组的能耗指标可用能效比来评价。

能效比的定义是空调器单位耗功所对应的名义冷量。一般可用式（6-2）表示：

$$EER = \frac{Q_1}{P_1} \tag{6-2}$$

式中　Q_1——空调器的名义制冷量（kW）；

P_1——空调器整机消耗的功率（kW）。

机组的名义工况（又称额定工况）制冷量是指国家标准规定的进风湿球温度、风冷冷凝器进口空气的干球温度等检验工况下测得的制冷量。随着产品质量和性能的提高，目前 EER 值一般为 2.8 ~ 3.2。

2）分散式空调机组的应用

（1）各空调房间面积较小，空调系统调节控制及空调运行参数要求差异大的环境。

（2）各空调房间地理位置较为分散的建筑环境。

（3）工艺变更可能性较大的场景。

（4）建筑内不具备设置集中冷热源的建筑环境。

知识拓展

给服务器泡个澡，《流浪地球 2》里的液冷技术到底有多神奇

2023 年春节热映的科幻电影《流浪地球 2》有两个画面：一个是刘德华饰演的图恒宇希望用超强算力让女儿的数字生命可以更长久，所以他和团队一直在研发 550 系列产品，在研发过程中，他的团队成员从制冷液中拉出一台机器进行检查；另一个是重启地球发动机需要启动 3 个根服务器，图恒宇进入已经受损的海下数据中心，启动北京的根服务器，在最后倒计时前他把自己和女儿的意识储存卡插到 550 W 上完成了启动。这两个画面中的未来科技在现实世界其实早已存在，原型就是曙光还未正式发布的“缸式”浸没液冷计算机。

该技术不仅具有超强的散热性能，而且极致节能，它不仅能让 PUE（Power Usage Effectiveness，电能利用效率）降至 1.05，更可支持机架、刀片等多种形态的服务器内嵌，最大程度降低“液冷”技术的普及门槛。其还拥有完整的服务器、存储、数据中心液冷解决方案，全面覆盖冷板、浸没等多种散热方式。相比传统风冷散热，曙光液冷方案最高可让数据中心能耗降低 30%，可实现算力的高密度部署，是计算机冷却科技发展历程上具有里程碑意义的创新技术，其先进性已领跑全球。

思考与习题

1. 按照空气处理设备的设置情况，空气调节系统可分为哪几类？各类的特点是什么？
2. 按照负担室内负荷所用的介质种类，空气调节系统可分为哪几类？各类的特点是什么？
3. 按照所处理空气的来源，普通集中式空气调节系统可分为哪几类？各类的特点是什么？
4. 普通集中式空调系统的划分原则是什么？
5. 风机盘管空调系统有哪几种新风供给方式？
6. 诱导器系统的工作过程是什么？
7. 分散式空调系统有何特点？有哪些应用方式？
8. 变风量（VAV）空调系统有哪几种末端装置？
9. 变风量（VAV）空调系统与定风量（CAV）空调系统相比有哪些特点？

项目 7

空调系统的组成、原理及系统形式

知识结构

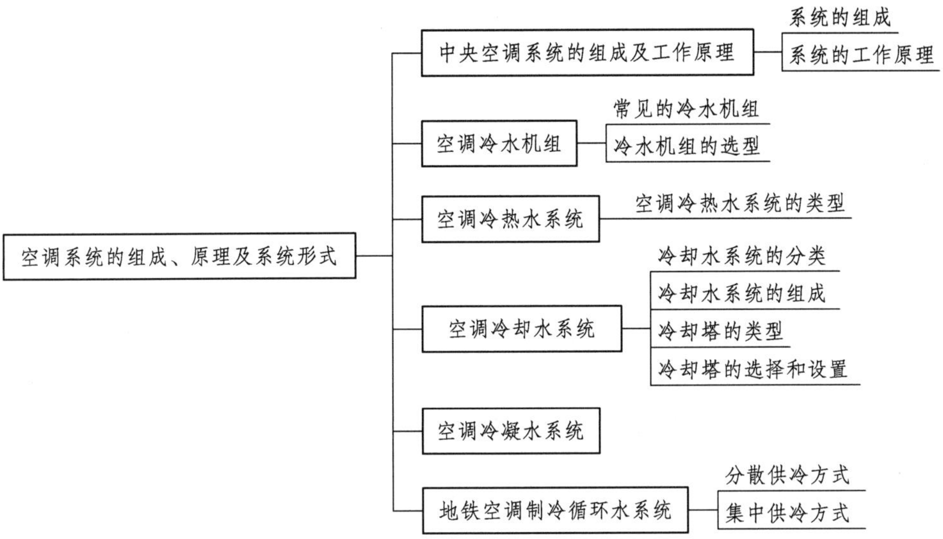

知识目标

1. 掌握中央空调系统的组成及工作原理。
2. 掌握冷水机组的各种分类方法。
3. 掌握空调冷热水系统的组成和分类。
4. 熟悉空调冷却水系统的分类、掌握冷却塔的类型、工作原理及选择方法。
5. 熟悉空调冷凝水系统的布置。
6. 熟悉地铁空调制冷循环水系统的供冷方式。

能力目标

1. 能准确识别中央空调系统的设备组成部分。
2. 能进行空调冷源机组的选型。
3. 能正确选择冷却塔。

思政目标

1. 学习空调系统设备知识，培养专业素质，学会全面思考问题。
2. 培养爱岗敬业的品质，增强创新意识。

空调是空气调节的简称。空调系统利用某些技术和设备对一定区域内的空气温度、湿度等空气状态参数进行调节，以达到一定的生活或工程要求。中央空调是集夏天制冷、冬天制热、空气流通、空气调节于一体的大型空调系统，主要由一个或多个冷热源系统、多个空气处理系统和多个冷水输配系统组成，其制冷靠制冷剂蒸发吸热为末端设备提供冷量；采暖靠热交换站或热水锅炉提供的热量。中央空调常应用在房间多、需求面积大的民用建筑和工业建筑中，采用集中处理空气的方式调节室内环境，能够同时为多个区域创造舒适的环境。

7.1 中央空调系统的组成及工作原理

7.1.1 中央空调系统的组成

中央空调系统设备众多，运行工况复杂，一般主要包括中央空调主机（冷源或热源）、空调水系统、空调风系统、空气处理设备及空调控制系统。

1. 中央空调主机（冷源或热源）

中央空调主机是空调系统的核心部分，是实现中央空调环境调节功能的关键设备，主要为冷源设备和热源设备。空调冷源设备即冷水机组，为空调系统提供低温的冷水；热源设备主要有热泵和锅炉等供热设备，为空调系统提供热水或蒸汽。冷热源为空气处理设备提供冷量或热量，再通过空气处理设备调节室内空气状态，满足室内环境要求。

2. 中央空调水系统

中央空调水系统主要包括冷冻水系统和冷却水系统，并由空调主机连接构成一个完整的空调水系统。冷冻水系统把空调主机产生的冷量通过冷冻水送到空调系统末端空气处理系统，带走室内热量，使室内降温；室内空气热量和空调系统运行产生的热量，通过冷却水系统送到冷却塔散热，将热量传递到大气中去。中央空调水系统为中央空调系统的制冷或制热提供冷量、热量的循环动力，是中央空调实现环境调节功能的重要部分。

3. 中央空调风系统

空调风系统主要作用是将空调处理设备所产生的冷风或热风通过送风管输送到空调房间内，并将房间内的回风引回到空气处理设备，从而进行循环的制冷或制热。

4. 中央空调空气处理设备

空气处理设备主要包括风机盘管、空调柜、空调机组等，属于中央空调系统的室内末端设备，其作用是处理送风空气至所需要的冷热状态。

5. 中央空调控制系统

中央空调控制系统最主要的控制任务是以房间为控制对象，根据负荷的动态变化，通过改变中央空调的送风温度、送风量等系统工况参数，从而及时对空调房间内的温度、湿度及其他空气参数进行检测与调节，以满足室内人员舒适度要求。

7.1.2 中央空调系统的工作原理

1. 空调制冷原理

分体式空调的原理

制冷应用最广泛的方法是液体汽化制冷，它是利用液体汽化时的吸热效应而实现制冷的。在制冷系统中，蒸发器、冷凝器、压缩机和节流阀是制冷系统中必不可少的四大部件。图 7-1 所示为制冷循环工作原理，其工作过程如下：液体制冷剂在蒸发器中吸收被冷却的物体热量之后，汽化成低温低压的蒸气，蒸气被压缩机吸入、压缩成高压高温的蒸气后排入冷凝器，在冷凝器中向冷却介质（水或空气）放热冷凝为高压液体，经节流阀节流为低温低压的制冷剂，再次进入蒸发器吸热汽化，从而达到循环制冷的目的。制冷剂在系统中经过蒸发、压缩、冷凝、节流四个基本过程完成一个制冷循环。

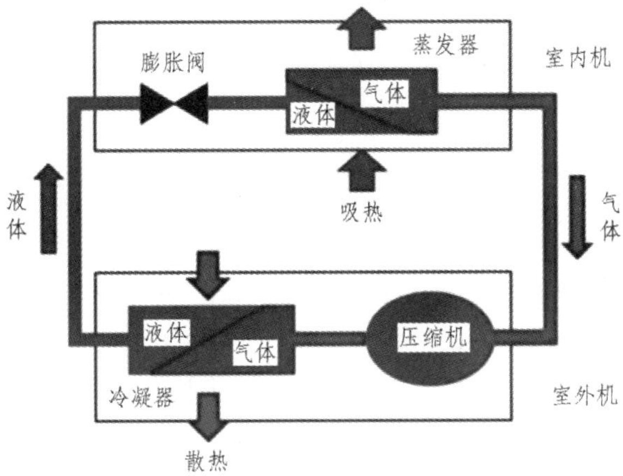

图 7-1 制冷循环工作原理

蒸发器是输送冷量的设备，制冷剂在蒸发器中吸收被冷却物体的热量实现制冷。

压缩机是空调的心脏，起着吸入、压缩、输送制冷剂蒸气的作用。

冷凝器的种类和冷却方式　　蒸发器的种类及工作原理　　空调制冷的基本原理

冷凝器是放出热量的设备，将蒸发器中吸收的热量连同压缩机功所转化的热量一起传递给冷却介质带走。

节流阀对制冷剂起节流降压作用，同时控制和调节流入蒸发器中制冷剂液体的数量，并将系统分为高压侧和低压侧两大部分。

实际制冷系统中，除上述四大件之外，还有一些辅助设备，如电磁阀、分配器、干燥器、集热器、易熔塞、压力控制器等部件，它们是为了提高运行的经济性、可靠性和安全性而设置的。

2. 中央空调工作过程

中央空调系统的工作过程是通过 4 个循环来实现的，图 7-2 所示为中央空调系统原理，四个循环系统分别如下：

中央空调系统的组成及工作原理（微课）

（1）制冷剂循环：在制冷机组中，制冷剂从蒸发器吸热制冷，吸收的热量再到冷凝器冷凝放热。

（2）冷却水循环：冷却水的作用是将制冷机组冷凝器里制冷剂释放的热量排除掉。冷却水系统由冷凝器、冷却水泵、冷却塔和连接水管及附件组成。冷却水从冷凝器里带走的热量，在冷却塔中直接释放给大气。

（3）冷冻水循环：冷冻水循环系统是由制冷机组的蒸发器、空调机组的表面冷却器、提供水流动力的水泵及它们之间的连接水管和附件所组成的密闭循环系统。这个循环系统通过冷冻水源源不断地把制冷机组产生的冷量送到空调机组的表冷器去处理空气。

（4）空气循环系统：由空调机组、风机、风阀、风管和送回风口等把处理好的空气送入空调房间并把房间内的空气取回来，以达到室内空气调节的目的。

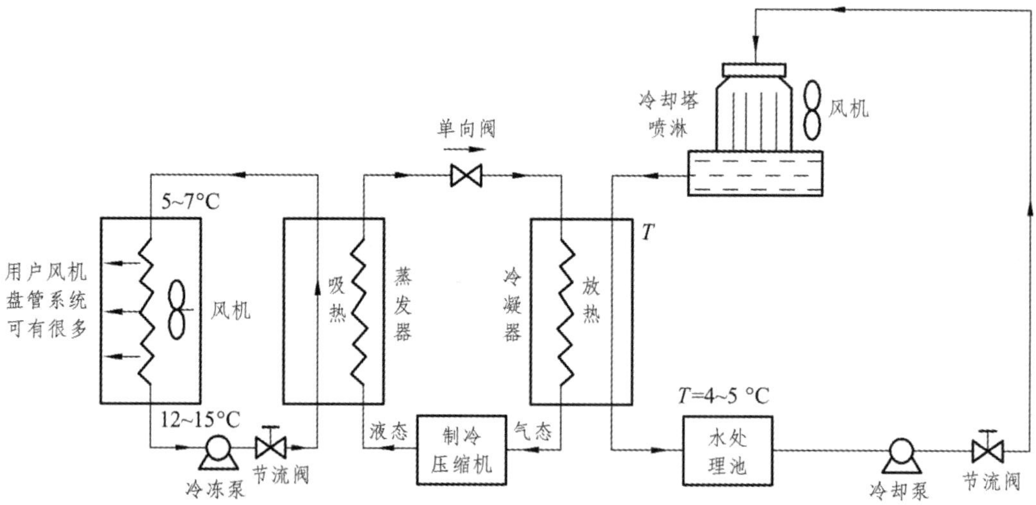

图 7-2　中央空调系统原理

中央空调制冷工作过程：低温、低压的蒸气冷媒从蒸发器出来经过压缩机，压缩成高温、高压蒸气被送到冷凝器冷凝成液体，冷却水把释放的热量送到冷却塔散热，通过冷却塔风机把热量排到室外，以保证中央空调系统持续运行。高温高压的液态冷媒通过节流装置变为低温低压冷媒，经过蒸发器吸热挥发成蒸汽冷媒，冷媒吸收热量冷却冷冻水。冷冻水流经空调机组风机盘管，空气与其进行快速的冷热交换形成冷风，空调机组风机把冷风送入需要制冷的房间。蒸气冷媒从蒸发器流出，再进入压缩机循环往复。

中央空调系统的组成及工作原理（动画）

通常，冷水机组额定运行的工作温度条件是冷冻水进水与出水温度分别为 12 °C 和 7 °C；冷却水进水与出水温度为 32 °C 和 37 °C，进出水有 5 °C 的温差。

中央空调制热原理与制冷原理相同，但工作流程相反。从蒸发器出来的低温、低压的气态冷媒通过压缩机变为高温、高压的气态冷媒，进入冷凝器液化为高温、高压的液态冷媒，此时与制冷时蒸发器冷却循环水过程正好相反，冷凝器中释放的热量加热循环水变为 45 ~ 55 °C 的热水，空气与其进行冷热交换形成热风，通过空调机组送入需要供暖的房间。而从冷凝器出来的液态冷媒经过节流装置又回到蒸发器，从热源（通常为热锅炉等供热设备）吸收制热所需的热量，液态冷媒蒸发吸热成为气态，再进入压缩机开始循环。

中央空调系统跟普通家用分体式空调相比，不同点在于，家用空调系统的制冷剂直接吸收空调房间的热量，而中央空调系统的制冷剂需要借助载冷剂（如常说的冷冻水、乙二醇溶液等）来实现吸热过程。

家用空调仅有制冷剂循环过程，它的工作过程是通过制冷剂的物态变化来实现的，即蒸发器吸收的不是冷冻水的热量而是空调房间空气介质的热量，从而实现对空调房间降温；而冷凝器侧直接面对的是室外环境，冷凝器液化放出的热量不再经过冷却水系统把热量带走而是直接排放到大气中。

7.2　冷水机组

冷水机组是包含全套制冷设备的制冷机组，是集中式和半集中式空调系统最常用的冷源。它是由一台或多台制冷压缩机、换热设备（蒸发器和冷凝器）、节流机构、辅助设备以及连接管和附件组成的整体。冷水机组的用途是给风机盘管、组合式空调机组、吊柜机组等末端空调设备提供冷源（冷水）。各种冷水机组都在设备制造厂完整组装，具有结构紧凑、占地面积小、自动化程度高、安装方便、维护简单等优点，广泛应用于空调工程和工业生产中。

冷水机组是中央空调系统的核心部分，冷水机组运行状态的好坏直接影响到整个空调系统的运行状况，它的任务是保障空调系统能够提供合适的冷量。

7.2.1　常见的冷水机组

1. 活塞式冷水机组

活塞式冷水机组是一种最早应用于空调工程中的机型，是以活塞式压缩机为主机的冷水机组。它通过气缸往复运动过程中容积的变化来达到对制冷剂进行压缩的目的，采用的制冷剂一般为 R22 等，普通活塞式冷水机组的单机容量一般在 580 kW 以下。近年来，通过采用多台压缩机联合运行的方式（又称为多机头机组）活塞式冷水机组容量又可不断增加，机组总制冷量可达 1 500 kW 以上，适用于中、小容量的空调制冷和热泵系统。

活塞式冷水机组的优点：① 加工容易，造价低；② 系统装置简单；③ 采用多机头，高速多缸，使用性能好；④ 采用多重保护，安全可靠。

活塞式冷水机组的缺点：① 由于属往复式运动，振动较大；② 压缩比较低，单机制冷量小；③ 单机头部分负荷下调性能较差，为卸缸调节，不能无级调节；④ 单位制冷量质量指标较大；⑤ 零部件多，维修复杂，维修费用高。

2. 螺杆式冷水机组

螺杆式冷水机组由于采用螺杆式压缩机而得名。目前，螺杆式冷水机组在我国制冷空调领域得到了越来越广泛的应用，其典型制冷量范围为 700～1 000 kW，一般应用于中型制冷量范围，制冷剂通常采用 R22、R134a 等。目前，螺杆机组按其螺杆的数目分为单螺杆和双螺杆。单螺杆压缩机由转子、液气分离器、油气冷却器、油滤器、气量调节系统、管路系统、电控装置以及机座、外壳箱体组成。由于受力平衡，所以运转平稳、磨损和振动噪声小，在日本被誉为新时代的压缩机，有很大的发展前景。

螺杆式冷水机组的优点：① 结构简单，运动部件少，易损件少，仅是活塞式的 1/10，故障率低，寿命长；② 运动平稳，低负荷运转时无“喘振”现象，噪声低，振动小；③ 调节方便，可在 10%～100%无级调节，部分负荷时效率高，节电显著；④ 体积小，质量小，可做成立式全封闭大容量机组。

螺杆式冷水机组的缺点：① 价格比活塞式高；② 单机容量比离心式小，转速比离心式低；③ 润滑油系统较复杂，耗油量大；④ 大容量机组噪声比离心式高。

3. 离心式冷水机组

离心式冷水机组是大中型空调系统中通常选用的冷水机型。目前国外最大离心式冷水机组的单机制冷量已达到 2 800 RT（9 840 kW），且相比于螺杆机，离心机结构紧凑，自动化程度高，特别是当冷负荷大的情况下具有良好的性能和节能效果，因此被应用在许多大型公共建筑中。目前，离心式机组常用的制冷剂是 R22、R123、R134a 等。

离心式冷水机组的主要优点是：① 单机制冷量大，制冷系数高；② 结构紧凑，尺寸小，因而占地面积小；③ 运行可靠、操作方便、维护费用低。

离心式冷水机组的主要缺点是：① 制冷量不宜过小，如果负荷太低或冷凝压力太高，会发生“喘振”现象，这是离心式压缩机的致命软肋；② 不宜采用较高的冷凝压力；③ 变工况适应性不强。

4. 涡旋式冷水机组

涡旋式冷水机组是一种采用涡旋式制冷压缩机的新型冷水机组，比活塞式压缩机减少 60%的运转部件。涡旋式制冷压缩机起初多用于分体式和整体式空调机组，随着其技术的发展、单机容量的增大，已逐渐在冷水机组上得到应用。涡旋式冷水机组有水冷式和风冷式两种，大多采用 2～4 台涡旋式制冷压缩机与壳管式换热器组装而成，机组制冷量一般为 50～180 kW，通常采用风冷冷却方式，排气压力稳定，运行平稳，寿命长，故障率低等特点，适用于小型空调系统。

7.2.2 冷水机组的选型

1. 冷水机组的选择原则

冷水机组开、关机顺序

（1）建筑物的用途，冷负荷的大小。

（2）当地的水源（包括水量、水温及水质）、电源和热源（包括热源性质、品质高低）的情况。

（3）冷水机组的特性（包括性能系数、尺寸大小、调节性能、价格、冷量范围及使用工质等）。

通过对投资、运行费、耗能量、环保影响等因素进行综合技术经济比较后加以确定。

2. 冷水机组选择时注意事项

（1）制冷机组一般以选用 2 ~ 4 台为宜，中小型规模宜选用 2 台，较大型可选用 3 台，特大型可选用 4 台。机组之间要考虑其互为备用和切换使用的可能性。

（2）同一机房内可采用不同类型、不同容量的机组搭配的组合式方案，以节约能耗。

（3）选择电力驱动的冷水机组，当单机制冷量大于 1 163 kW 时，一般采用离心式冷水机组；单机制冷量在 582 ~ 1 163 kW 时，一般采用螺杆式冷水机组或离心式冷水机组；单机制冷量小于 582 kW 时，一般采用活塞式冷水机组。

若有合适的热源特别是有余热或废热可以利用的场所，宜选用吸收式制冷机。

7.3 空调冷热水系统

空调冷热水系统由空调冷冻水系统和空调热水系统组成。空调冷（热）水系统是将冷热水机组产生的冷量或热量由水泵提升压力、通过管道送至所需供冷或供暖的房间，通过末端设备供冷或供暖。该系统主要由冷（热）水水源、供回水管、阀门、仪表、集箱、水泵、空调机组或风机盘管、膨胀水箱等组成。

7.3.1 空调冷热水系统的类型

空调冷热水系统主要有下面几种形式：

（1）按管路系统是否与大气相通，可分为开式系统和闭式系统。

（2）按系统的循环水量的特性不同，可分为定流量系统和变流量系统。

（3）按冷、热水管道的设置方式不同，可分为双管制、三管制和四管制系统。

（4）按系统中各循环环路流程长度是否相同，分为同程式系统和异程式系统。

（5）按水系统中的循环水泵设置情况不同，可分为一次泵水系统和二次泵水系统。

空调冷冻水系统的类型

空调冷冻水系统组成及工作原理

1. 开式系统和闭式系统

1）开式系统

开式系统是指在管路之间设的储水箱（或水池）与大气相通，自流回水时与空气接触，如图 7-3 所示。该系统结构简单，不设置回水泵，调节方便，工作稳定。缺点是水泵扬程大，耗电量多；水质易受污染、管道较脏易堵塞、易腐蚀。由于以上缺点，开式系统应用较少。

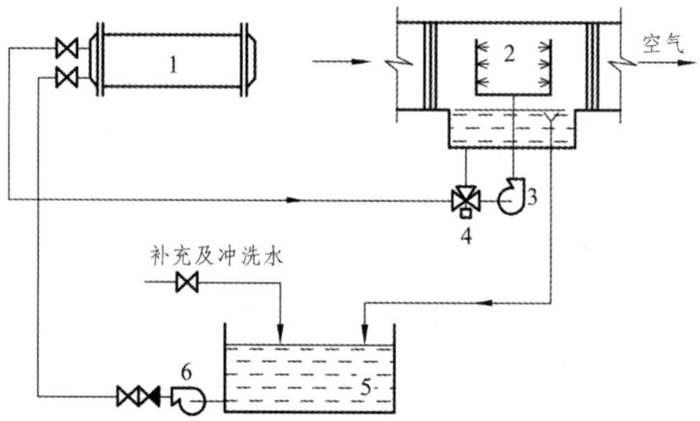

1—壳管式蒸发器；2—空调淋水室；3—淋水泵；
4—三通阀；5—回水池；6—冷冻水泵。

图 7-3　开式系统

2）闭式系统

密闭式管路系统不与大气相接触，在系统最高点设置膨胀水箱及排气和泄水装置的系统，如图 7-4 所示。该系统管路和设备不易产生污垢和腐蚀；水泵的扬程只需克服循环阻力，水泵扬程小，设备耗电较少；不用蓄水池，回水不需另设水泵，因此系统简单，一次投资比较经济，现在已被普遍采用。

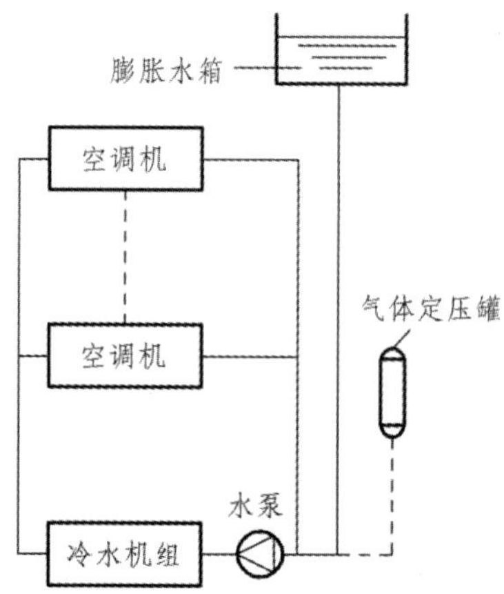

图 7-4　闭式系统

2. 定流量系统和变流量系统

1）定流量系统

定流量系统指空调水系统中的循环水流量保持定值，负荷变化时，减少制冷量或热量，改变供、回水温度的系统，如图 7-5 所示。定流量系统比较简单，操作方便，不需要复杂的自控设备，但是水系统的流量是按最大负荷选定的固定流量，因此循环泵的输送能耗处于最大值，特别是空调系统处于部分负荷时运行费用大。一般适用于间歇性使用的建筑（如体育馆、展览馆、影剧院、大会议厅等）的空调系统，以及空调面积小，只有一台冷水机组和一台循环水泵的系统。高层民用建筑尽可能少采用这种系统。

2）变流量系统

变流量系统是指供、回水温度保持不变，负荷变化时，可通过改变供水量调节流量，如图 7-6 所示。变流量水系统常采用多台冷（热）设备和多台水泵（即一台设备配一台水泵）的方式，各台水泵水流量不变，只需对设备和相应的水泵进行台数的控制就可以调节系统供水的流量。另外，也可以采用变速水泵来调节系统供水的流量，或者在风机盘管处设置二通调节阀，依据空调房间的温度信号控制二通调节阀的开度，以达到变流量的目的。变流量水系统的耗电量比定流量系统小得多，特别适用于大型空调水系统。

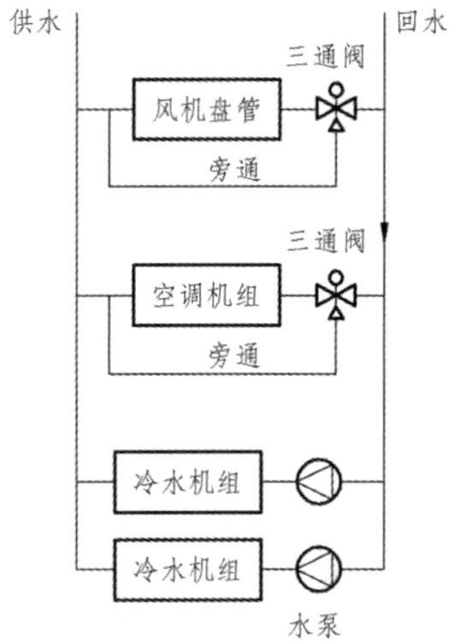

图 7-5　定流量系统

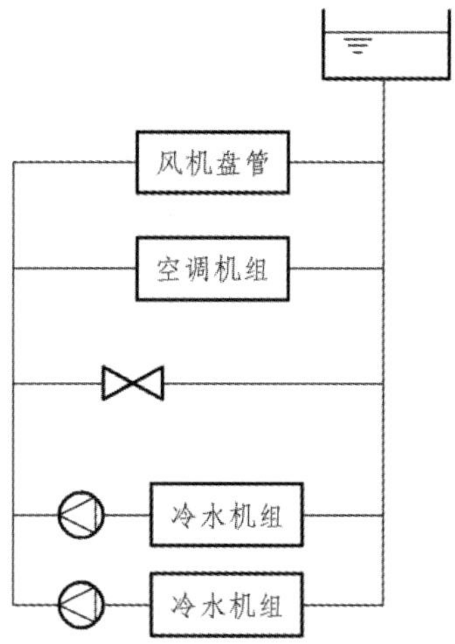

图 7-6　变流量系统

3. 双管、三管和四管制系统

1）双管制系统

双管制系统是指冷、热源利用一组供、回水管为末端装置的盘管提供冷水或热水的系统，如图 7-7 所示，双管制系统中冷、热源是各自独立的。夏季，关闭热水总管阀门，系统供应冷冻水；冬季的操作正好相反。因此，这种系统不能同时既供冷又供热，在春秋过渡季节，不能满足空调房间的不同冷暖要求，舒适性不高。但由于该系统简单实用、投资少，在我国高层建筑中得到了广泛应用。

2）三管制系统

三管制系统是由两根供水管分别供应冷水和热水，一根回水管，冷、热水回水共用，各组换热设备并联在供、回水管之间，如图 7-8 所示。该系统能同时满足供冷、供热的要求，适应负荷变化的能力强，可较好地满足全年温度调节，可任意调节房间温度。但由于冷热水同时进入回水管中，固有混合损失，运行效率低，因冷热水环路互相连通，系统水力工况复杂，控制系统要求较高，初投资比两管制系统高，三管制系统目前应用很少。

3）四管制系统

四管制系统是采用两根供水管、两根回水管，分别供冷水和热水，各组换热设备并联在供、回水管之间，适用于一些负荷差别比较大，供冷和供热工况交替频繁或同时使用的场合，如图 7-9 所示。这种系统初投资较高，管道占用空间大，但运行很经济，对室温的调节具有较好的效果，所以多用于对舒适性要求高的场合。

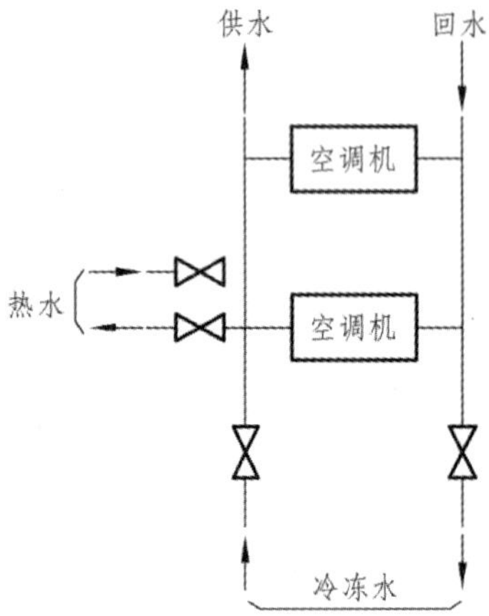

图 7-7　双管制系统

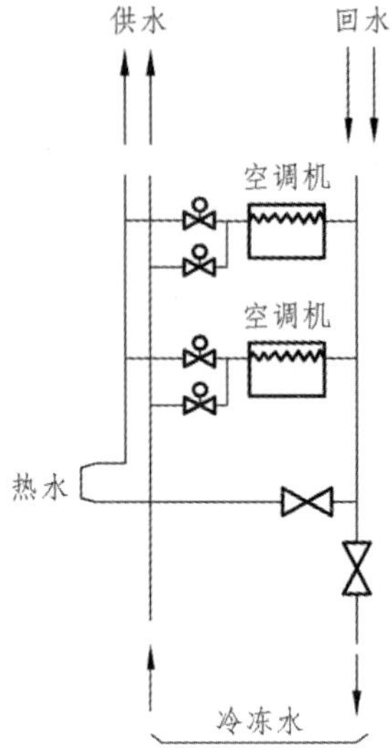

图 7-8　三管制系统

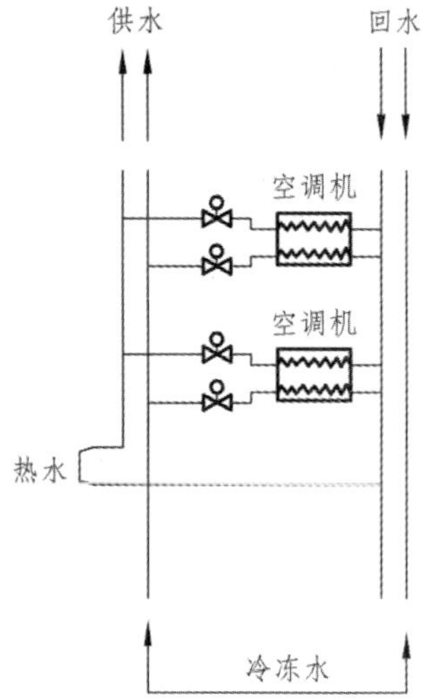

图 7-9　四管制系统

4. 同程式系统和异程式系统

1）同程式系统

同程式系统是指系统每个循环环路的长度相同，如图 7-10 所示。其特点是各环路的水流阻力、冷量（或热量）损失相等或近似相等，这样有利于水力平衡，可以减少系统调试的工作量。空调冷热水系统应尽可能采用同程式系统，包括立管同程和干管同程，都有利于克服系统失调。在大型建筑物中，为了保持水利工况的稳定性和减少初次调整的工作量，水系统应设计成同程式，但与异程式相比，同程式增加了回程的跑空管路，增加了水管占用的空间，管路总长度较长，使水泵的能耗增加，并且增加了初投资。

2）异程式系统

异程式系统是指系统中水流经每个末端设备的流程都不同，如图 7-11 所示。其特点是各环路的水流阻力不相等，易产生水力失调；但管路系统简单，投资较小。当系统较小时，可采用异程式系统，但必须在末端空调机组或风机盘管连接管上设流量调节阀以平衡阻力。

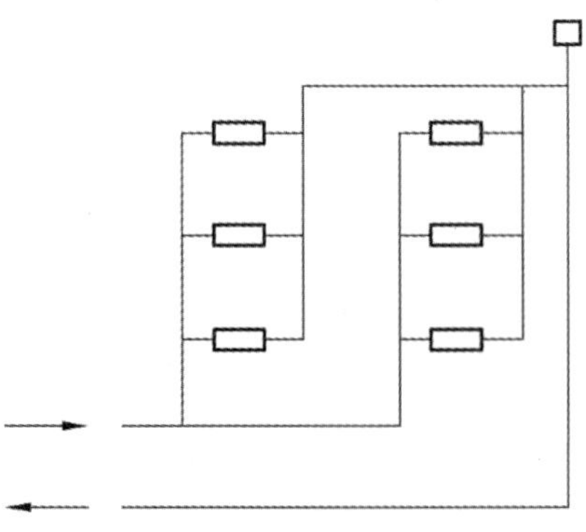

图 7-10　同程式系统

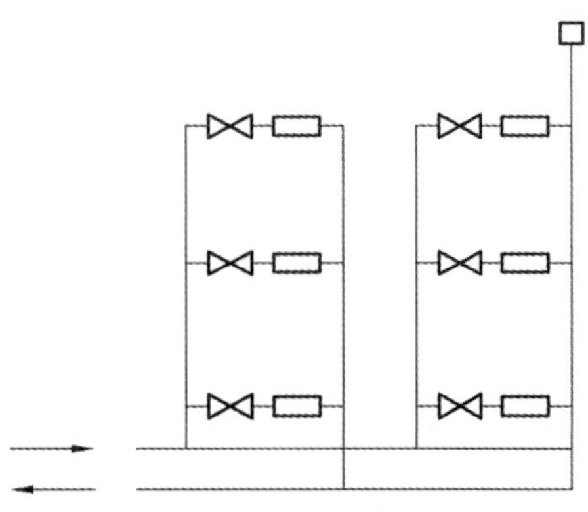

图 7-11　异程式系统

5. 一次泵系统和二次泵系统

1）一次泵系统

在冷源侧和负荷侧合用一组循环泵的称为一次泵系统，如图 7-12 所示。该系统采用一组变频水泵为负荷侧，冷源侧提供循环用冷冻水，在供、回水管道间装备旁通阀，可自动适应工况变化，调节冷水流量。冷源侧水泵以变频方式运行，调整水流量，在低于变频泵调整下限时，打开旁通阀维持系统运行，一次泵系统是目前我国高层民用建筑中最广泛的冷冻水系统。

2）二次泵系统

在冷源侧和负荷侧分别设置一组循环泵的称为二次泵系统，如图 7-13 所示。利用旁通管，将系统分为一次侧与二次侧，为冷源供水的一次侧采用定频方式运行，二次侧则采用变频方式，保证紧密跟随用户侧的温度变化。二次泵变流量空调水系统是目前在一些大型高层民用建筑或多功能建筑群中，正逐步采用的一种空调冷冻水系统形式。

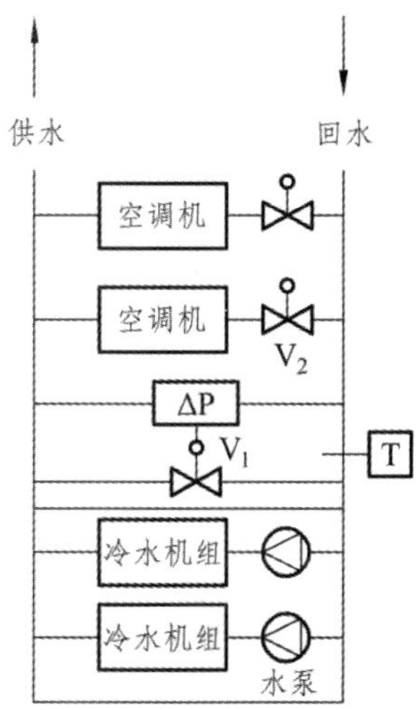

图 7-12　一次泵变流量系统

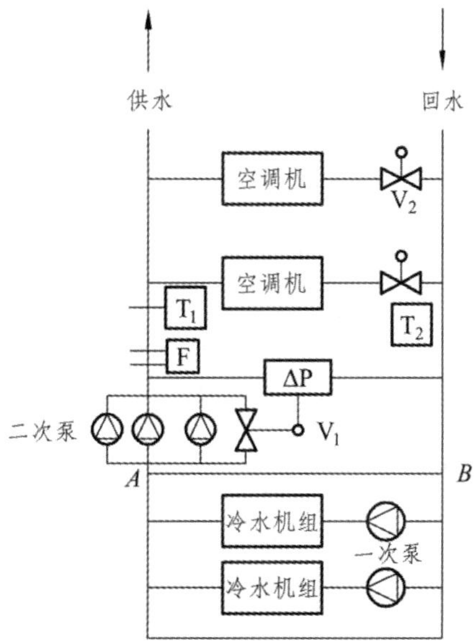

图 7-13　二次泵变流量系统

7.4　空调冷却水系统

空调冷却水系统是专为水冷式冷水机组或水冷直接蒸发式空调机组设置的。制冷设备冷凝器和压缩机在工作时因发热会影响其工作效率，这时需要设置冷却水系统。它的主要作用是将冷水机组冷凝器的散热带走，以保证冷水机组的正常运行。

空调冷却水系统

7.4.1　冷却水系统的分类

冷却水系统按供水方式可分为直流供水系统和循环冷却水系统两种。

1. 直流供水系统

直流供水系统的冷却水经过冷凝器等用水设备后，直接排入原水体（不得造成污染），一般适用于水源水量充足（如有丰富的江、河、湖泊等地面水源或地下水源）的地方。

2. 循环冷却水系统

循环冷却水系统是将通过冷凝器后的温度较高的冷却水，经过降温处理后，再送入冷凝器循环使用的冷却系统。冷却水循环使用，只需要补充少量补给水。冷却水系统按通风方式可分为：

（1）自然通风冷却循环系统。采用冷却塔或冷却喷水池等设备使冷却水降温，适用于当地气候条件适宜的小型冷冻机组。

（2）机械通风冷却循环系统。采用机械通风冷却塔或喷射式冷却塔使冷却水降温，适用于气温高、湿度大，采用自然通风冷却方式不能达到冷却效果的情况。

由于冷却水流量、温度、压力等参数直接影响制冷机的运行工况，尤其目前空调工程中通常采用自控程度比较高的制冷机，因此机械通风冷却循环系统被广泛应用。

7.4.2　冷却水系统的组成

空调冷却水系统的组成和工作原理

冷却水系统由冷却水泵、冷却水管道及冷却塔组成，如图 7-14 所示。来自冷却塔的较低温度的冷却水（通常为 32 °C），经冷却水泵加压后进入冷水机组，带走冷凝器的散热量。高温的冷却回水（通常为 37 °C）重新送至冷却塔上部喷淋。由于冷却塔风扇的运转，使冷却水在喷淋下落过程中，不断与塔下部进入的室外空气进行热湿交换，冷却后的水落入冷却塔集水盘中，由水泵重新送入冷水机组循环使用。其中因蒸发和漂损损失的水量可通过自来水来补充。

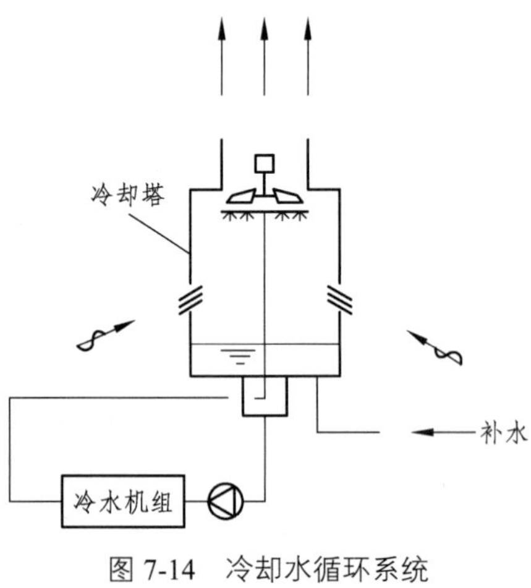

图 7-14　冷却水循环系统

7.4.3　冷却塔的类型

冷却塔是冷却水系统中的一个重要设备，冷却塔的性能对整个空调系统的运行都有一定的影响。根据水流方向与风向不同分，可分为逆流式冷却塔和横流式冷却塔。

1. 逆流式冷却塔

逆流式冷却塔的结构如图 7-15 所示，在风机的作用下，空气从塔下部进入，顶部排出。空气与水在冷却竖直方向逆向而行，热交换效率高。冷却塔的布水设施对气流有阻力，布水系统维修不方便，当冷却塔采用螺旋式布水器时，由于布水器靠出水的反作用力推动运转，要求进水压力为 0.1 MPa 左右，对喷射式冷却塔喷嘴要求进水压 0.1 ~ 0.2 MPa。

2. 横流式冷却塔

横流式冷却塔的结构如图 7-16 所示，其工作原理与逆流式冷却塔基本相同。空气从水平方向横向穿过填料层，然后从冷却塔顶部排出，水从上至下穿过填料层，空气与水的流向垂直，热交换效率不如逆流式。横流塔气流阻力较小、布水设施维修方便，冷却水阻力不大于 0.05 MPa。一般大型的冷却塔都采用横流式冷却塔。

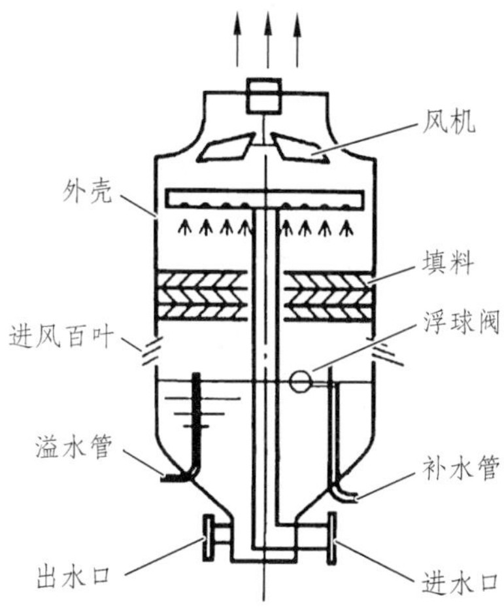

图 7-15　逆流式冷却塔

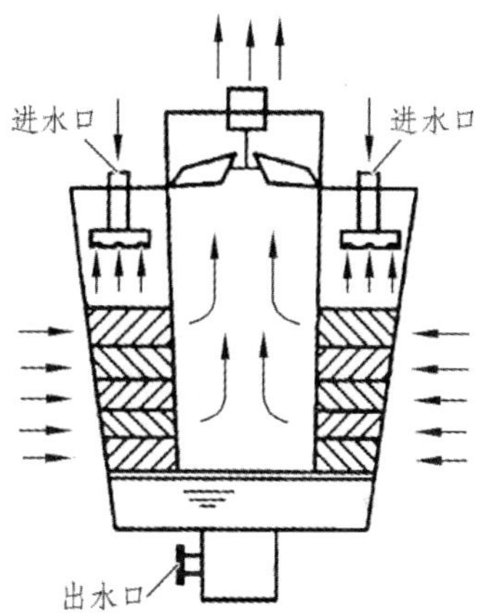

图 7-16　横流式冷却塔

7.4.4　冷却塔的选择和设置

冷却塔的选择要根据当地的气候条件、冷却水进出口温差及处理的循环水量，按冷却塔选用曲线或冷却塔选用水量来选用。

冷却塔处理的循环水量为

$$W = \frac{kQ_0}{c_w(t_{w2} - t_{w1})} \times 3.6 \tag{7-1}$$

式中　k——系数，与制冷机的形式有关；

Q_0——制冷机的制冷量（kW）；

c_w——水的比热容[kJ/（kg · °C）]；

kQ_0——冷凝器的热负荷（kW）；

t_{w1}，t_{w2}——冷却水进、出口水温（ °C）。

选用时需要按照工程实际，对冷却塔在标准气温和标准水温下的名义工况冷却水量进行修正，使其满足冷水机组的要求。

冷却塔一般应放在通风良好的室外地面或屋面上，在高层建筑中，多放在裙楼或主楼的屋顶。在布置时，首先要保证其排风口上方无遮挡物，避免排出的热风被遮挡而由进风口重新吸入，影响冷却效果。在进风口周围，至少应有 1 m 的净空，以保证进风气流不受影响，且进风口处不应有大量的高湿热空气的排气口。冷却塔大多采用玻璃制造，难以达到非燃要求，因此要求消防排烟风口必须远离冷却塔。

7.5 空调冷凝水系统

空调水系统夏季供应的冷冻水水温较低，当换热器外表面温度低于与之接触的空气露点温度时，其表面会因结露而产生凝结水，这些凝结水汇集在设备的集水盘中，通过冷凝水管路排走。

空调冷凝水系统一般为开式重力非满流。为避免管道腐蚀，冷凝水管道可采用排水塑料管或热镀锌钢管。当采用热镀锌钢管时，为防止冷凝水管道表面结露，通常需设置保温层。

为保证冷凝水能顺利排走，冷凝水管道设计应注意下列事项：

（1）保证足够的管道坡度。冷凝水盘的泄水支管沿凝结水流向坡度不宜小于 0.01，冷凝水水平干管不宜过长，其坡度不应小于 0.003，且不允许有积水部位。

（2）当冷凝水集水盘位于机组内的负压区时，为避免冷凝水倒吸，集水盘的出水口处必须设置水封，水封的高度应比集水盘处的负压（水柱高）大 50%左右。如图 7-17 所示，水封的出口与大气相通，图中 p_1 为表冷器处最大的负压值[折合成水柱高度（mm）]；1.2 为安全系数。

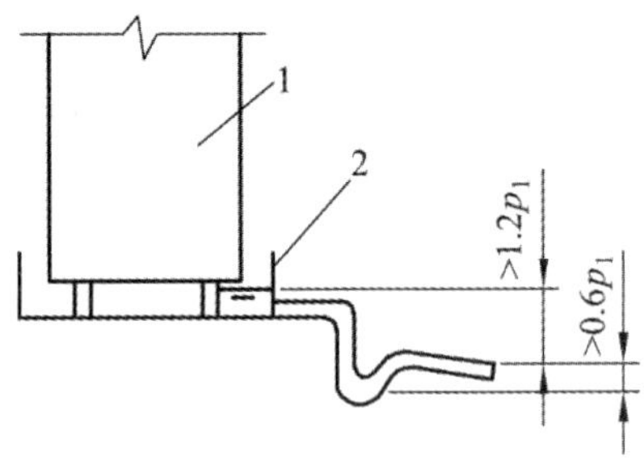

1—换热设备；2—凝结水积水盘。

图 7-17 冷凝水盘的水封

（3）冷凝水立管顶部应设计通大气的透气管，水平干管始端应设置扫除口。

（4）冷凝水排入污水系统时，应有空气隔断措施，冷凝水管不得与室内密闭雨水系统直接连接。

（5）冷凝水管管径应按冷凝水流量和冷凝水管最小坡度确定。

7.6 地铁空调制冷循环水系统

空调制冷循环水系统主要是为地铁车站通风空调系统提供冷却水源的系统。按照空调系统冷源设置的集中程度不同，地铁空调制冷循环水系统有分散供冷和集中供冷两种方式。

7.6.1 分散供冷方式

分散供冷是指每个车站内独立设置冷水机组，向本站的空调系统提供所需的低温冷水。

空调末端采用大组合空调柜、小空调柜及风机盘管等设备，冷水机组、水泵、冷却塔均分站设置，独立运行。

7.6.2 集中供冷方式

集中供冷是将全线地铁车站划分为不同的区域，在每个区域内设置一个集中冷站，通过集中冷站向该区域内多个地铁车站空调系统提供低温冷水，如图 7-18 所示。集中设置制冷机组、冷却塔、联动设备及其他辅助设备，通过室外管廊、地沟架空、区间隧道敷设冷冻水管，用二次泵将冷冻水长距离输送到车站空调系统末端，以满足多个车站所需的冷量。地铁集中冷冻水主要由以下三部分组成：

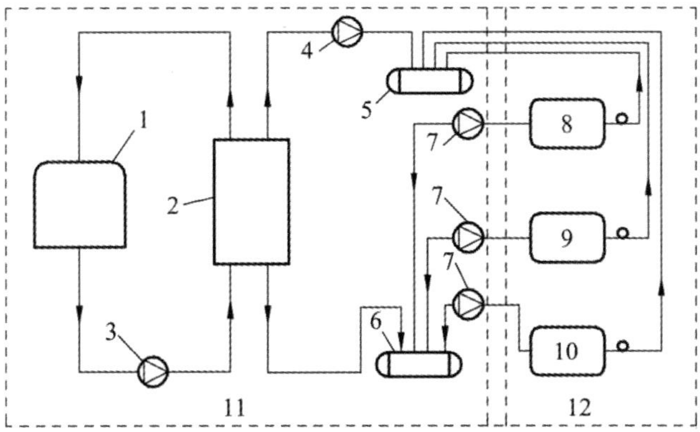

1—冷却塔；2—冷水机组；3—冷却水泵；4—冷水一次泵；5—集水器；6—分水器；7—冷水二次泵；
8—车站 1 末端空调设备；9—车站 2 末端空调设备；10—车站 3 末端空调设备；
11—集中冷冻站级空调水系统；12—车站级空调水系统。

图 7-18 集中冷冻供冷方式水系统原理

1. 制冷系统环路

制冷系统环路主要由冷水机组、冷冻水一次泵、冷却水系统及其附属设备组成，主要功能是根据空调系统控制的时间表，早晨运营前进行系统预冷和晚间利用余冷提前关机，正常运营时制备空调冷冻水。

正常运营时根据二次环路的实际冷负荷值，同时参考比较环路上设置的温度测点值及监测末端比例积分二通阀的开度确定一次环路中冷水机组的开启台数并进行相应的连锁控制，冷站的冷水机组与一次冷冻水泵联动，由冷水机组的主控制器完成。冷冻水一次泵与冷水机组一一对应。

2. 冷冻水二次环路

冷冻水二次环路主要由冷冻水二次泵、变频器和管网等组成。主要功能是通过监视末端的阀门开度，计算末端的负荷量，调节阀门的开度来满足车站实际冷负荷需求，二次泵的变频由末端差压控制。

由于管网长度长，水网稳定性差，造成了冷站与最远端车站之间的车站管压头压力超标，需要用平衡阀进行水力平衡和减压。

3. 末端设备

末端设备主要由组合式空调机组、风机盘管及前后的控制阀门组成。末端设备表冷器的过水量由出水管上的比例积分二通阀控制。由站台、站厅温度探头检测的温度值通过车站 PLC 控制器进行计算，并将控制信号传给比例积分二通阀控制阀门，控制其开度。同时，车站 PLC 控制器还需将站台、站厅温度及进出水温度参数通过网络传给冷站控制室。

知识拓展

空调的制冷量中的冷吨和匹数如何定义？

冷吨（RT）：

空调制冷单位，冷吨又名冷冻吨，冷冻吨是指将 1 吨水冷冻为冰所需要的能量。（注：1 冷吨就是使 1 吨 0 °C 的水在 24 h 内变为 0 °C 的冰所需要的制冷量。）冷冻吨表示冷冻机的制冷能力，即 1 吨 0 °C 的水，在 24 h 内转换成 0 摄氏度的冰的能力。

匹（HP）：

空调匹表示空调的制冷量大小，也就是制冷能力的大小。空调制冷量的匹数（HP）计算是以千卡（kcal）或瓦（W）来计算的。1 匹空调制冷量大约为 2 000 千卡，即 1 HP=2 000 kcal，换算成国际单位要乘以 1.162，所以 1 HP=2 000 × 1.162=2 324 W，W（瓦）表示制冷量。

日常生活中以 2 500 W 为标准 1 HP 来计算。

23 代表小 1 匹；制冷面积为 10 ~ 14 m^2。

26 代表正 1 匹；制冷面积为 14 ~ 18 m^2。

32 代表小 1.5 匹；制冷面积为 18 ~ 22 m^2。

35 代表正 1.5 匹；制冷面积为 22 ~ 25 m^2。

思考与习题

1. 中央空调系统是由哪些部分组成的？
2. 中央空调系统中冷冻水系统和冷却水系统的作用是什么？
3. 简述空调的制冷原理。
4. 空调制冷机组的四大件是什么？简述各自的功用。
5. 中央空调系统的工作过程是通过哪几个循环系统实现的？
6. 简述中央空调系统的制冷工作过程。
7. 简述空气处理的常用途径有哪些，并列举常用的设备。
8. 常见的空调冷水机组有哪些？
9. 简述空调水系统的分类及各自的系统组成。

项目 8

城市轨道交通通风空调系统

知识结构

- 城市轨道交通通风空调系统
  - 区间隧道通风系统
    - 区间隧道通风系统的组成
    - 区间隧道通风系统的运行模式
    - 主要区间隧道通风设备及设施
  - 车站隧道通风系统
    - 车站隧道通风系统组成
    - 车站隧道通风系统的运行模式
    - 主要车站隧道通风设备及设施
  - 车站通风空调系统
    - 车站通风空调系统介绍
    - 车站通风空调系统的运行模式
    - 车站主要通风空调设备及设施
  - 车站防排烟系统
    - 车站防排烟系统介绍
    - 车站防排烟系统的运行模式
    - 车站主要防排烟设备
  - 车站空调水系统
    - 车站空调水系统介绍
    - 冷源群控节能运行模式
    - 主要空调水系统设备
  - 车站通风空调系统的控制及运行管理
    - 车站通风空调系统的控制
    - 车站环控系统的管理

知识目标

1. 掌握区间隧道通风系统的组成、运行模式，熟悉区间隧道通风设备的结构、特点。
2. 掌握车站隧道通风系统的组成、运行模式，熟悉车站隧道通风主要设备的结构、特点。
3. 掌握车站通风空调系统的组成、工作原理、运行模式，熟悉车站通风空调主要设备的结构、特点。
4. 掌握车站防排烟系统的组成、运行模式，熟悉车站防排烟系统主要设备的结构、特点。
5. 掌握车站空调水系统的组成和工作原理，熟悉主要空调水系统设备的工作原理。
6. 掌握车站通风空调系统的控制及运行管理。

能力目标

1. 能准确识别隧道通风系统的设备，并能熟练地控制主要设备。
2. 能准确识别车站通风空调系统的设备，并能熟练地控制主要设备。
3. 熟悉车站通风空调系统主要设备的布置情况。

4. 熟悉车站通风空调系统的控制及运行管理。

思政目标

1. 培养爱岗敬业、精益求精的工作作风。
2. 激发不断创新的奋斗精神，具有科技报国的家国情怀和使命担当。
3. 培养爱护环境、节约能源的责任意识。

城市轨道交通通风空调兼防排烟系统主要设置于区间隧道和地下车站，其基本任务是向区间隧道和车站各工作地点供给足量的空气，稀释和排除有害物质，调节车站内部的气象条件，创造舒适的乘车环境。

8.1 区间隧道通风系统

8.1.1 区间隧道通风系统的组成

区间隧道通风系统（TVF）是指区间隧道活塞通风与机械通风、排烟系统。机房和风井一般布置于车站两端，如图 8-1 所示，由活塞风道、排风道、正反转隧道通风机、组合风阀等构成。

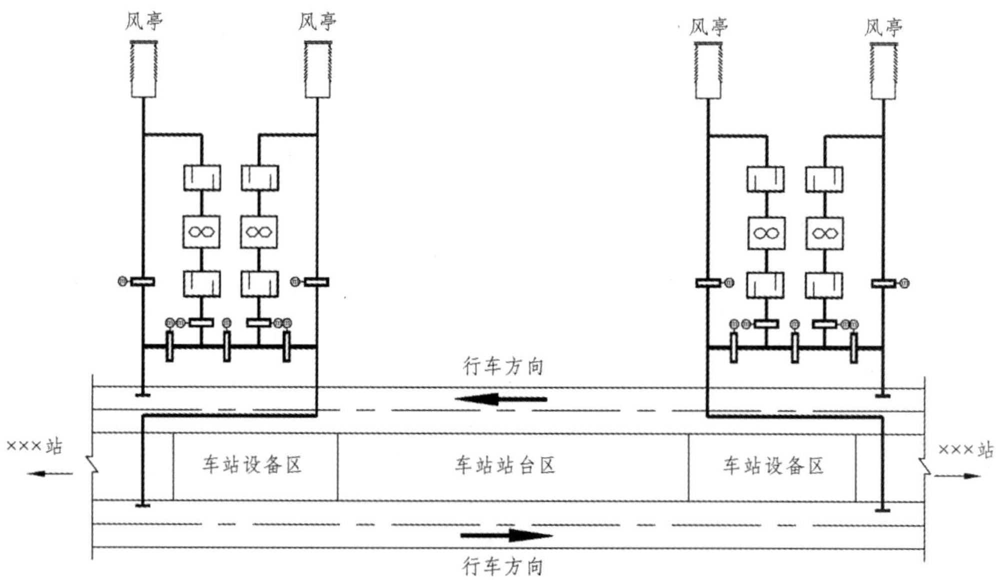

图 8-1 区间隧道通风系统

1. 活塞通风

当列车的正面与隧道断面面积之比（称为阻塞比）大于 0.4 时，由于列车在隧道中高速行驶，如同活塞作用，使列车正面的空气受压，形成正压，列车后面的空气稀薄，形成负压，由此产生空气流动。这种通风，称为活塞效应通风。

活塞风量的大小与列车在隧道内的阻塞比、列车行驶速度、列车行驶空气阻力系数、空气流经隧道的阻力等因素有关。

利用活塞风来冷却隧道，需要与外界有效交换空气，因此对于全部应用活塞风来冷却隧道的系统来说，应计算活塞风井的间距及风井断面的尺寸，使有效换气量达到设计要求。

实验表明，当风井间距小于 300 m、风道的长度在 25 m 以内、风道面积大于 10 m^2 时，有效换气量较大。在隧道顶上设风口时，换气效果更好。由于设置许多活塞风井对大多数城市来说都是很难实现的，因此全“活塞通风系统”只在早期地铁应用，现今建设的地铁多设置活塞通风与机械通风的联合系统。郑州地铁 1、2 号线均采用活塞通风与机械通风联合系统。

区间隧道通风系统的组成及运行模式

2. 机械通风

当活塞式通风不能满足地铁除余热与余湿的要求时，要设置机械通风系统。根据地铁系统的实际情况，可在车站与区间隧道分别设置独立的通风系统。

车站通风一般为横向的送排风系统，区间隧道一般为纵向的送排风系统。这些系统应同时具备排烟功能。区间隧道较长时，宜在区间隧道中部设中间风井。对于当地气温不高，运量不大的地铁系统，可设置车站与区间连成一起的纵向通风系统，一般在区间隧道中部设中间风井。

8.1.2 区间隧道通风系统的运行模式

1. 正常模式

当列车正常运行时，利用列车在隧道内高速运动产生的活塞效应从车站一端风井引入新风，经过区间隧道由下一站风井排风。列车停靠车站时列车下部的制动发热量和顶部的空调冷凝发热量由站台排热通风系统进行排放。

早间运行：早间运营前，隧道风机进行纵向推挽式机械通风（相邻车站两端隧道风机一排一送），使隧道内充盈新鲜空气。

正常运行：隧道风机停止，打开旁通风阀，利用列车的活塞作用进行通风换气，排除隧道余热、余湿，如图 8-2 所示。

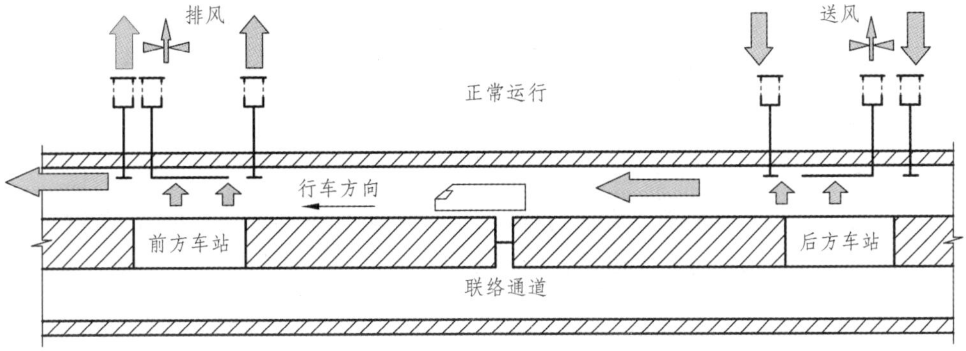

图 8-2 正常运行模式示意

夜间运行：夜间收车后，隧道风机进行纵向推挽式机械通风，完毕后打开所有风阀，隧道内充盈新鲜空气。

2. 阻塞运行模式

阻塞运行模式是指列车在正常运行时，由于各种原因停留在区间隧道内，此时乘客不下列车，这种状况下称为阻塞运行模式。当出现阻塞模式时，隧道风机按行车方向通风，保障人员及列车空调器的安全。为使列车空调器正常运转，关闭列车后方站事故机房内的旁通风门，事故风机向区间隧道送入新风，前方事故风机将区间隧道内的空气排至地面。区间内的气流方向应与列车的行进方向保持一致，如图 8-3 所示。

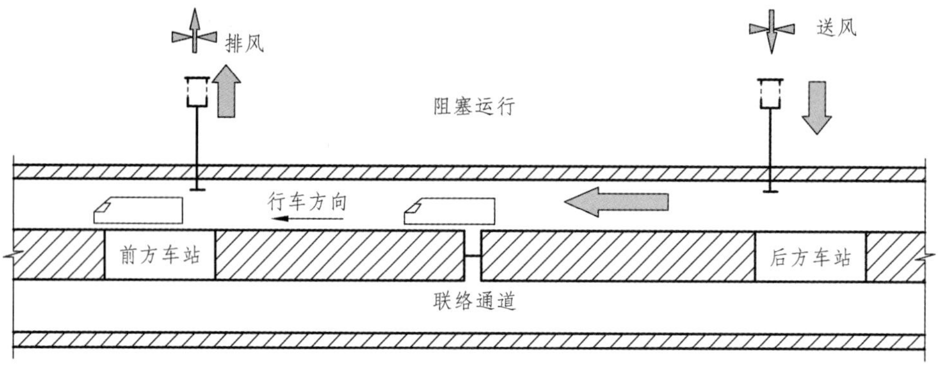

图 8-3　阻塞运行模式示意

3. 火灾事故运行模式

根据列车着火点（车头、中部或车尾）、停车位置不同的火灾情况，启动相应的火灾控制模式。

控制原则：隧道风机的风向应迎着逃生人群，尽量防止烟雾蔓延。

列车在区间隧道内着火时，应尽可能将列车驶至前方车站，在前方车站疏散乘客、排烟和灭火，此时由该车站两端的专用排烟风机排烟，并按站台着火的模式运行。当列车发生火灾且不得不停在区间隧道内时，应根据列车所处区间位置和列车火灾位置，执行预先设计的方案进行紧急通风。出现下列 3 种情况时，采取不同的运行方式：

1）列车头部着火

列车头部着火时，列车因故停留在单线区间隧道内时，乘客不可能从列车的侧向撤出，只能由尾部安全门进入隧道向出站方向的车站撤离。此时，由列车进站方向的隧道风机排烟，由出站方向的隧道风机送风引导乘客迎着新风撤离，如图 8-4 所示。

2）列车尾部着火

列车尾部着火时，乘客的撤离方向与排烟的运行模式恰好与列车头部着火时相反，乘客应从车头疏散，隧道通风按与列车运行相反的方向送风，如图 8-5 所示。

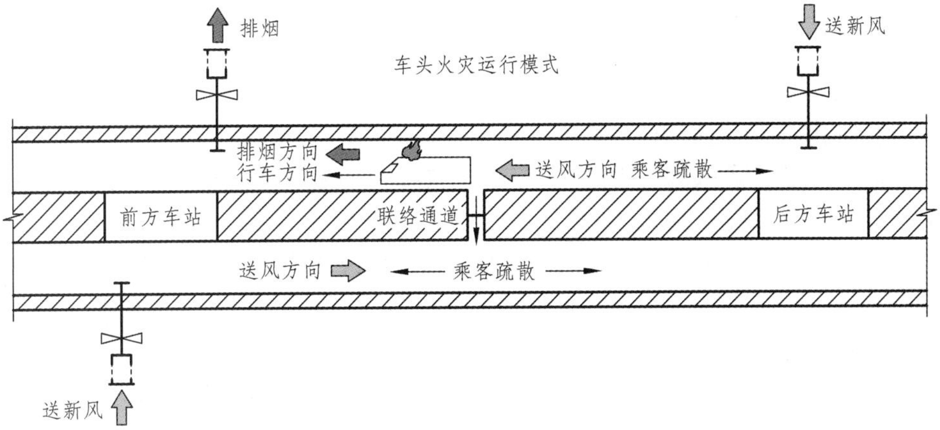

图 8-4　车头火灾模式示意

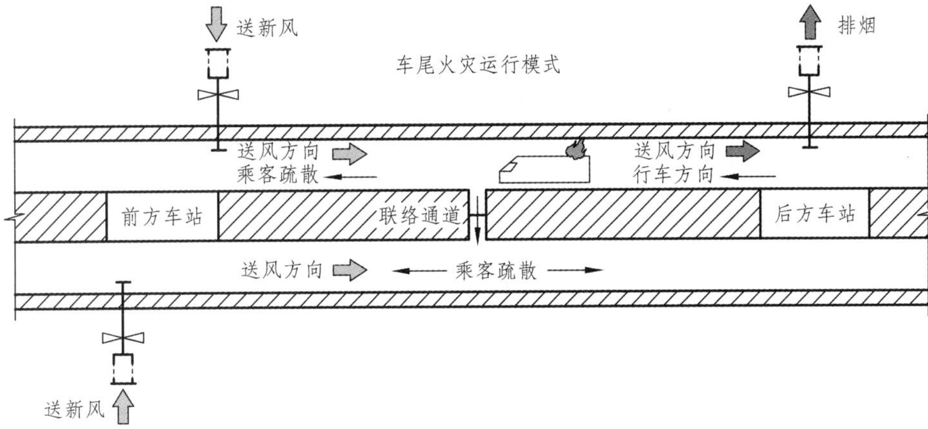

图 8-5　车尾火灾模式示意

3）列车中部车厢着火

此时，乘客由车头和车尾的安全门同时进入隧道。进站方向的隧道风机送风、出站方向的隧道风机排烟。从车头安全门下车的乘客迎着新风迅速向车站撤离。从车尾安全门下车的乘客要顺着烟气流动的方向迅速撤到连通两条隧道的联络通道处，由联络通道进入另一条隧道，迎着送风方向撤离。虽然有一小段路程乘客的撤离方向与烟气流动方向相同，有被烟气熏倒的可能，但由于着火的初期，隧道中心区域尚未被烟气侵入，只要有组织地、争分夺秒地在烟气充满隧道前撤离，就不会被烟气熏倒，否则就相当危险。可见，适当设置联络通道是非常重要的。根据规定，联络通道的距离最好不大于 300 m。

当列车在区间隧道发生火灾时，除通过通信和消防报警系统运作外，还须信号系统提供列车停车位置，中央控制室防灾报警系统下达指令给火灾两端的车站，两端车站设备监控系统根据运行模式指令启、闭有关设备进入隧道火灾事故运行模式。

区间隧道通风
设备及设施

8.1.3　主要区间隧道通风设备及设施

1. 风机的种类及原理

风机是一种用于压缩和输送气体的机械，从能量观点来看，它是把原动机的机械能量转变为气体能量的一种机械。

1）风机的分类

（1）按风机作用原理的不同分类。

叶片式风机：叶片式风机是通过叶轮旋转将能量传递给气体。叶片式风机又分为离心式风机、轴流式风机、混流式风机。

容积式风机：容积式风机是通过工作室容积周期性改变将能量传递给气体。容积式风机又分为往复式风机、回转式风机。

（2）按风机工作压力（全压）大小分类。

风扇：标准状态下，风扇的额定风压为 $p<98$ Pa（10 mm H_2O）。此风机无机壳，又称自由风扇，常用于建筑物的通风换气。

通风机：设计条件下，通风机的额定风压为 98 Pa $<p<$ 14 710 Pa（1 500 mm H_2O）。一般风机均指通风机。通风机是应用最为广泛的风机。空气污染治理、通风、空调等工程大多采用此类风机。

鼓风机：工作风压范围为 14 710 Pa $<p<$ 196 120 Pa 压力较高，是污水处理曝气工艺中常用的设备。

压缩机：工作风压范围为 $p>$196 120 Pa，或气体压缩比大于 3.5 的风机，如常用的空气压缩机。

在通风空调系统中，最常用的风机是离心式风机和轴流式风机。

2）离心式风机的构造和工作原理

离心式风机主要由机壳、叶轮、机轴、吸气口、排气口、轴承、底座等部件组成，如图 8-6 所示。

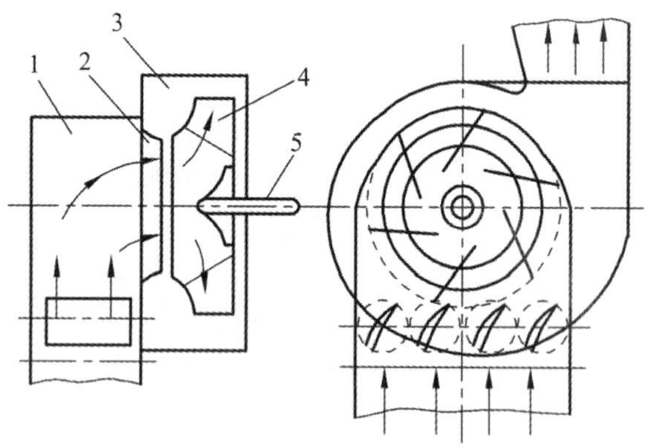

1—进气箱；2—集流器；3—机壳；4—叶轮；5—传动轴。

图 8-6　离心式风机结构

当电动机转动时，风机的叶轮随着转动。叶轮在旋转时产生离心力将空气从叶轮中甩出，空气从叶轮中甩出后汇集在机壳中，由于速度慢，压力高，空气便从通风机出口排出流入管道。当叶轮中的空气被排出后，就形成了负压，吸气口外面的空气在大气压作用下又被压入叶轮中。因此，叶轮不断旋转，空气在通风机的作用下，在管道中不断流动。

（1）叶轮。

通风机的各部件中，叶轮是最关键性的部件。叶轮由叶片、连接和固定叶片的前盘和后盘、轮毂组成。

（2）集流器。

集流器装置在叶轮前，它使气流能均匀地充满叶轮的入口截面，并且气流通过它时的阻力损失是最小的。集流器有圆柱形、圆锥形、弧形、锥柱形和锥弧形等。弧形、锥弧形性能较好，通常被大型风机所采用以提高风机效率，高效风机基本上都采用锥弧形集流器。

（3）机壳（蜗壳）。

蜗壳的作用是收集从叶轮中甩出的气体，使它流向排气口，并在这个流动的过程中使气体从叶轮处获得的动压能一部分转化为静压能，形成一定的风压。

（4）进气箱。

气流进入集流器有 3 种方式。一种是自由进气；另一种是吸风管进气，该方式要求保证足够长的轴向吸风管长度；再一种是进气箱进气，当吸风管在进口前需设弯管变向时，要求在集流器前装设进气箱进气，以取代弯管进气，可以改善进风的气流状况，减少因气流不均进入叶轮而产生的流动损失。在大型离心式风机上一般都采用进气箱。

3）轴流式风机的构造和工作原理

轴流式风机与轴流式水泵结构基本相同，轴流风机主要由集风器、叶轮、导叶、扩散筒、整流体等主要部分组成。轴流风机的结构形式如图 8-7 所示。

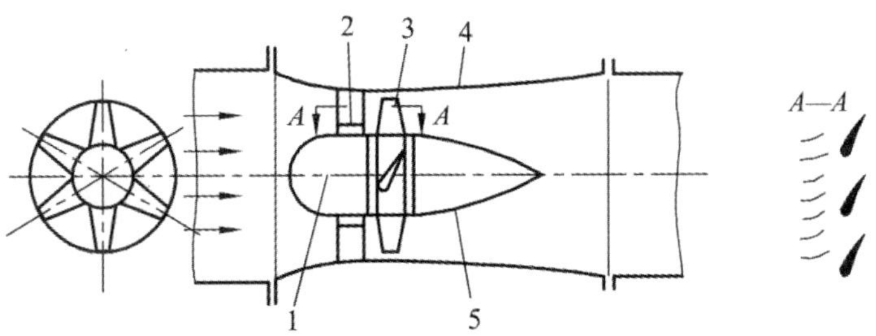

1—整流罩；2—前导叶；3—叶轮；4 扩散筒；5—整流体。

图 8-7 轴流风机结构

集风器的作用是减少入口风流的阻力损失；叶轮的作用是旋转时叶片冲击空气，使空气获得一定的速度和风压；导叶的作用是扭转从叶轮流出的旋转气流，使一部分偏转气流动能变为静压能，同时可减少因气流旋转而引起的阻力损失；扩散筒的作用是将一部分轴向气流动能转变为静压能。

轴流式风机的工作原理：当叶轮旋转时，气体从进风口轴向进入叶轮，受到叶轮上叶片的推挤而使气体的能量升高，然后流入导叶。导叶将偏转气流变为轴向流动，同时将气体导入扩压管，进一步将气体动能转换为压力能，最后引入工作管路。

4）离心式风机和轴流式风机的主要区别

（1）轴流风机和离心风机排风方向不同：轴流风机空气从轴向流入，轴向流出，排风方向是沿着轴的方向直排，风机的进风口和排风口是在一条轴平行线上；离心风机空气从轴向流入，径向流出，排风方向是垂直于进风口方向的，可以实现 360°指定方向排风。

（2）轴流风机和离心风机安装难度不同：轴流风机的安装比较简单，一般直接安装在墙上或者连接风管。离心风机安装比较复杂。

（3）轴流风机和离心风机风量和风压的不同：轴流风机的风量、风压比较小，而离心风机的风量风压都比较大，如果是管道弯头多，抽风距离和送风距离都比较远，管道阻力大，就必须使用离心风机。

（4）轴流风机和离心风机外观形状不同：轴流风机外观基本上呈圆筒状，离心风机的外观呈蜗牛状。

（5）轴流风机和离心风机电机连接方式不同：轴流风机的电机连接一般都是在风机的机体内，离心风机的电机都是靠轴连接，一般是外置在风机抽风筒外。

轴流式风机因其占地面积小、结构简单、便于维修、风压较低、噪声较小、风量大、效率较高且接管方便，在地下工程施工通风中被广泛应用。一般车站站厅层、站台层公共区用的回/排风机和区间隧道用的 TVF 风机（兼容排烟功能）均属此类，其他还有一些小型的轴流风机，如在城市轨道交通设备管理用房小系统中采用的送/排风机均采用轴流风机（含混流风机）。

2. TVF 隧道风机

1）隧道风机的主要用途

隧道风机为双向（正反转）轴流式风机，用于早、晚时段及列车阻塞、火灾时通风和排烟，根据运行模式的要求给隧道排风或向隧道内送风，即正转或反转。隧道风机外形如图 8-8 所示。

图 8-8　隧道风机

2）隧道风机的性能

隧道风机设于车站两端设备房、区间通风机房、长区间中间隧道风机房内，用于区间隧道通风、防排烟。隧道风机正转是指风机由隧道向外界大气排风。反转是指风机向隧道内送风。设备代号为“TVF-×××-××”。正反转风机的性能偏差不大于 3%。隧道风机能在不大于 $4I_e$ 启动电流情况下 14 s 内启动到额定转速，在 60 s 内能完成从正转到反转（正转额定转速—关—反转启动—反转额定转速）的切换。能保证排除 250 °C 烟气时将维持正常的体积流量不变。

设计使用年限少于 20 年，第一次大修前的安全运转时间超过 30 000 h。

3）隧道风机的组成

风机外壳：风机机壳采用 Q235A 普通优质钢板焊接而成。进行热镀锌处理，热镀锌层平均厚度不低于 75 μm。

风机导叶：为静态安装，保证最大的效能和最小的体积。

风机的安装支架：在确保风机整机强度的前提下，使其达到质量小和安装方便的要求。

减振器：风机底座采用阻尼复合弹簧减振器，减振器配套螺栓、螺母、垫圈均采用优质不锈钢制作，确保减振效率大于 96%。就地安装于基础上，其接触面要求平整干净，确保运行中平衡精度达到要求。

以郑州市轨道交通为例，1 号线采用江苏中联 90 kW、110 kW 级隧道风机，2 号线隧道风机采用佛山南方 90 kW 级隧道风机，在设备性能和维护保养方式区别不大，均采用软启动。由于风机设置在地下机房内，要求风机结构紧凑，且风机整体设计考虑风机的拆卸维修。郑州市轨道交通隧道风机均采用电机与叶轮直联传动，风机无前后导叶、扩压装置和整流罩，缩短了轴向尺寸，只由主体风筒、叶轮（含叶轮和轮毂）、电机、底座等组成。风机整体采用螺栓紧固，结构简单紧凑，拆卸、安装维修方便，运行可靠，连接风机的软接管、基础固定螺栓均可灵活拆卸风机。

3. 射流风机

1）射流风机主要用途

射流风机为双向（正反转）轴流风机，一般设置在区间隧道顶部或侧壁，用于调节区间内某一段压力、通风量及辅助排烟，风机代号为 JET-×××-××。主要用于折反线、存车线、出入线等特殊位置组织气流。射流风机外形如图 8-9 所示。

图 8-9　射流风机

2）射流风机的性能

双向射流风机整机正反转具有完全相等的性能，能在 10 s 内启动到额定转速，在 60 s 内能完成从正转到反转（正转启动—正转额定转速—关—反转启动—反转额定转速）的切换，可满足在 250 °C 时能连续有效工作 1 h。

3）射流风机的组成

消声器：消声风筒的配置长度一般为射流风机直径的 2 倍。

叶轮：叶片可以实现静止角度调节，叶片材质为高强度铝合金材料钢模压力铸造，叶片与轮毂通过螺栓连接。

机壳：机壳进行热镀锌处理，热镀锌层平均厚度不低于 75 μm。

电机：为风冷鼠笼式、全封闭湿热型的标准产品，采用全压启动，IP55 防护等级，绝缘等级为 H 级，配备内置温度感应器。

以郑州市轨道交通为例，1 号线、2 号线均采用 22 kW 级射流风机。由于风机设置在地下区间内，结构紧凑，均采用电机与叶轮直联传动，风机无前后导叶，缩短了轴向尺寸，只由主体风筒、叶轮（含叶轮和轮毂）、2D 消声器、电机、底座等组成，且整体考虑了风机的拆卸维修，连接风机的软接管、基础固定螺栓均可灵活拆卸。

4. 组合风阀

城市轨道交通工程由于内部空间狭小，层高有限，因此在设计与布置空调及通风管路时相对较难，很多风道不得不采用建筑风道。另外在设备用房小系统中排风、回风、排烟等管路存在复用的形式，运行模式的转换通过风阀来进行，造成城市轨道交通工程中车站内使用了大量的风阀。风阀主要类型有组合风阀、单体风阀（防火阀、排烟防火阀等）两类。

1）组合风阀的主要用途

组合风阀用于区间隧道通风系统、车站隧道通风系统，是组织城市轨道交通通风空调系统各种模式运行的主要部件，承担着不同模式下系统风量的分配，通过控制不同位置上风阀的开关状态改变气流路径、实现系统功能（排风、排烟、送风）的切换。主要用于调节送风或排风量。组合风阀的控制方式一般为电动。

正常运行时，组合风阀可以在环境温度-20 ~ 50 °C，承受周期性活塞风的冲击；事故运行时，组合风阀可以在 280 °C 高温下连续运行 1 h，仍可正常启闭。

组合风阀按照隧道通风系统编制的正常工况、阻塞工况和火灾工况区间通风控制模式执行，通过组合风阀的启闭完成各种工况的转换。正常工况时，活塞风阀打开，机械风阀关闭，利用列车运行形成的活塞风对区间进行通风换气；阻塞或火灾工况下，关闭活塞风阀，开启相应的隧道风机及风阀，对区间进行机械通风、排烟。

2）组合风阀的组成

组合风阀主要由底框、单体风阀、传动机构、执行机构部件组成。所有钢板为热浸镀锌钢板，每面镀锌层厚度为 25 ~ 30 μm（双面），传动轴采用 300 系列不锈钢，防腐性能不低于 304。底框为井字形槽钢底框架，它是组合风阀的骨架；若干单元阀用定位螺栓紧固在底框上，风阀阀体是由单个或多个单元阀组成，叶片采用对开的方式安装。采用连杆机构，将执行器的驱动力矩通过传动架及其连杆传递到单元阀上，实现风阀的同步启闭动作。组合风阀外形如图 8-10 所示。

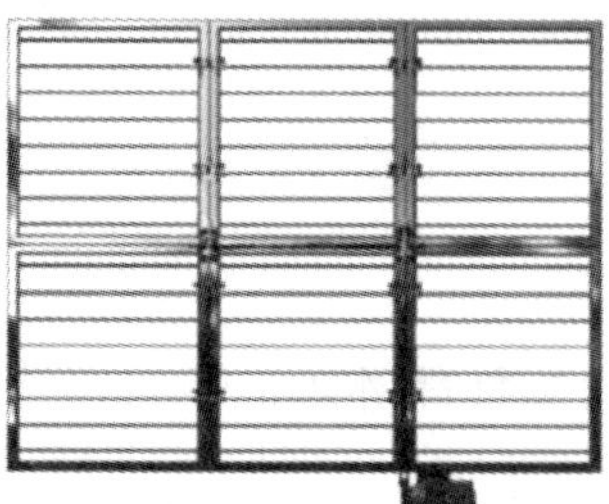

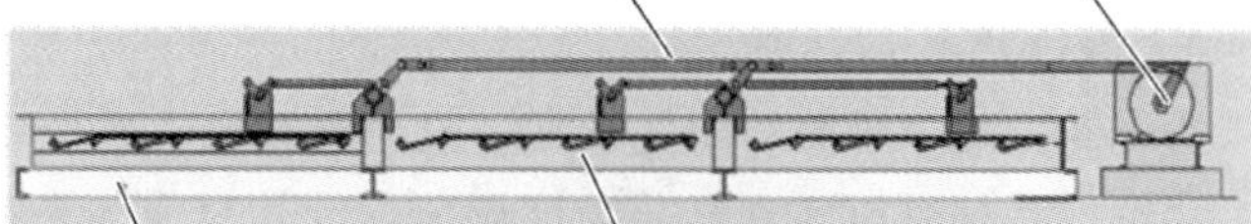

图 8-10　组合风阀

3）电动组合风阀的特点

电动组合风阀设备应具有结构坚固、设计合理、机械控制精度高，泄流量低运转灵活等特点。同时，应能耐受车站、区间隧道风机及列车周期性活塞风脉动风压的冲击，从而确保城市轨道交通通风空调系统的正常运行。

组合风阀的执行机构，采用电动执行器驱动。电动执行机构具有远距离电动控制（由 BAS 实现）和现场手动控制功能、机械和电气两种限位装置、延时报警功能，并设置电动/手动转换开关。

电动组合风阀的所有控制信号均从风阀电控柜获得，并提供状态反馈信号，具有延时保护功能。

风阀的控制由中央控制、车站控制、就地控制组成，就地控制具有优先权。

郑州市轨道交通 1、2 号线组合风阀所有部件外表面涂防火涂料，该涂料耐温要求为 280 °C 条件下连续有效工作 1 h。站内隧道通风系统耐高温风阀及其电动执行机构（包括润滑油脂）具有耐高温 280 °C，持续运行时间大于 1 h。接线盒防护等级不低于 IP54。风阀的测试耐火极限能力大于 3 h。

5. 站外风亭

风亭是车站的一个通风设施，地下车站及隧道由于受封闭空间所限，空气无法正常流通，通过由安装在地面的风亭进行地下、地上空气的流通和交换。

按照功能不同，地铁风亭分为活塞风亭、新风风亭和排风风亭。双活塞系统常规地下车站一般设置两座活塞风亭、一座排风风亭、一座新风风亭，单活塞系统常规地下车站仅设置一座活塞风亭、一座排风风亭、一座新风风亭。

风亭按形式的不同分为高风亭和低矮风亭。高风亭多为四面出风，所占空间较小，一般在人流量较大的商业区域会考虑设置高风亭，与低风亭搭配使用，为了便于施工和后期运行维护，一般会在风亭底部设置集水井；低风亭多为敞口式，顶部出风，由于高度较低矮，所以对周边的景观影响较小，常设置在城市绿地或者绿化带内。

8.2 车站隧道通风系统

8.2.1 车站隧道通风系统组成

车站隧道通风系统

车站隧道通风系统（TEF）包括站台下部、车行道上部排热、辅助排烟系统，简称车站排热系统。机房一般设置于车站的两端，风井与车站排风井合用，包括轨顶排风道、站台下排风道。车站隧道通风系统如图 8-11 所示。

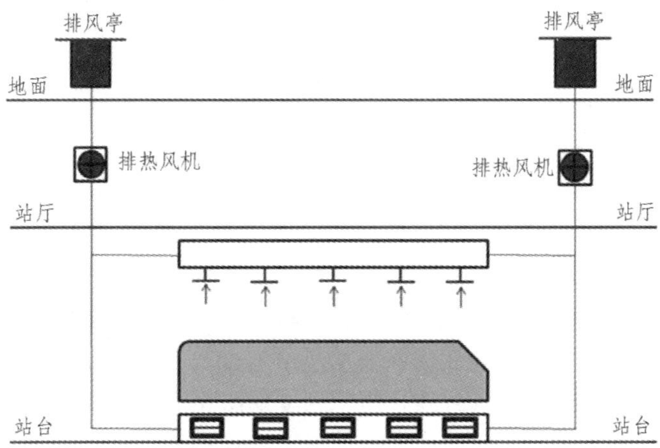

图 8-11 车站隧道通风系统

8.2.2 车站隧道通风系统的运行模式

1. 正常模式

排热风机开启后，列车车载空调冷凝器散发的热量通过轨顶风道排至站外风亭，列车停站刹车产生的热量通过轨底风道排至站外风亭。

车站通风空调系统的运行原理及模式

2. 火灾模式

站台候车区发生火灾，开启排热风机，通过打开两端屏蔽门，辅助站台大系统排除烟气。

车站主要通风设备及设施

8.2.3 主要车站隧道通风设备及设施

1. TEF 排热风机

1）TEF 风机主要用途

TEF 排热风机为单向轴流风机，设于车站两端，主要用于排除列车停站时产生的热量及辅助排烟，如图 8-12 所示。风机代号为“TEF-×××-××”。

2）TEF 风机性能

TEF 排热风机性能和主要构成与隧道风机（TVF 风机）基本相同。

以郑州市轨道交通为例，1 号线采用 55 kW 以上级排热风机，2 号线统一采用 37 kW 级排热风机，均为变频启动。采用 ABB 自动润滑形式电机，选用高温润滑脂润滑，轴承选用 NSK 品牌产品。轴承更换周期大于 75 000 h，第一次维护在累计运行时间不小于 10 000 h 后进行。

图 8-12　排热风机

2. 片式消声器

车站内的消声器设计有以下要求：传至站厅、站台公共区的最大噪声小于 70 dB；传至设备与管理用房的工作和休息室的最大噪声小于 60 dB；各空调通风设备机房内的噪声小于 90 dB；传至风亭外的最大噪声，昼间小于 70 dB，夜间小于 55 dB；区间通风系统设备早晚正常通风运转时，传到区间隧道内噪声应不大于 85 dB，传至风亭外的最大噪声，昼间小于 70 dB，夜间小于 55 dB。火灾排烟和阻塞工况时应尽可能降低传至风亭外的噪声。

地铁工程中使用的消声器一般有两种：一种为土建风道金属外壳式消声器（采用现场组装结构形式），一种为通风空调小系统管道式消声器（一般为整体式）。设置于土建结构风道内呈片式安装的消声器称为结构片式消声器。消声器设置在风机前、后端金属壳内的称为金属外壳消声器。片式消声器是允许气流通过，却又能阻止或减小声音传播的一种器件，是消除空气动力性噪声的重要措施。结构片式消声器外形如图 8-13 所示。

图 8-13　结构片式消声器

片式消声器采用现场组装结构形式，吸声片与结构片之间采用可拆卸和可重新装配的紧固件装配方式，消声片内部骨架采用角钢制成 500 mm × 500 mm 大小的单元格，采用超细玻璃棉压实填充，并且采用平铺玻璃布及孔板的护面形式，长期运行不会出现吸声材料沉降的现象，框架及构件采用热镀锌做防腐处理。在实际工程应用中，经过长时间的使用，部分消声器存在导流尖脱落、结构片固定松动等问题，因此结构片式消声器不具备免维护性，在日常使用中不应忽视片式消声器的保养。

8.3　车站通风空调系统

8.3.1　车站通风空调系统介绍

车站通风空调及防排烟系统由公共区通风空调及防排烟系统、设备及管理用房通风空调及防排烟系统和空调循环水系统组成。这三者分别简称通风空调大系统（全空气中央空调）、通风空调小系统和空调水系统。

通风空调大系统：公共区通风空调系统，采用一次回风的定风量空调系统，由风亭、组合式空调机组、新风机、回排风机、电动风阀、防火阀、风道、消声器等组成，主要作用是对站厅、站台进行通风和空气调节，火灾时排除烟气。

通风空调小系统：设备及管理用房通风空调系统，由空调箱、送/排风机、各类风阀、防火阀及管道等部件组成，对设备机房、管理用房进行通风和空气调节，火灾时排除烟气。

通风空调大、小系统运行原理：新风从送新风亭引入车站，经过新风机加压后送入组合式空调机组或空调柜中进行热湿处理后，通过送风管道送入站厅、站台公共区和设备区各设备管理用房；回风经回排风机、回排风管，一部分由排风井排至室外，一部分进入混风室与新风混合后送入组合式空调机组或空调柜内，进行处理再利用。车站发生火灾时，送风系统停止，排烟风机将烟气经排烟风管（与回排风共用管道）排至站外。通风空调大系统工作原理如图 8-14 所示。

城轨通风空调大系统原理图

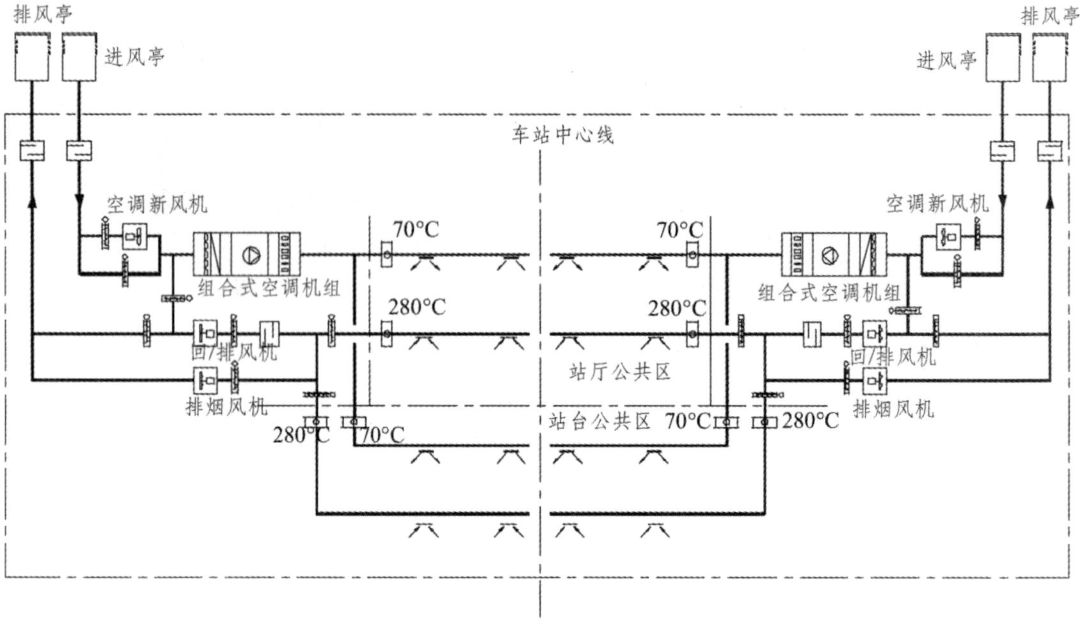

图 8-14　通风空调大系统工作原理

8.3.2　车站通风空调系统的运行模式

1. 小新风运行模式

空调季节，当室外新风焓值大于回风混合点焓值时，采用空调小新风运行模式。制冷空调系统启动，新风机运行，部分回/排风排出地面，部分作为回风与空调新风机所输送的外界新风混合，经由空调机组冷却处理后送至站厅、站台公共区，这种模式称为小新风空调模式。小新风运行模式特点：降温除湿，保证最小新风量，部分回风循环，实现减耗。

2. 全新风运行模式

当室外新风焓值小于回风混合点焓值，且干球温度大于空调送风点温度时，采用空调全新风模式运行。制冷空调系统启动，全新风机运行，外界空气经由空调机组冷却处理后送至站厅、站台公共区，排风则全部排出地面，这种运行模式称为全新风空调模式。全新风运行模式特点：降温除湿，全新风，无回风循环。

3. 全通风运行模式

当室外新风温度小于空调送风点温度时，系统转入全通风模式运行。制冷系统关停，外界空气不经冷却处理直接送至站厅、站台公共区，排风则全部排出地面，这种运行模式称为全通风模式。全通风运行模式特点：全新风通风，冷水系统停止。

8.3.3　车站主要通风空调设备及设施

1. 空气处理器

空气处理器的作用：将室内的回风和室外新风进行混合后，再通过集中的空气处理装置

（组合式空调机组、空调箱等）进行降温、除湿，再通过主风道和各个支管风道送入公共区或每个所需的设备管理房间，以保证末端用户对温度、湿度、洁净度及气流速度的要求。

空气处理器包括组合式空调机组、空调柜（立式、卧式、吊顶）、风机盘管等，下面介绍相对复杂的组合式空调机组的构造及功能。

组合式空调机组是由各种空气处理功能段组装而成的不带冷、热源的一种空气处理设备，这种机组能应用于风管阻力不小于 100 Pa 的空调系统。对空气具有特定的处理功能的单元箱体称为功能段。组合式空调机组由各种空气处理功能段组装而成，机组功能段可包括空气混合、均流、过滤、冷却、加热、去湿、除湿、送风、消声等。组合式空调机组外形如图 8-15 所示。

组合式空调机组

当组合式空调机组带有高、中效或亚高效空气过滤功能段时，被称为净化机组；当组合式空调机组风量可以调节时，被称为变风量机组；当被处理的空气全部是室外空气（新风）时，被称为新风机组。

组合式空调机组结构紧凑，可以满足多种功能使用要求，现场直接安装，简便、省工，使用中调节灵活，广泛应用于空调系统中。

图 8-15　组合式空调机组

1）组合式空调机组的分类及型号

按结构形式的不同，可分为卧式、立式、吊顶式及其他形式。按用途特征的不同，可分为通用机组、新风机组、净化机组和专用机组。通用机组用于民用建筑中，是舒适性空调系统。净化机组用于电子技术、药品生产、手术室、食品无菌封装等对空气的洁净度要求高的工艺性空调系统，一般带有中效和亚高效过滤器。

我国国家标准 GB/T 14294—2008《组合式空调机组》规定的组合式空调机组的型号表示方法如下：

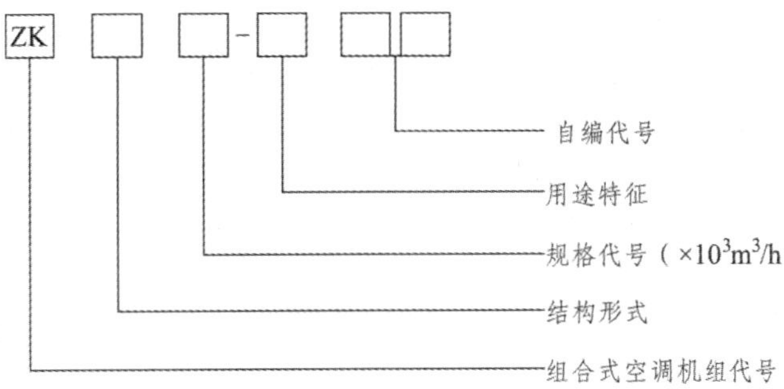

其中，结构形式和用途特征代号如表 8-1 所示。

表 8-1　组合式空调机组的分类、代号

分类方式	分类	代号
结构形式	立式	L
	卧式	W
	吊顶式	D
	其他	Q
用途特征	通用机组	T
	新风机组	X
	净化机组	J
	专用机组	Z

组合式空调机组的型号标记示例：

示例 1　ZKL 5-X，表示立式新风机组，额定风量为 5 000 m^3/h。

示例 2　ZKW 10-T，表示卧式通用机组，额定风量为 10 000 m^3/h。

示例 3　ZKD 20-X，表示吊顶式新风机组，额定风量为 20 000 m^3/h。

2）常用组合式空调机组

图 8-16 所示为夏冬两季兼用的一次回风单风机组合式空调机组。中间段内部不装任何空气调节设备，仅为某些功能段提供内部检修空间而设置。在南方地区，如果冬季空气处理过程不需要加湿，可以取消加湿段。当空调房间对空气净化要求较高时，在送风机段之后应设中效过滤段。为防止消声器在运行过程中产生尘埃，应将送风段设在中效空气过滤器之前，也可取消送风消声段，可在送风管道上安装消声器或消声弯头。

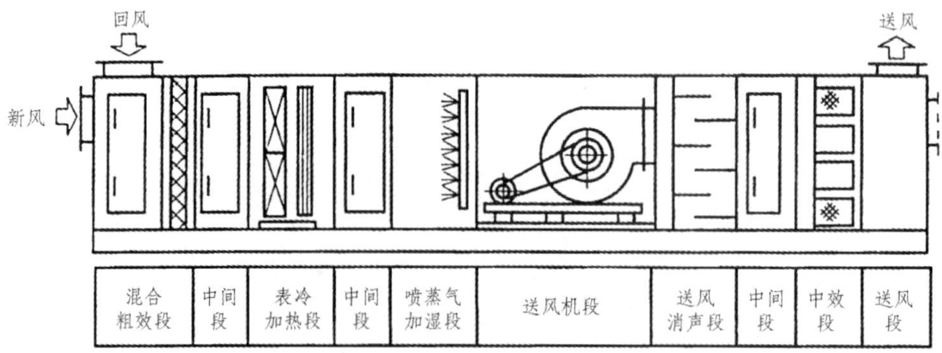

（a）设置表冷加热段

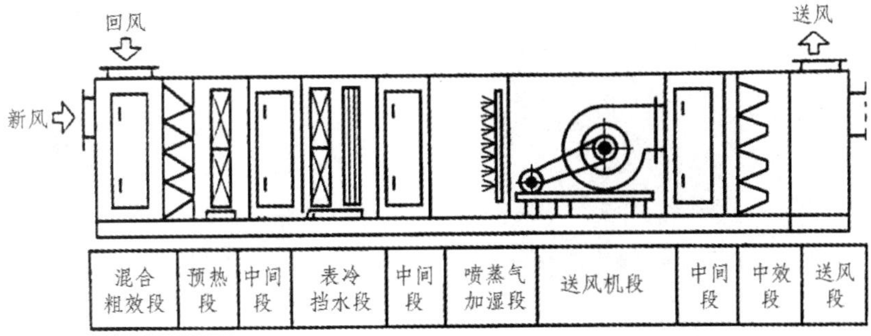

（b）预热器和表冷器分开设置

图 8-16　一次回风式单风机组合式空调机组

图 8-17 所示为具有喷水段和再热段的组合式空调机组。该空调机组主要适用于南方地区的工艺性空调。

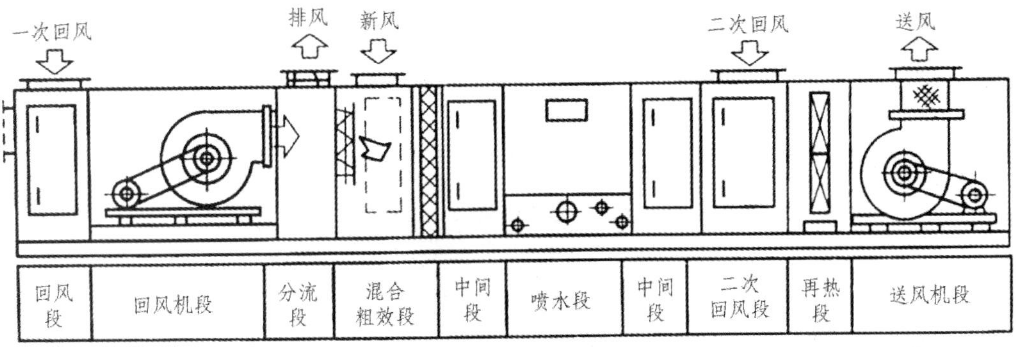

图 8-17　具有喷水段和再热段的二次回风式组合式空调机组

3）组合式空调机组的功能段

（1）风机段。

组合式空调机组的风机段由电机、离心风机、皮带、减振器、压力腔、软连接、支架等组成。离心风机外形如图 8-18 所示。

叶轮旋转产生的离心力使空气获得动能，然后经蜗壳和蜗壳出口扩散段将部分动能转化为静压。这样，风机出口的空气就是具有一定静压的空气流。

（2）初效过滤段。

主要用于空调系统的新风过滤，截留大气中大粒径微粒，过滤对象是 5 μm 以上的悬浮性微粒和 10 μm 以上的沉降性微粒以及各种异物，防止其进入系统，一般设置在送风系统的负压段，以保护空调箱内其他配件并延长它们的使用寿命。初效过滤段常采用的板式过滤网外形如图 8-19 所示。

图 8-18　离心风机

图 8-19　板式过滤网

过滤器的原理：空气中的尘埃粒子或随气流作惯性运动，或做无规则运动，当运动中的粒子撞到障碍时，粒子与障碍物表面间的引力使它被粘住。

对初效过滤器的要求：以郑州轨道交通为例，1、2 号线均采用板式铝合金粗效过滤器，过滤器材料为阻燃型。粗效过滤器采用卡扣或滑槽安装，便于拆卸清洗，并确保安装密封性。

（3）表冷段。

采用紫铜管穿铝翅片构成的冷水盘管，换热效率高，有二排、四排、六排或八排管排的表冷盘管。采用ϕ12.7 优质紫铜管，在确保换热性能前提下提高防腐性能。表冷器如图 8-20 所示。

图 8-20　表冷器

盘管工作压力为 1.2 MPa，设计压力为 1.6 MPa，试验压力为工作压力的 1.5 倍，可确保盘管的耐压密封性能。

2. 大、小系统风机

车站大系统风机、车站小系统风机包括车站大、小系统的新风机、回排风机、排风机和排烟风机，均为轴流风机，用于车站公共区和设备管理用房通风空调和排烟。“双速排风/排烟风机”设于车站的通风空调机房内，为单向轴流风机，平时低速运行排风，火灾时高速运行排烟。轴流风机的外形如图 8-21 所示。

3. 风管（大、小系统）

郑州地铁复合风管采用“工”字形插条加密封胶连接，镀锌铁皮风管采用法兰加橡胶密封垫连接。

彩钢风管是用彩钢复合夹芯板为板材制作加工而成的风管。其中彩钢复合夹芯板是以保温材料为芯材，其中一面是复合抑菌涂层的铝箔，另一面是复合各种色彩的彩钢板而制成的复合夹芯板，保温材料通常采用聚氨酯、酚醛树脂或 XPS 挤塑板等材质。复合风管外形如图 8-22 所示。

图 8-21　轴流风机

图 8-22　复合风管

镀锌钢板风管是以镀锌钢板为主要原材料，经过咬口、机械加工成型，具有可设计性，现场制作方便，是传统的通风、空调用管道。

常见风管图例见表 8-2。

表 8-2　常见风管图例

风管类型	图例
异径风管	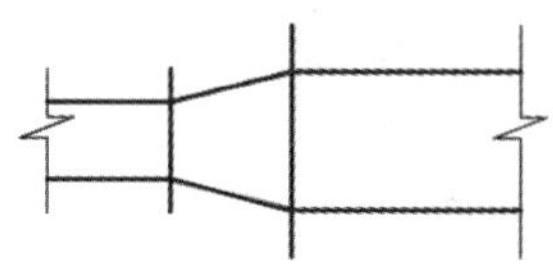
柔性风管	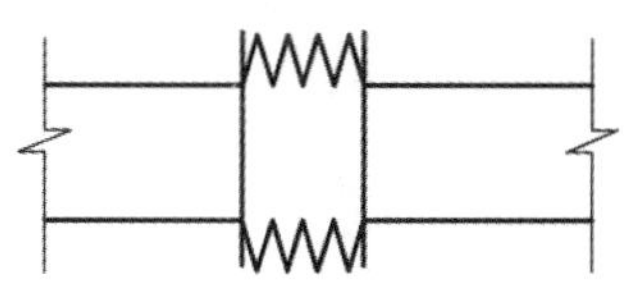
三通	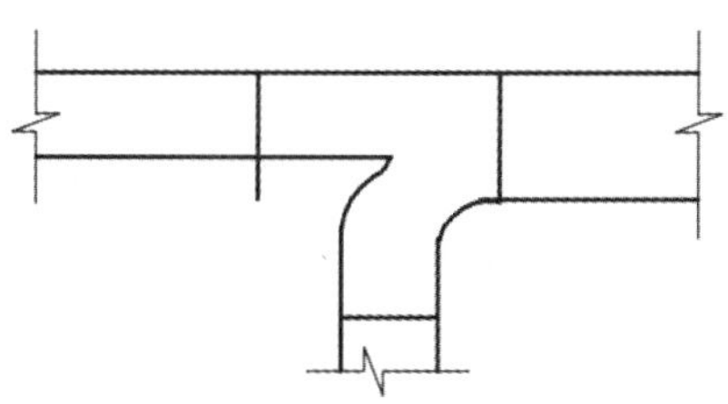
弯头	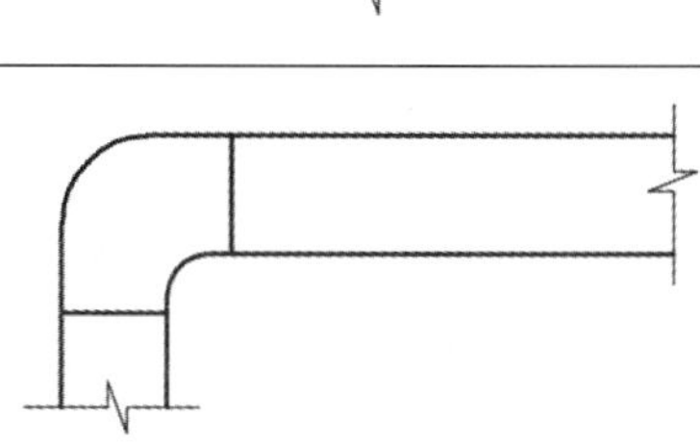

续表

风管类型	图例
消声弯头	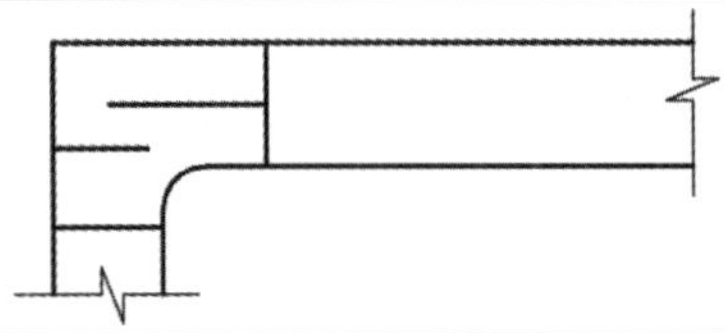
导流弯头	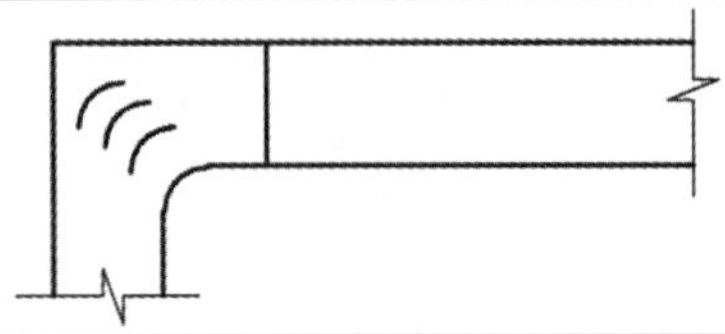

4. 风量调节阀

风量调节阀是地铁通风空调系统中的重要设备，是实现各种通风空调模式及事故通风的重要部件，主要用于车站通风空调系统风管或土建风道上，起到风量调节的作用，确保地铁通风空调系统的正常运行及火灾情况下事故通风的要求。

风量调节阀包括电动风量调节阀和手动风量调节阀。主要由阀体、叶片、传动机构、执行器等若干部分组成，其结构组成如图 8-23 所示。

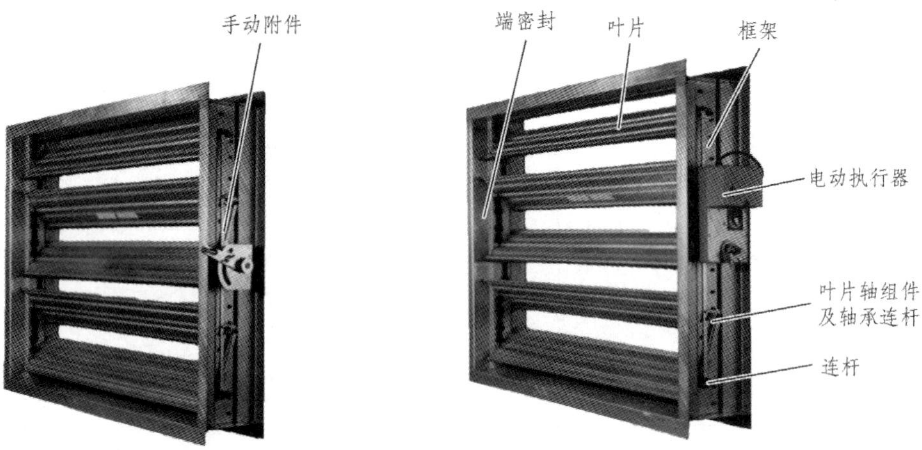

图 8-23　风量调节阀

风阀框架采用 2 mm 厚优质镀锌钢板经专用成型机轧制成型后焊接而成；叶片采用 1 mm 厚优质镀锌钢板；轴及连杆采用优质不锈钢（304）材料经过精密机加工制作。单体风阀采用侧四连杆传动结构，执行器通过连接轴直接驱动叶片轴转动，叶片轴通过摇臂及连杆（二孔、多孔连杆）带动其他叶片轴的同步运转，以此形成的四连杆机构能使整个风阀的全部叶片同步严密关闭和开启。

电动单体阀带不锈钢手轮或摇柄以实现现场手动操作，阀体侧带有与阀体同材质的开度指示机构（开启方向及角度标识及明确的开/关标识），带锁紧机构。面向手轮或摇柄顺时针转动时风阀为关闭动作。电动执行机构具备远距离电动控制和现场手动控制功能、并有电动/手动转换开关；具有机械和电气两种限位装置。

车站通风空调系统中，为了满足管路系统风量调节及平衡功能，需设置手动风量调节阀（简称“手动风阀”），一般安装在风管三通处等位置，根据各管路风量要求调整至适当位置后锁紧固定。在送风管路上设置常温型调节阀，在回排风（兼排烟）管路上设置耐高温调节阀。手动执行机构配不锈钢手轮或摇柄，面向手轮或摇柄顺时针转动时风阀为关闭动作。

5. 各类风口（通风空调大、小系统）

风口是用于送风和回风的空气分配设备。送风口将制冷或者加热后的空气送到室内，而回风口则将室内污浊的空气吸回去，形成整个空气循环，在保证制冷采暖效果的同时，也保证了室内空气的制冷及舒适度。各类风口如图 8-24 所示。

图 8-24　各类风口

常见风口图例见表 8-3。

表 8-3　常见风口图例

风口类型	图例
送风口	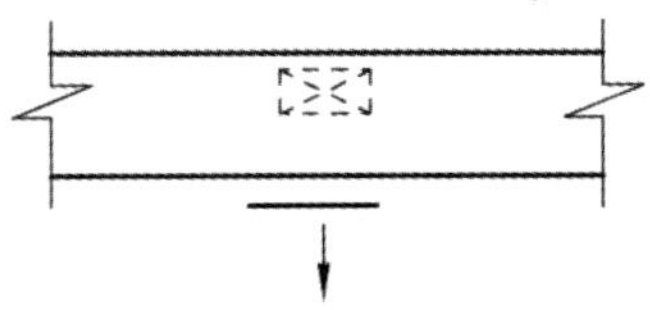
回风口	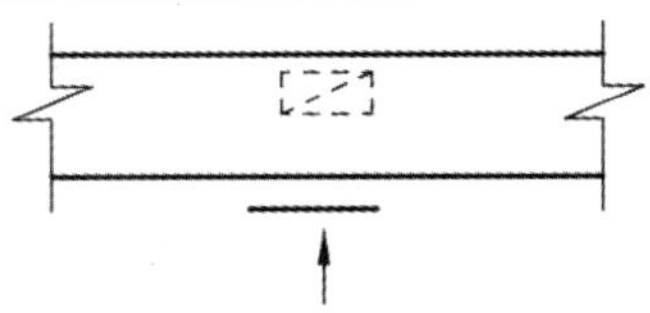
方形散流器	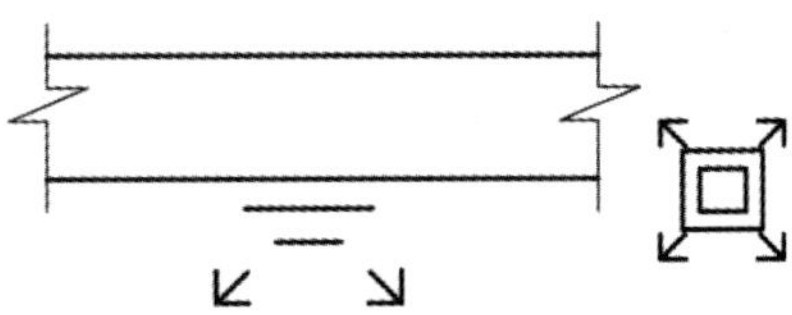
圆形散流器	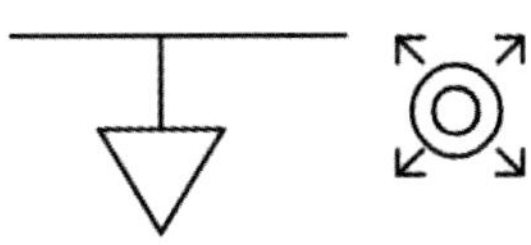

6. 变频多联空调系统

变频多联空调系统，通常用于地上车站通风空调小系统以及某些重要电气设备房，如通信设备机房内。

变频多联空调系统是“变频一拖多变冷媒流量中央空调系统”的简称，由一台室外机和若干台室内机组成的一个冷媒循环系统，是变制冷剂流量空调系统的一种形式，是一种制冷剂式空调系统，它以制冷剂为输送介质。

多联机系统

1）工作原理

变频多联空调系统是一种新型变流量中央空调（Variable Refrigerant Volume，VRV）系统。它由制冷剂管路连接的室外机和室内机组成，室外机由室外侧换热器、压缩机和其他制冷附件组成；室内机由风机和直接蒸发器等组成。一台室外机通过管路能够向若干个室内机输送制冷剂液体（一般由一台室外机和 3 ~ 16 台室内机组成），通过控制压缩机的制冷剂循环量和进入室内各个换热器的制冷剂流量，可以适时地满足室内冷热负荷要求。

2）系统特点

变频多联机中央空调室外机与室内机之间的冷媒管道配管长度可达 100 m，室外机可高于室内机 50 m（当室内机高于室外机时为 40 m），并且同一冷媒系统中各室内机之间最大高度差为 15 m，因此系统可广泛地应用于各种楼宇建筑。

多联变频空调系统具有节能、舒适、运转平稳等诸多优点，而且各房间可独立调节，能满足不同房间不同空调负荷的需求。但该系统控制复杂，对管材材质、制造工艺、现场焊接等方面要求非常高，且其初期投资比较高。

在地铁车辆段特殊电气机房，如通信设备机房内可以设置多联变频空调。多联变频空调系统如图 8-25 所示。

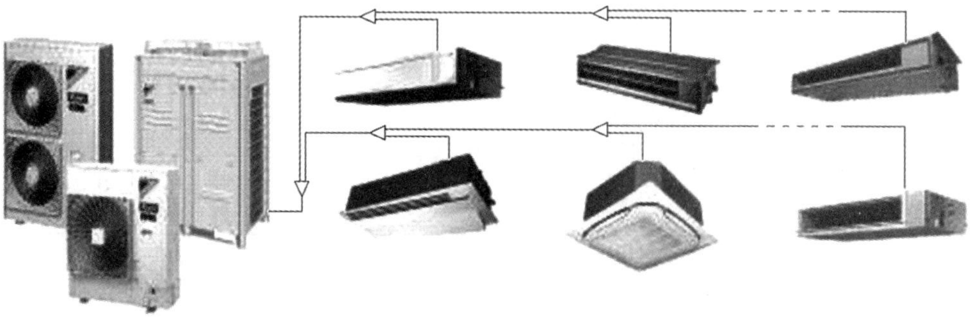

图 8-25　多联变频空调

8.4　车站防排烟系统

城市轨道交通车站空间小，综合管线繁多，可提供给通风与空调系统利用的空间很有限而且排风系统的排风量很大，造成正常通风与空调系统的管道断面尺寸一般也较大，所以难以单独设置排烟系统。工程实践中，往往将防烟、排烟系统与事故通风和正常的通风与空调系统合用。

8.4.1 车站防排烟系统介绍

防排烟大系统是指公共区防排烟系统，由风亭、排烟风机、防火阀、风道等组成，主要作用是在公共区发生火灾时排除烟气，保证乘客安全疏散。

防排烟小系统是指设备及管理用房防排烟系统，由排烟风机、加压送风机、防火阀及管道等部件组成，在设备机房、管理用房发生火灾时进行防排烟。

8.4.2 车站防排烟系统的运行模式

1. 站厅发生火灾运行模式

当站厅层发生火灾时，停止车站冷水系统，关闭站厅、站台送风及站台回风管路上的防火阀，开启车站两端排烟风机管路上的防火阀，开启排烟风机，站厅烟雾经风井排到地面，新风经车站出入口从室外进入站厅，便于人员从出入口逆风疏散至地面。

车站防排烟系统的运行模式及设备

2. 站台发生火灾运行模式

当站台层发生火灾时，关闭站台送风防火阀及站厅回风防火阀，开启排烟风机，同时开启站台屏蔽门两端各一扇滑动门，开启排热风机辅助排烟，站台烟雾经风井排至地面，同时使站台层的楼梯口形成负压和向下气流，便于人员安全疏散至站厅层。要使疏散的楼梯、出入口通道形成迎面新鲜气流，需控制向下气流速度不低于 1.5 m/s，以防止烟气因热压作用逆气流流向站厅层。

3. 一般设备管理用房火灾运行模式

城市轨道交通车站的设备管理用房内布置着各种运营管理系统、控制系统和供电系统的设备，这些对于城市轨道交通的正常运营起着重要的作用。设备管理用房是车站安全运营的心脏，其防排烟系统的设置是非常重要和必要的。

一般设备管理用房的防排烟系统与正常排风系统合设，即在正常排风系统设计时适当考虑各房间的排烟要求，减少系统的复杂性和难度。在设备管理用房区的公共走道内尽可能设置排烟风口，以增加整个用房区的安全度。

一般设备管理用房发生火灾时，车站水系统、大系统立即停止，小系统转入到设定的火灾模式运行，启动该端的内走道排烟及车控室、楼梯间加压送风系统。

4. 气体灭火房间火灾运行模式

对于比较重要的电气设备房间，如通信、信号设备室，牵引变电所等，一般需要设置气体灭火装置。

气体灭火房间发生火灾时，关闭着火房间相应的防烟防火阀，喷洒灭火气体进行灭火。灭火完成后，防烟防火阀电动复位，进行直流式通风运行，排除火灾后房间的残余气体。

当车站发生火灾时，首先通过站内消防系统中在各点的探测器报警给火灾报警系统（FAS）。该系统下达控制模式指令给车站设备监控系统（BAS），BAS 按火灾运行模式进行运作。排烟设备进行排烟，无关设备均停止运行。站台层发生火灾时，除站台回/排风机排烟外，根据具体模式隧道通风机也将参与机械排烟。

8.4.3 车站主要防排烟设备

1. 排烟风机

排烟风机构造与通风空调大、小系统风机相同，采用轴流式风机。

2. 防火阀

防烟防火阀（SFD）和防火阀（FD）设置在通风空调送/排风系统以及防排烟系统的管路上，一般安装在风管穿越防火分隔（防火墙、空调机房、气体灭火系统保护房间、重要房间的墙体、楼板）处及分支管等位置，起防止烟、火沿风管蔓延作用。

1）防烟防火阀

防烟防火阀安装在通风、空调系统的送、回风管路上，平时呈开启状态，火灾时当管道内气体温度达到 70 °C 时，易熔片熔断，阀门在扭簧力作用下自动关闭，在一定时间内能满足耐火稳定性和耐火完整性要求，起隔烟阻火作用。阀门关闭时，输出关闭信号。

2）排烟防火阀

排烟防火阀安装在排烟系统管路上，平时一般呈关闭状态，火灾时手动或电动开启，起排烟作用。当排烟管道内烟气温度达到 280 °C 时关闭，在一定时间内能满足耐火稳定性和耐火完整性要求，起排烟防火作用，排烟防火阀外形如图 8-26 所示。

图 8-26 排烟防火阀

8.5 车站空调水系统

8.5.1 车站空调水系统介绍

1. 车站空调水系统的组成

制冷空调循环水系统分为制冷循环系统、冷冻水系统和冷却水系统。三大系统主要由冷水机组、冷冻水泵、冷却水泵、冷却塔、分集水器、水处理仪、膨胀水箱、各类水阀、水管道等设备部件组成，为空调系统提供 7 °C/12 °C 冷冻水，受群控智能柜控制。

车站空调水系统原理及设备

2. 车站空调水系统工作原理

1）制冷循环系统

制冷循环系统采用蒸汽压缩式制冷循环，由压缩机、冷凝器、节流机构与蒸发器四大部件组成。经压缩机压缩后出来的高温、高压制冷剂气体，流经冷凝器放热冷凝，成为低温、低压液态制冷剂，经节流装置节流降压后进入蒸发器吸热蒸发，成为高温、高压气态，再进入压缩机循环压缩。

2）冷冻水系统

冷冻水流经冷水机组蒸发器温度降低，流经空气处理机温度升高，冷冻水的补充由膨胀水箱来完成。

3）冷却水系统

冷却水流经冷水机组冷凝器时温度升高，流经冷却塔时温度下降，冷却水的补充由冷却塔浮球阀控制完成。车站空调水系统工作原理如图 8-27 所示。

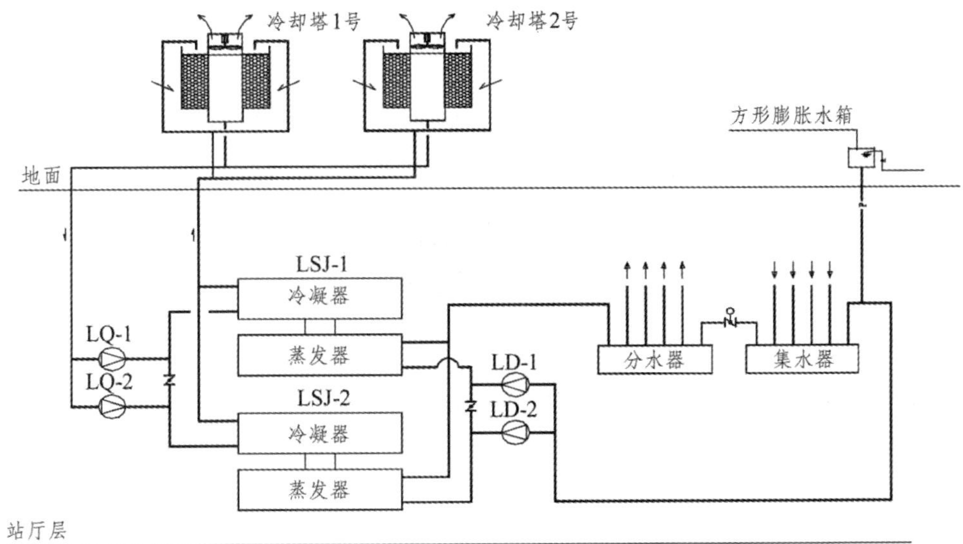

图 8-27 空调水系统原理

8.5.2 冷源群控节能运行模式

通过“冷源群控系统”，对冷站的冷水机组及其全部下位辅机（包括冷冻水泵、冷却水泵、冷却塔、电动蝶阀、电子水处理仪等）的集中监视与控制，可实现冷源系统的一键开机、顺序启停、加载、减载、联动、保护、生成运行报表等功能，并可监视冷水系统参数，如冷冻水、冷却水温度等，从而实现水系统节能运行。

1. 控制功能实现

1）点控与群控

基于实时负荷需求的自动控制系统，实现对冷水机组、冷却塔、冷冻水泵、冷却水泵、电动阀门等的设备启动、停机控制及状态、信号的监视，以及各设备之间的联动、连锁保护，实现对冷源系统的“一键启停”功能，并实现无人值守。同时，能点对点对单台设备进行启停操作以及运行参数的设定。

2）节能运行

直接采集冷水供水温度、回水温度、流量以及冷水供回水压差、冷却水供水温度、回水温度、流量传感器实时参数，按时间预设和程序预设控制冷源系统设备的启动、停止，使系统安全可靠运行并保持运行费用最低，系统节能率不低于 20%。

2. 节能控制

1）冷冻水变流量运行控制

群控系统应能根据空调负荷的变化动态调整冷水流量，保持冷冻水系统始终处于经济运行状态。

2）冷却水变流量运行控制

群控系统能动态调整冷却水流量，使制冷主机能耗和冷却水输送能耗之和最低，保持制冷系统始终处于经济运行状态。

3）冷量动态分配控制

群控系统具有冷量动态分配控制功能，能够通过对冷水各个环路负荷的实时检测，动态分配和控制各个环路的冷水流量，使各个环路实现冷量供需平衡和空调效果均衡。

3. 控制模式

冷源群控系统应提供“远程控制”和“就地控制”两种控制模式。

1）远程控制

在远程控制模式下，至少应提供远程自动控制、远程手动控制、第三方控制等控制功能。

（1）远程自动控制。

冷源群控系统提供运用现代控制技术（如模糊控制）构建的控制模型，对空调水系统进行节能控制，以实现中央空调系统的高效节能运行。控制模型能根据地铁空调负荷变化特性实现对空调系统负荷的动态跟踪和实时在线控制，使空调风量、冷冻水、冷却水跟随车站负荷的变化而进行动态调节，使系统具有高度的应变能力。通过对变负荷工况下被控动态过程特征的识别，自适应地调整空调系统的运行参数，以获得最佳的控制效果，从而使能量供给与能量需求相匹配，并最大限度地降低车站空调系统的总能耗。

（2）远程手动控制。

由操作人员按照自己的运行经验或管理要求在群控系统工作站对空调冷源系统进行控制，包括启停控制和运行控制（运行参数调节），以实现特殊需求或节能管理。

（3）第三方控制。

冷源群控系统提供符合国际标准通信协议的软件接口，实现与综合监控系统之间的通信。在综合监控的 BAS 工作站（人机界面）能对空调冷源系统实现一键启停操作。

2）就地控制

就地控制模式应提供以下两种控制功能：

（1）分布式控制。

当冷源群控系统的上位机或通信发生故障时，冷源群控系统自动转入“分布式控制”运行模式，由水系统智能控制柜中的智能控制单元应用内置控制算法独立控制设备运行。

（2）手动控制。

操作人员可在空调水系统智能控制柜上进行操作，根据自身的经验控制设备运行。

8.5.3 主要空调水系统设备

城市轨道交通地下车站制冷机多采用螺杆式冷水机组。螺杆式冷水机组主要部件有双螺杆压缩机、蒸发器、冷凝器、节流装置、外置油分离器和控制系统，螺杆式冷水机组如图 8-28 所示。

图 8-28 冷水机组

制冷系统中的节流机构与压缩机、冷凝器、蒸发器并称为制冷系统的“四大件”，是制冷系统中必不可少的元件之一，起着节流降压的作用。它直接控制着蒸发器制冷剂的流量和蒸发器出口的过热度。

现代空调节流机构普遍采用电子膨胀阀如图 8-29 所示。它具有控制精度高、自动化程度高的特点。电子膨胀阀主要由阀体、阀针、步进电机组成。通过步进电机的转动，驱动针阀旋转来改变针阀的位置，实现制冷剂通路的增大、减小、开启、关闭，以控制制冷剂的流量。

开启间隙越小，制冷剂流量越小，开启间隙越大，制冷剂流量越大。

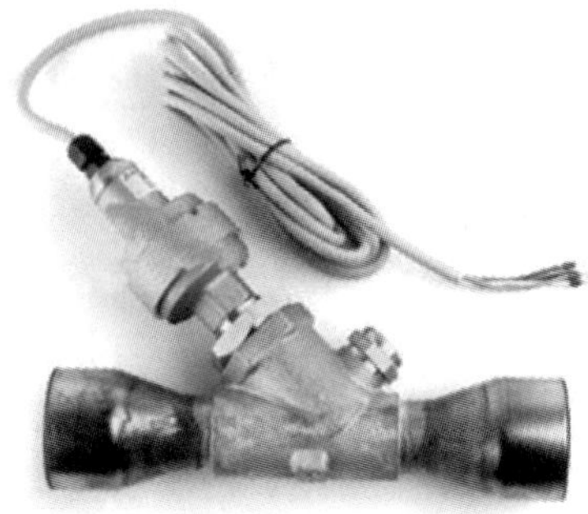

图 8-29　电子膨胀阀

1. 空调水泵

1）空调水泵形式及构造

空调水泵采用单级单吸清水离心泵，它由泵体、叶轮、轴、轴承、联轴器、机械密封和电机部分等构成，如图 8-30 所示。

图 8-30　离心泵

2）离心泵原理

一般离心泵启动前泵壳内要灌满液体，当电机带动泵轴和叶轮旋转时，液体一方面随叶轮做圆周运动，一方面在离心力的作用下自叶轮中心向外周抛出，液体从叶轮获得了压力能和速度能。当液体流经蜗壳到排液口时，部分速度能将变为静压力能，在液体自叶轮抛出时，叶轮中心部分造成低压区，与吸入液面的压力形成压力差，于是液体不断被吸入，并以一定的压力排出。

3）空调水泵配置标准

标准站（区别于换乘站）均设置 2 台冷却水泵并联运作，且互为备用；2 台冷冻水泵并联运作，且互为备用。冷冻水泵、冷却水泵均为单级单吸清水离心泵。

冷冻水泵输送水温为 7 ~ 12 °C，闭式循环，冷却水泵输送水温为 32 ~ 37 °C，开式循环。

郑州轨道交通 1 号线采用直联式离心泵，2 号线采用带联轴器离心泵。

2. 冷却塔

以某地铁采用的方形横流冷却塔为例，如图 8-31 所示，该冷却塔由风机、电机、减速器、塔体、散水盘、接水盘、填料、进出水管和支架等组成。

冷却塔皮带更换

图 8-31　方形横流冷却塔

风机：低转速空间扭曲前倾式铝合金中小型冷却塔专用风机，一般特点是叶宽，大弦长，叶片空间扭曲。具有较高的压力系数和流量系数，在较低转速的前提下可达到较高的风量、风压值，并且可以达到降低噪声的要求。

电机：电机具有高效节能特点，起动转矩大，噪声低，振动小，外壳防护等级为 IP55 级。

填料：梯形波填料，填料不易变形，耐高温，抗老化，且阻燃性能好，风阻系数小，安装方便，易清洗。

3. 水处理设备

郑州地铁 2 号线采用全流量多滤元智能电子水处理仪，由多滤单元、电导率仪、反冲洗单元、智能控制柜、投药装置和自动投药泵等组成。水处理仪外形如图 8-32 所示。

图 8-32　水处理仪

水处理仪采用“物化结合”的方式工作，具备防垢除垢，缓蚀防腐，杀菌灭藻，超净过滤，自动排污，自动控制水质的水处理功能，能确保系统水质在要求范围内。

4. 分、集水器

分水器是将一路进水分散为几路输出的设备，而集水器是将多路进水汇集起来再一路输出的设备。分、集水器外形如图 8-33 所示。

图 8-33 分、集水器

分、集水器由主管、分路支管、排污口、排气口、压力表、温度计等组成，外表面做防腐或保温处理。分、集水器的筒体上根据需要连接多个进出水管，可将各路水汇集或将一路水分流，筒体上装有压力表或温度计，可方便观察筒体内水流状态，筒体的下端部装有排污口。它一方面将主干管的水按需要进行流量分配，保证各区域分支环路的流量满足负荷需要，同时还要将各分支回路的水流汇集，并且输入回水主干管中，实现循环运行。

5. 各类水阀

1）蝶 阀

蝶阀是一种结构简单的调节阀，多用于低压管道，在管道上主要起切断和节流作用。蝶阀启闭件是一个圆盘形的蝶板，在阀体内绕其自身的轴线旋转，从而达到启闭或调节的目的。空调水系统管道常见的蝶阀有涡轮、对夹手动蝶阀和电动蝶阀。涡轮手动蝶阀外形如图 8-34 所示。

图 8-34 涡轮手动蝶阀

2）截止阀

截止阀是依靠阀杆压力，使阀瓣密封面与阀座密封面紧密贴合，阻止介质流通的阀门。截止阀的流向，一律采用自上而下，所以安装时有方向性。开启高度不大，制造容易，维修方便，不仅适用于中低压，而且适用于高压。截止阀外形如图 8-35 所示。

图 8-35　截止阀

3）闸　阀

闸阀也叫闸板阀，闸板的运动方向与流体方向相垂直，闸阀只能全开和全关，转动手轮，通过手轮与阀杆的螺纹的进、退，提升或下降与阀杆连接的阀板，达到开启和关闭的作用。通道两侧是对称的，介质可向两侧任意方向流动，易于安装。闸阀外形如图 8-36 所示。

图 8-36　闸阀

4）球　阀

球阀是启闭件（球体）由阀杆带动，并绕球阀轴线做旋转运动的阀门，可用于流体的调节与控制，它只需要用旋转 90°的操作和很小的转动力矩就能关闭严密。水系统中多用作泄水、试水阀。球阀外形如图 8-37 所示。

图 8-37　球阀

5）动态流量平衡阀

动态流量平衡阀是根据系统工况变动而自动变化阻力系数，在一定的压差范围内，可以有效地控制通过的流量，使流量保持一个常值的阀门。当阀门前后的压差增大时，通过阀门的自动关小，能够保持流量不增大；反之，当压差减小时，阀门自动开大，流量仍能保持恒定。其功能是当系统内有些末端设备如风机盘管机组、新风机组等的调节阀，随着空调负荷的变化进行调节而导致管网中压力发生改变时，使其他末端设备的流量保持不变，仍然与设计值相一致。动态流量平衡阀外形如图 8-38 所示。

图 8-38 动态流量平衡阀

6）压差旁通阀

压差旁通阀是一种用于空调系统供、回水之间以平衡压差的阀门。该阀门可提高空调水系统的利用率，保持压差的精确互定值，可最大限度地降低系统的噪声，以及减小过大压差对设备造成的损坏。压差旁通阀外形如图 8-39 所示。

图 8-39 压差旁通阀

7）电动二通阀

电动二通阀是专供中央空调风机盘管的配套阀门，由驱动器与阀体两部分组成，驱动器由一个同步电机驱动，具备弹簧复位及手动开阀杠杆操纵功能。电动二通阀外形如图 8-40 所示。

图 8-40 电动二通阀

8）自动排气阀

自动排气阀是用来释放供水管道中产生的气穴的阀门，安装在系统分支管路最高点。当系统充满水的时候，水中的气体因为温度和压力变化不断逸出向最高处聚集，当气体压力大于系统压力的时候，浮筒便会下落带动阀杆向下运动，阀口打开，气体不断排出。当气体压力低于系统压力时，浮筒上升带动阀杆向上运动，阀口关闭。自动排气阀外形如图 8-41 所示。

图 8-41　自动排气阀

9）安全阀

安全阀是启闭件受外力作用下处于常闭状态，当设备或管道内的介质压力升高到超过规定值时，通过向系统外排放介质来防止管道或设备内介质压力超过规定值的特殊阀门。安全阀外形如图 8-42 所示。

图 8-42　安全阀

安全阀主要用于锅炉、压力容器和压力管道上，控制压力不超过规定值，对人身安全和设备运行起重要保护作用。

10）电子膨胀阀

电子膨胀阀是按照预设程序调节蒸发器供液量，因属于电子式调节模式，故称为电子膨胀阀。电子膨胀阀由步进电动机直接驱动螺旋轴转动，控制针阀的打开或闭合，用以控制制冷剂流量的大小。电子膨胀阀外形如图 8-29 所示。

6. 空调水系统管道

郑州地铁空调水系统中的管道大于 100DN 时，用无缝钢管焊接、法兰连接；小于 100DN 时，用镀锌钢管丝扣连接。

8.6 车站通风空调系统的控制及运行管理

城市轨道交通通风空调系统的控制功能主要由环境监控系统（BAS）来完成。城市轨道交通 BAS 系统主要作用是控制全线车站及区间的环控及其他机电设备安全、高效、协调地运行，保证城市轨道交通车站及区间环境的良好舒适，达到最佳的节能效果，并在突发事件（如火灾）时指挥环控设备转向特定模式，为城市轨道交通乘车环境提供安全保证。

车站通风空调大系统包括站厅层、站台层公共区的所有环控设备。正常运行时，车站环控大系统按全新风模式、小新风模式、全通风模式三种工况的控制模式运行，整个控制过程全是由设备监控系统根据环控工艺自动控制。该系统根据布置在车站风亭、风室、公共区等处的温度、湿度传感器所探测的数据进行自动分析、处理后得出车站大系统的运行模式，同时根据负荷的大小自动控制与调节空调机组回水管调节阀的开度，控制风阀开度和风机的启停。

车站通风空调小系统主要为站内的设备及管理用房提供空调和通风服务。车站通风空调小系统是一套独立的系统，其运行方式比较简单。在正常运行时，送、排风机的送、排风量是固定的，不随季节的变化而变化。当出现火灾时，系统按照预定的火灾程序运行。

区间隧道通风环控系统主要用作隧道的通风换气，在隧道中发生火灾时，此系统也兼有排烟防灾功能。

8.6.1 车站通风空调系统的控制

城市轨道交通通风空调系统控制由中央控制（OCC）、车站控制和就地控制三级组成。

1. 中央级控制系统

中央控制（OCC）在控制中心，是以中央监控网络和车站设备监控网络为基础的网络系统，对全线的通风及空调系统进行监控，向车站下达各种运行模式指令或执行预定运行模式。必要时，直接向车站控制室发出控制指令，并可显示主要设备的非常状态，记录设备事故情况，遥测各车站内及区间的各点空气物理状态。中央级控制系统由中央实时服务器、中央历史服务器、操作人员工作站和工程师工作站等组成。

正常运行模式：以通信方式向各车站环控控制室下达车站及区间隧道环控系统运行方案指令，并接受各车站环控控制室反馈的设备运行信号，显示各地下车站环控系统设备及风门工作状态；遥测室外温湿度、回风状态点和空调箱表冷器出风温度，经过数据处理后决定运行工况；控制各车站公共区环控系统设备的开关。

阻塞运行工况：一接到列车阻塞信号，即将相关区段转入阻塞运行模式，直接控制和显示阻塞区间前后方车站近端 TVF 风机、射流风机和相关风门的开关。

火灾运行模式：一旦接到火灾事故信号，确认火灾地点、列车火灾部位，然后选择火灾工况环控系统运作方案，直接控制和显示火灾区间相邻车站 TVF 风机、射流风机、UPE/OTE 风机、回排风机和相关风门的开关，并指示乘客疏散方向。

2. 车站级控制系统

车站控制设置在各站点的车站控制室内，对车站和所管辖区的各种通风空调设备进行监视，向中央控制系统传送信息，并执行中央控制室下达的各项命令。车站火灾发生时，车站控制室作为车站指挥中心，与火灾报警系统协调工作，根据实际情况将有关通风空调系统转入火灾害模式运行。

正常运行模式：接受控制中心通信指令，对本车站的所有环控设备进行距离监控，显示其运作状态，并向中控室反馈环控设备运作状态。

阻塞运行模式：保持对本车站环控系统的运作工况进行监控，并向中控室反馈 TVF 风机、射流风机及相关风门的开关状态。

火灾运行模式：若火灾发生在本车站的站台层或站厅层，则按车站火灾运行模式控制车站环控系统，并将信息反馈至中控室。若火灾发生在设备管理用房，则将相关的设备管理用房环控系统转换为火灾运行模式，并将信息反馈至中控室。

3. 就地级控制系统

就地级控制设置在设备机房内，可直接操纵设备的运行，供设备安装、调试、检修时现场使用。其主要功能包括向车站控制室传送所控制设备的工作状态，执行车站控制室发出的控制指令，在车站控制室发生故障时独立地进行设备监控，在维修及更换设备时进行现场调试等。

环控系统的各种设备，如风机、空调机、冷水机组、水泵等在其近处设有电源控制开关（部分设备设在环控电控室），便于设备调试、检修时现场使用。为确保安全，就地控制在三级控制中具有绝对优先权，即就地控制时，车站控制室和中央控制室仅接受其操作信号，但无法对现场设备进行控制。就地控制结束后，反馈信号给车站环控控制室和中控室，恢复其正常功能。

8.6.2 车站环控系统的管理

环控系统的运行管理包括设备维修计划的制订、提供相关的技术支持、技术资料整理与记录、系统运行档案的建立、设备的巡检、设备的维修、设备的质量检查，以及相关工作人员的管理等各项工作。

1. 组织架构

（1）环控系统设备运行管理方面设有日常巡检工班、专用维修工班、专用技术组。

（2）环控专业工程师代表该专业负责制订各种作业计划、材料计划，必要时为维修工作提供技术支持。任职人员要求具有工程师或助理工程师资格证书。

（3）专业维修工班执行各种计划作业、故障抢修、临时维修任务，并及时反馈各种作业情况。每工班由 6 ~ 12 人组成，由电工、钳工、制冷工、管道工等工种组成，从业人员应持证上岗。

2. 主要任务

（1）环控专业工程师主要负责编制环控专业的年度和月度生产计划和材料消耗计划；检查考核工班的维修作业完成情况、安全作业情况和材料消耗情况；负责环控系统的设备管理工作；负责编制和实施专业内的培训工作；辅助环控专业各类生产和技术文本的编制，以及企业标准相关部分的编制工作；负责检查车站环境控制参数实现情况；负责检查车站环控模式执行情况；辅助所辖工班的各项作业和故障处理的技术支援和指导工作。

（2）日常巡检工班负责车站和环控设备的操作和运行记录工作，反馈设备运行状态，负责车站环控设备的日常巡检、定期保养、简单故障处理（属一、二级修程）的工作。

（3）专业维修工班主要负责根据专业生产技术组编制下达的日常计划性维修（属三至五级修程）、故障维修及抢修等工作。

3. 安全生产制度

环控设备维修人员必须认真执行“三不动”“三不离”“三不放过”“三级施工安全措施”等基本安全生产制度。

“三不动”：未联系登记好不动；对设备性能、状态不清楚不动；正在使用中的设备不动。

“三不离”：维修完不复查试验好不离开；发现故障不排除不离开；发现异状、异味、异声不查明原因不离开。

“三不放过”：事故原因分析不清不放过；未符合制度防范措施不放过；责任人与群众未受到教育不放过。

在安排维修作业时，应有安全防范措施，并严格遵守有关技术作业安全规定。各特殊工种必须持证上岗，并进行必要的岗前培训，上岗证应按规定进行年审。各层级都应设专职或兼职安全员，负责安全工作及监控，形成安全管理网络。

思政拓展

节能减排、绿色城轨

城市轨道交通是用电大户，据统计，2021 年中国城市轨道交通年总用电量达213.1 亿千瓦时，同比增长 23.6%。地铁用能中，牵引能耗和车站能耗各占约 50%，车站能耗中，通风空调是主要用能系统，地铁通风空调系统能耗占比大（见图 8-43）。通风空调系统的节能优化设计对实现节能减排、缓解交通压力、发展城市规模、促进社会可持续发展具有重要作用。

2022 年 8 月 18 日，中国城市轨道交通协会正式发布《中国城市轨道交通绿色城轨发展行动方案》，为进一步落实国家“双碳”目标，响应中国城市轨道交通协会倡议，2022 年 8 月 23 日，青岛地铁在行业内率先发布《青岛地铁绿色城轨发展实施方案》，划定了 9 条行动路径，实施 64 项重点任务，计划 2025 年成为全国绿色交通先行者，2028 年跻身国内绿色城轨第一梯队，2050 年全面完成绿色转型，提前高水平达成近零排放的绿色城轨。

2022 年 11 月 22 日，深圳地铁集团发布了《深铁集团绿色低碳发展行动方案》。该方案指出：深铁集团将积极探索管理模式变革与创新，着力探索能源转型，积极开发光伏、储能等新能源，积极引进、消化、吸收各行业先进绿色技术，形成创新应用成果，高效、高质量落实行动方案各项任务。

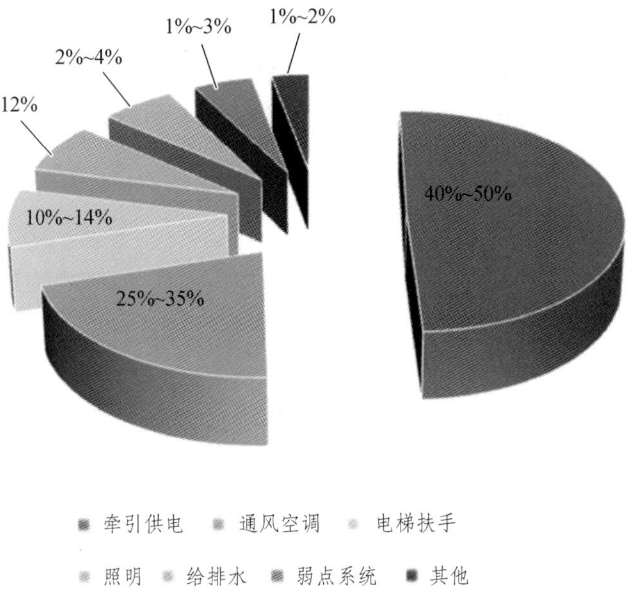

图 8-43　地铁各系统能耗分布图

2023 年 1 月 9 日，南京地铁集团发布了《南京地铁绿色城轨发展行动方案》，该方案构建了“1-6-5-1”绿色发展蓝图，以协会绿色城轨发展“六大行动”为指引，因地制宜地提出南京地铁六大行动，并细化为 23 个子项，共 136 个具体实施措施。

2023 年 5 月 22 日，宁波轨道集团发布《宁波轨道交通绿色城轨发展行动方案》。

同年，各大城市相继发布自己的《绿色城轨发展行动方案》，标志着轨道交通全面开启“双碳引领、绿智融合”可持续发展新征程。

思考与习题

1. 简述区间隧道通风系统的正常运行模式。
2. 当地铁列车头部着火时，乘客应怎样撤离？
3. 离心式风机的主要部件有哪些？风机叶轮有什么作用？有几种形式？
4. 离心风机的导流器和集流器有什么作用？
5. 简述离心式风机蜗壳、蜗舌、扩压器的作用。
6. 简述轴流式风机的工作原理。
7. TVF 隧道风机的主要用途是什么？
8. 射流风机的设置位置及主要用途是什么？
9. 简述车站隧道通风系统（TEF）的组成部分及机房设置位置。
10. 简述车站通风空调大系统的主要组成部分。
11. 简述车站通风空调大、小系统的工作运行原理。
12. 车站通风空调系统的运行模式有哪几种？
13. 简述空气处理器的作用及类型。

14. 组合式空调机组主要由哪些功能段组成？
15. 简述车站防排烟大系统、小系统的组成部分。
16. 简述当站厅发生火灾时，车站防排烟系统的运行模式。
17. 简述当站台发生火灾时，车站防排烟系统的运行模式。
18. 简述车站空调水系统的主要组成部分。
19. 简述制冷系统中节流装置的主要作用。

项目 9

城市轨道交通通风空调设备维护

知识结构

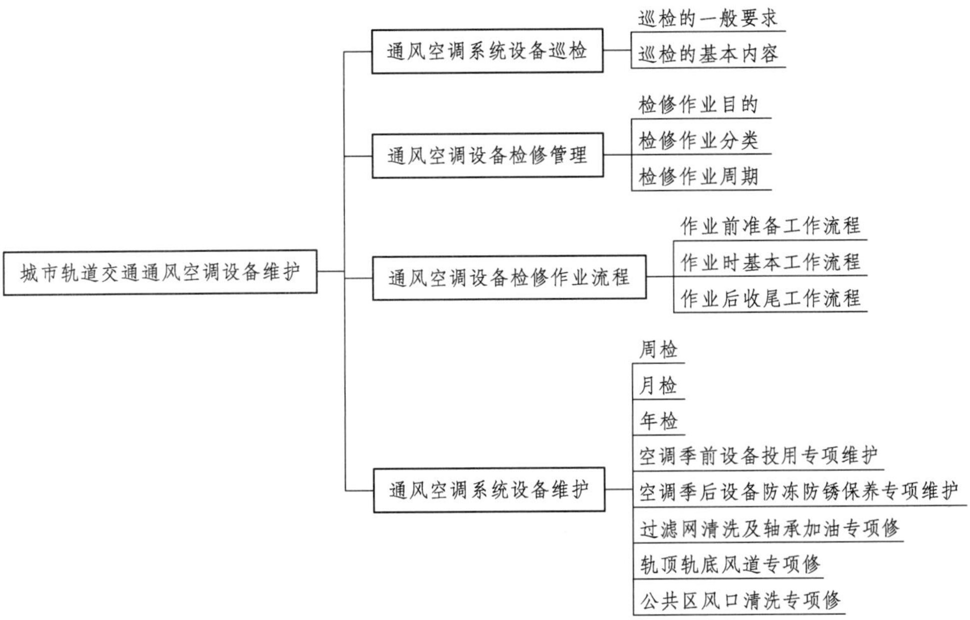

知识目标

1. 掌握通风空调系统设备巡检的一般要求和基本内容。
2. 熟悉通风空调设备检修管理的目的和分类。
3. 掌握通风空调设备检修作业流程。
4. 掌握通风空调系统设备维护的检修内容和检修标准，熟悉周检、月检、年检、专项维护、专项修各设备的工作原理。

能力目标

1. 具备检修和维护通风空调常用设备的能力。
2. 能根据检修标准和检修周期合理制定检修计划。

思政目标

1. 培养规范操作的职业道德和工作责任心，标准化作业，具有安全生产意识。
2. 培养爱岗敬业、精益求精的工匠精神。

9.1 通风空调系统设备巡检

通风空调系统设备巡检是指按照一定的标准、一定的周期、一定的方法对通风空调设备规定的部位、项目进行检查，开展预防性维修，防止事故发生，减少停机时间，延长设备寿命，降低维修费用，保证通风空调系统设备正常运行。

9.1.1 巡检的一般要求

（1）为确保人员的安全，对通风空调系统设备进行巡视时，每组人员不少于 2 人。所有日常作业均要遵守维修生产作业程序，办理相关手续。

（2）巡视人员应填写相应巡视记录。

（3）巡视中需改变有关设备工作状态时，巡视人员应先请示相关设备管理调度。

9.1.2 巡检的基本内容

巡检内容根据车站通风空调系统设备布置情况分别实施，具体可分为环控电控室、环控机房、水系统设备和车站公共区及设备房等。

1. 环控电控室巡检内容（见表 9-1）

表 9-1 环控电控室巡检记录

设备名称	巡视内容	巡检标准	备注
一、二类负荷电源	1. 查看环控电控柜面板电压、电流是否正常； 2. 查看环控电控柜电源指示灯是否正常	1. 电压（380±38）V 为正常，电流偏差在额定电流的 10%以内为正常； 2. 主电合闸指示灯亮	
隧道、排热风机	1. 查看环控柜风机控制柜电压是否正常； 2. 测试环控柜风机控制柜转换开关是否灵活，控制箱内元件完好、清洁； 3. 切换到实验位，控制箱可否实现控制功能； 4. 指示灯是否正常	1. 电压（380±38）V 为正常； 2. 开关无松垮现象，元器件无异常发热、烧损或报警现象； 3. 开启、关闭控制正常； 4. 开启指示灯为红色，关闭指示灯为绿色	
站厅、站台回/排风机、空调风机及各类风机电控柜	1. 电压及运行电流是否正确、正常； 2. 转换开关转换灵活，控制箱内元件完好、清洁、动作灵活； 3. 切换到实验位，控制箱可否实现控制功能，注意停机时逐台停机； 4. 指示灯是否正常	1. 电压（380±38）V 为正常，电流偏差在额定电流的 10%以内为正常； 2. 开关无松垮现象，元器件无异常发热、烧损或报警现象； 3. 开启、关闭控制正常； 4. 开启指示灯为红色，关闭指示灯为绿色	

2. 环控机房巡视内容（见表 9-2）

表 9-2 环控机房巡检记录

设备名称	巡视内容	巡检标准	备注
组合空调机及小系统空调外观	1. 检修门的密封性及机身漏风情况； 2. 检查过滤网及压差报警器； 3. 机内有无积水，风机运转有无振动、异响； 4. 进出水温差是否正常	1. 目测检修门是否有明显漏风现象； 2. 若压差报警器报警，过滤网脏堵严重，需清洗； 3. 进出水温差在 5 °C 左右	
空调机内部结构	1. 内部支架及部件紧固情况； 2. 表冷器表面是否积垢，是否需清理； 3. 皮带是否有松动	食指中指按压皮带，下降 1 cm 为宜	
各类风机	1. 运行时有无异常振动、响声； 2. 进出风管软接头有无破损、皱褶、松脱等现象； 3. 电机运行温度、电压、电流等是否正常	电机温升不超过 35 °C，电压（380±38）V 为正常，电流偏差在额定电流的 10%以内为正常	
各类风机结构	1. 风机螺栓的松紧度及锈蚀情况； 2. 电机接线有无松动，电线有无破皮； 3. 风柜皮带是否有松动； 4. 扇叶有无松动、变形； 5. 高压排烟风机运行电流、电压等是否正常	电压（380±38）V 为正常，电流偏差在额定电流的 10%以内为正常	
隧道、排热风机	1. 表面及周边有无潮湿等异常现象； 2. 运行时有无异常振动和响声； 3. 紧固螺栓及减振器有无松动变形	不允许有结露现象	

3. 空调水系统巡检内容（见表 9-3）

表 9-3 空调水系统巡检记录

设备名称	巡视内容	巡检标准	备注
冷水机组	1. 启动柜或控制箱接触器及电源接线； 2. 冷冻、冷却水进出水温差； 3. 冷凝器、蒸发器的冷媒压力； 4. 电机供电电压、运行电流及电控柜有无异常； 5. 压缩机有无异常振动及噪声	1. 冷冻、冷却水进出水温差在 5 °C 左右； 2. 冷凝器、蒸发器的冷媒压力不得低于 400 kPa； 3. 电压（380±38）V 为正常，电流偏差在额定电流的 10%以内为正常	

续表

设备名称	巡视内容	巡检标准	备注
冷冻、冷却水泵	1. 运行时有无异常振动与噪声； 2. 运行电流及水泵电机温升等； 3. 水泵是否漏水、异常振动、堵塞，水压、流量能否达到原设计要求	电机温升不超过 35 °C，电流偏差在额定电流的 10%以内为正常	
冷却塔	1. 有无异常振动与响声； 2. 皮带有无松动、打滑与磨损； 3. 浮球、水阀供水能否正常工作； 4. 补水箱水位是否正常，底盘有无漏水、是否清洁； 5. 塔身有无破损、漏水； 6. 布水槽有无积垢、堵塞，布水是否均匀	检查布水槽有无积垢、堵塞，布水是否均匀布主要观察水槽有无明显漂水现象	
各类蝶阀、阀体	1. 活动部位的生锈与润滑情况； 2. 对 Y 形过滤器定期检查看是否有堵塞、破损	活动部件目测生锈情况	

4. 车站公共区域及设备房巡检内容（见表 9-4）

表 9-4 车站公共区域及设备房巡检记录

设备名称	巡视内容	巡检标准	备注
风管、风口	1. 有无异响，保温层有无破损； 2. 风口百叶是否松脱、振动，支架是否牢固、变形等	目测保温层是否有破损	
水管	有无漏水，保温层破损	目测保温层是否有破损，是否有冷凝水	
风阀、水阀	1. 是否处在正常位置上； 2. 连接密封性	开关指示与功能要求一致为正常	

9.2 通风空调设备检修管理

9.2.1 检修作业目的

通风空调系统设备的检修工作，应贯彻“预防为主，防治结合，修养并重”的原则，为保证行车安全，提升运营服务水平，为乘客提供“安全、准点、舒适、快捷”的乘车环境，必须坚持为一线服务的宗旨。

检修作业内容较巡检深入，是一种主动的预防维修，要根据通风空调设备的构成、运行和使用特点等因素，周期性地纠正设备运行后可能累积的误差、磨损，或在零部件使用寿命到期后进行更换，对相应设备进行小修、中修、大修，有效地预防故障的发生，有计划地减少设备的损耗，以取得较好的技术、经济效益，保证通风空调系统设备状态良好地投入运行。

9.2.2 检修作业分类

1. 检修作业

检修作业指保养、检修及故障抢修三种生产作业。

2. 计划性检修

1）预防性检修

为了防止设备性能及精度劣化或降低，根据设备运转的周期和季节性等特点，按预先制定的设备检修周期与工作内容、技术要求和计划所进行的检修作业。

2）改善检修

为了消除设备的先天性缺陷或频发故障，对系统及其设备的局部结构或零件的设计加以改进、改装，以提高其可靠性和免维护性的检修作业。

3. 非计划性检修

1）抢　修

当某一机电系统设备发生故障，严重危及列车的正常运行或构成严重安全隐患时，对该设备进行突击性检修，快速修复基本功能。

2）补　修

与抢修情形类似，但对正常运营安全不构成直接或间接影响的故障，可以在事后进行的修理。

在环控系统所有检修作业中，设备故障修、应急抢修优先于计划检修。

4. 委外维修

经安全、技术、经济效益等方面比选后，可以将部分维修作业委托给外单位来承担的作业任务。

9.2.3 检修作业周期

1. 周　检

周检是指每周对周巡范围内的设备进行巡视检查，目的是确认设备状态，确保设备运行无异常等。周检要保持设备清洁，使工作环境符合要求，进行简单的调整或更换易损件（如熔断器、指示灯等），按要求添加润滑油等。由巡检、操作人员按照使用说明和保养规程进行。周检人员应接受必要的技术培训，持证上岗。

2. 月　检

月检是一个月周期完成管辖范围内规定的设备检修测试，目的是确保设备无运行隐患，设备安装稳固，线路完好。月检要对设备的主要功能及主要部位做定期检查、局部解体、清理或更换标准零配件、加注或更换润滑油等。月检由维修人员按照说明书和保养规程在现场进行，巡检人员和操作人员做必要的配合，需要便携式工具。

3. 年检和专项检修

年检即一年周期完成管辖范围内规定的设备检修测试。年检主要检查元器件可靠度，保证设备绝缘性能良好，设备本体做必要检查；专项检修主要针对季节性较强设备（比如冷水机组）的检修。由专业技术管理人员带领维修队伍，在现场或专门维修场所进行。需要专业测试仪器、工器具和设备，以及全面详细的技术资料。

9.3　通风空调设备检修作业流程

9.3.1　作业前准备工作流程

（1）作业前，准备好劳保、工器具及材料，确保该项检修所需防护、工具及材料齐全。

（2）召开班前安全会，将本次作业的工作要点和安全注意事项对作业人员进行交底，要求作业人员熟知并能复述。

（3）需调度及其他专业配合的作业施工，需事先联系。

9.3.2　作业时基本工作流程

（1）携带有效的施工负责人证，至车控室办理相关作业手续。

（2）如需焊接管道支架，需提前办理临时动火证，动火过程按照规定做好安全防护，登高作业需挂置安全带并做好防护，梯子上严禁放置工器具及材料。

（3）进行风机、风阀等通风设备功能测试时需与环调联系，告知其作业区域及作业影响。

9.3.3　作业后收尾工作流程

（1）作业完毕，确保将系统和设备恢复到正常使用的状态，规范填写通风空调各项检修记录表。

（2）清点工器具，清理现场，保持现场清洁和卫生。

（3）做好销点手续，召开班后总结会。

（4）对检修记录表整理装订并存档。

9.4　通风空调系统设备维护

通风空调系统设备维护是根据设备的具体情况，采取计划维修为主、故障修为辅的维修方式。随着对设备性能的掌握，在维修中应采取多种手段进行检测，根据设备状态参数进行早期设备故障诊断，逐步向状态维修过渡。

在通风空调系统设备中维护中，相关术语含义如下：

大系统：车站站厅、站台公共区（站厅、站台）通风空调系统及防排烟系统。

小系统：车站管理及设备用房通风空调及防排烟系统。

水系统：为大、小系统提供冷源的系统。

区间隧道通风系统：区间隧道活塞风与机械通风系统、屏蔽门外站台下排热和轨顶排热系统。

一般风机：特指新风机、回排风机、排风机、送风机。

消防风机：特指隧道风机、排热风机、射流风机、排烟风机和加压送风机。

一般风阀：特指电动风量调节阀和手动风量调节阀。

消防风阀：特指排烟风机联锁阀、防火阀和组合风阀。

消防联动风阀：特指火灾工况下大小系统消防联动风阀。

空调机组：包括大系统组合式空调机组和小系统柜式风机盘管。

9.4.1 周　检

周检所需的工器具有试电笔、大螺丝刀（一字、十字）、尖嘴钳（6英寸）手电筒。

通风空调设备周检

1. 冷水机组周检检修内容和检修标准

冷水机组周检检修内容和检修标准见表9-5。

表9-5　冷水机组周检检修内容和检修标准

作业项目	检修内容	检修标准
冷水机组（双螺杆）	主机、主机管路清洁及冷水机房环境	1. 主机及主机管路无明显积尘； 2. 整洁
	运行参数查看（空调季）	1. 参数在正常范围内（吸气压力大于300 kPa、排气压力小于1 200 kPa、油压差大于210 kPa）； 2. 查看机组运行电流及进出水温度等参数，根据实际需要可从群控工作站导出
	查看运行状态（空调季）	1. 查看状态指示灯是否正常（电源指示灯、运行指示灯/停止指示灯正常亮起）； 2. 设备周围无焦糊味； 3. 设备运行时无啸叫声
	查看综合监控界面，确认设备运行反馈情况	反馈状态与现场一致，且无报警信息
冷水机组（磁悬浮）	主机、主机管路清洁及冷水机房环境清扫（空调季）	1. 主机及主机管路无明显积尘； 2. 整洁

续表

作业项目	检修内容	检修标准
冷水机组（磁悬浮）	运行参数查看（空调季）	1. 参数在正常范围内； 2. 查看机组运行电流及进出水温度等参数，根据实际需要可从群控工作站导出
	查看运行状态（空调季）	1. 查看状态指示灯是否正常（电源指示灯、运行指示灯/停止指示灯正常亮起）； 2. 设备周围无焦煳味； 3. 设备运行时无啸叫声
	查看综合监控界面，确认设备运行反馈情况（空调季）	反馈状态与现场一致，且无报警信息
蒸发冷水机组	主机、主机管路清洁及冷水机房环境清扫	1. 主机及主机管路无明显积尘； 2. 房间整洁、无明显积尘
	运行参数查看（空调季）	1. 参数在正常范围内； 2. 查看机组运行电流及进出水温度等参数，根据实际需要可从群控工作站导出
	查看运行状态（空调季）	1. 查看状态指示灯是否正常（电源指示灯、运行指示灯/停止指示灯正常亮起）； 2. 设备周围无焦煳味； 3. 设备运行时无啸叫声
	查看综合监控界面，确认设备运行反馈情况（空调季）	反馈状态与现场一致，且无报警信息

2. 空调水泵周检检修内容和检修标准

空调水泵周检检修内容和检修标准见表 9-6。

表 9-6　空调水泵周检检修内容和检修标准

作业项目	检修内容	检修标准
空调水泵	查看运行状态（空调季）	1. 查看状态指示灯是否正常（电源指示灯、运行指示灯/停止指示灯正常亮起）； 2. 设备周围无焦煳味； 3. 设备运行时无尖锐声
	运行参数查看并记录（空调季）	1. 水泵出水口压力正常（出水口不小于 0.35 MPa），且表针无频繁摆动（30 次/min 以上摆动）； 2. 查看水泵运行电流，根据实际需要可从群控工作站导出
	查看综合监控界面，确认设备运行反馈情况（空调季）	反馈状态与现场一致，且无报警信息

3. 冷却塔周检检修内容和检修标准

冷却塔周检检修内容和检修标准见表 9-7。

冷却塔周检

表 9-7 冷却塔周检检修内容和检修标准

作业项目	检修内容	检修标准
冷却塔	冷却塔防护栏内部环境卫生（空调季）	干净整洁、无垃圾
	检查洒水盆水位（空调季）	无堵塞，水位保持 5 ~ 8 cm
	检查集水盘水位（空调季）	水位保持距溢流口 5 ~ 10 cm
	查看运行状态（空调季）	1. 查看状态指示灯是否正常（电源指示灯、运行指示灯/停止指示灯正常亮起）； 2. 设备周围无焦煳味； 3. 设备运行时无啸叫声
	运行参数查看并记录（空调季）	查看冷却塔运行电流，根据实际需要可从群控工作站导出
	检查冷却塔风路（空调季）	填料周围无异物吸附
	查看综合监控界面，确认设备运行反馈情况（空调季）	反馈状态与现场一致，且无报警信息

4. 空调机组周检检修内容和检修标准

空调机组周检检修内容和检修标准见表 9-8。

表 9-8 空调机组周检检修内容和检修标准

作业项目	检修内容	检修标准
空调机组	空调机组、风管及环控机房卫生环境清扫	1. 空间机组及风管无明显积尘； 2. 房间整洁、无明显积尘
	查看运行状态	1. 查看状态指示灯是否正常（电源指示灯、运行指示灯/停止指示灯正常亮起）； 2. 设备周围无焦煳味； 3. 设备运行时无啸叫声； 4. 查看初效过滤器两侧压差传感器是否正常
	运行参数查看并记录	记录设备运行电流
	查看综合监控界面，确认设备运行反馈情况	反馈状态与现场一致，且无报警信息

5. 风机周检检修内容和检修标准

一般风机及风管周检检修内容和检修标准见表 9-9。

表 9-9　风机周检检修内容和检修标准

作业项目	检修内容	检修标准
一般风机及风管（消防风机适用）	查看运行状态（检查一般风机）	1. 查看状态指示灯是否正常（电源指示灯、运行指示灯/停止指示灯正常亮起）； 2. 设备周围无焦糊味； 3. 设备运行时无啸叫声
	运行参数查看并记录（记录一般风机）	记录设备运行电流
	风机减振器检查	查看减振器有无倾斜、变形
	风管、保温层检查	风管无变形、保温层无脱落
	查看综合监控界面，确认设备运行反馈情况	反馈状态与现场状态一致，且无报警信息

6. 消声器、风阀周检检修内容和检修标准

消声器、风阀周检检修内容和检修标准见表 9-10。

表 9-10　消声器、风阀周检检修内容和检修标准

作业项目	检修内容	检修标准
消声器	消声片	无变形、破损、倾斜现象
一般风阀（消防风阀适用）	查看综合监控界面，确认设备运行反馈情况	确认目标状态与监控显示状态一致且无报警信息

7. 多联机周检检修内容和检修标准

多联机周检检修内容和检修标准见表 9-11。

表 9-11　多联机周检检修内容和检修标准

作业项目	检修内容	检修标准
多联机	检查室外机换热器是否脏堵	清理换热器表面吸附物
	查看综合监控界面，确认设备运行反馈情况	反馈状态与现场一致，且无报警信息

8. 水处理仪周检检修内容和检修标准

水处理仪周检检修内容和检修标准见表 9-12。

表 9-12　水处理仪周检检修内容和检修标准

作业项目	检修内容	检修标准
水处理仪	查看运行状态（空调季）	1. 查看状态指示灯是否正常（电源指示灯、运行指示灯/停止指示灯正常亮起）； 2. 设备周围无焦煳味； 3. 设备运行时无啸叫声
	检查药剂容量（空调季）	药剂低于 1/3 时进行加药

9. 群控柜周检检修内容和检修标准

群控柜周检检修内容和检修标准见表 9-13。

表 9-13　群控柜周检检修内容和检修标准

作业项目	检修内容	检修标准
群控柜	查看运行状态（空调季）	1. 查看状态指示灯是否正常（电源指示灯、运行指示灯/停止指示灯正常亮起）； 2. 设备周围无焦煳味； 3. 设备运行时无啸叫声； 4. 有无报警信息
	箱体门锁	完好、整洁
	柜内散热风扇巡查	1. 无异常噪声（啸叫声）； 2. 进风口无异物吸附
	查看综合监控界面，确认设备运行反馈情况（空调季）	反馈状态与现场一致，且无报警信息

10. 新风全热交换机周检检修内容和检修标准

新风全热交换机周检检修内容和检修标准见表 9-14。

表 9-14　新风全热交换机周检检修内容和检修标准

作业项目	检修内容	检修标准
新风全热交换机	查看运行状态	1. 查看控制箱状态指示灯是否正常（电源指示灯、运行指示灯/停止指示灯正常亮起）； 2. 设备周围无焦煳味； 3. 设备运行时无啸叫声
	运行参数查看并记录	记录设备运行电流
	查看综合监控界面，确认设备运行反馈情况	反馈状态与现场一致，且无报警信息

11. 通风空调其他设备的周检检修内容和检修标准

通风空调其他设备的周检检修内容和检修标准见表 9-15。

表 9-15 通风空调其他设备的周检检修内容和检修标准

作业项目	检修内容	检修标准
风幕机	检查运行情况	1. 检查设备运行有无啸叫声； 2. 检查设备周围有无焦煳味； 3. 查看控制箱状态指示灯是否正常（电源指示灯、运行指示灯/停止指示灯正常亮起）
电采暖器	1. 检查外观 2. 检查运行情况	1. 检查设备运行是否有异响； 2. 检查设备周围有无焦煳味
分体空调	检查室外机换热器是否脏堵	清理换热器表面吸附物
新风道静电除尘装置	查看运行状态	1. 查看控制箱状态指示灯是否正常（电源指示灯、运行指示灯/停止指示灯正常亮起）； 2. 设备周围无焦煳味； 3. 设备运行时无异响

9.4.2 月 检

月检所需的工器具有试电笔、大螺丝刀（一字、十字）、活动扳手（10 英寸）、尖嘴钳（6 英寸）、手电筒、钳形电流表、兆欧表（500 V）、警示牌、内六角扳手、普通扳手（8 号、12 号）、油漆刷、润滑油枪、小螺丝刀（一字、十字）、扫把套装。

通风空调设备月检

1. 消防风机月检检修内容和检修标准

消防风机月检检修内容和检修标准见表 9-16。

表 9-16 消防风机月检检修内容和检修标准

作业项目	检修内容	检修标准
消防风机	检查风机紧固件	紧固无松动（标线对齐）
	检查周围环境	风机前后无障碍物、吸附物

2. 组合风阀月检检修内容和检修标准

组合风阀月检检修内容和检修标准见表 9-17。

表 9-17 组合风阀月检检修内容和检修标准

作业项目	检修内容	检修标准
组合风阀	检查周围环境	风阀前后无障碍物、吸附物
	就地操作风阀，观察执行机构动作情况	动作灵敏、可靠
	检查阀框	固定牢固
	传动部位松紧度调校	1. 转动灵活； 2. 紧固传动件（标线对齐）
	查看综合监控界面，确认设备运行反馈情况	确认目标状态与监控显示状态一致且无报警信息

3. 大、小系统消防联动风阀月检检修内容和检修标准

消防联动风阀月检检修内容和检修标准见表 9-18。

表 9-18　消防联动风阀月检检修内容和检修标准

作业项目	检修内容	检修标准
大、小系统消防联动风阀	检查周围环境	风阀前后无障碍物、吸附物
	查看综合监控界面，确认设备运行反馈情况	确认目标状态与监控显示状态一致且无报警信息
	大、小系统消防联动风阀联动测试	确认目标状态与执行状态一致且无报警信息

4. 射流风机月检检修内容和检修标准

射流风机月检检修内容和检修标准见表 9-19。

表 9-19　射流风机月检检修内容和检修标准

作业项目	检修内容	检修标准
射流风机	检查风机紧固件	紧固无松动（标线对齐）
	检查周围环境	风机前后无障碍物、吸附物

5. 轨排风口月检检修内容和检修标准

轨排风口月检检修内容和检修标准见表 9-20。

表 9-20　轨排风口月检检修内容和检修标准

作业项目	检修内容	检修标准
轨排风口	轨底风口固定	紧固，螺栓无松动
	轨底风口框架检查	外观良好，无裂痕

9.4.3　年　检

年检所需的工器具有试电笔、大螺丝刀（一字、十字）、活动扳手、兆欧表、警示牌、内六角扳手、电子检漏仪、普通扳手、尖嘴钳、手电筒、钳形电流表、油漆刷、润滑油枪、小螺丝刀、美工刀、扫把套装。

通风空调设备年检

1. 空调机组年检检修内容和检修标准

空调机组年检检修内容和检修标准见表 9-21。

表 9-21　空调机组年检检修内容和检修标准

作业项目	检修内容	检修标准
空调机组	过滤器情况检查	1. 过滤网无破损； 2. 框架无变形

续表

作业项目	检修内容	检修标准
空调机组	皮带松紧度检查、调整、更换	1. 下压皮带中部，位移约 1 cm 为正常； 2. 皮带无裂纹、磨损及开层
	各紧固件的检查	紧固机组各段内部固定螺栓
	积水槽积水检查	排水畅通、排水口无堵塞
	风机段检查	1. 无积水； 2. 紧固风机固定螺栓； 3. 减振装置螺栓无松动； 4. 风机软连接无破损
	表冷段底盘漏水检查	无漏水、无破裂
	机体变形检查	1. 无变形； 2. 各段检修门开启/关闭正常，且无漏风现象
	内部照明装置的检修	开关灯具、查看灯具是否正常开启
	空调箱电气检查	1. 检查外观是否有拉弧痕迹（烧灼痕迹），如有需对该元器件进行更换； 2. 紧固电器元件固定螺栓； 3. 紧固主回路接线端子并确认防松标线； 4. 紧固控制回路接线端子
	表冷器的检查及清洁	1. 清洁表冷器； 2. 检查表冷器有无泄漏现象（目测）
	电机绝缘检查	检查电机绕组对地绝缘阻值不小于 0.5 MΩ
	控制功能测试	1. 就地点动风机，验证就地开启关闭功能并核对显示状态（开启-运行指示灯亮/关闭-停止指示灯亮）； 2. 环控点动风机，验证环控开启关闭功能并核对显示状态（开启-运行指示灯亮/关闭-停止指示灯亮）； 3. 环调启动风机，确认监控状态及现场状态保持一致
	静电除尘段检查	1. 静电除尘内部装置无破损、无明显积尘； 2. 静电除尘装置运行指示灯显示正常； 3. 电源箱检查外观是否有拉弧痕迹（烧灼痕迹），如有需对该元器件进行更换； 4. 紧固电源箱内电器元件固定螺栓； 5. 紧固电源箱主回路接线端子并确认防松标线； 6. 紧固电源箱内控制回路接线端子

2. 消防风机年检检修内容和检修标准

消防风机年检检修内容和检修标准见表 9-22。

表 9-22　消防风机年检检修内容和检修标准

作业项目	检修内容	检修标准
消防风机	机体及支架的防锈及油漆	无锈蚀、美观
	紧固电机接线端子	紧固电机接线端子，并确认防松线标线
	电机安全性能检查	检查电机绕组对地绝缘阻值不小于 0.5 MΩ
	紧固地脚螺丝或吊杆螺丝	紧固固定螺栓并确认防松线标线
	在 IBP 上对消防专用风机进行紧急启停功能测试	确认现场设备运行状态与 IBP 下达指令一致

3. 一般风机年检检修内容和检修标准

一般风机年检检修内容和检修标准见表 9-23。

表 9-23　一般风机年检检修内容和检修标准

作业项目	检修内容	检修标准
一般风机	紧固地脚螺丝或吊杆螺栓	紧固固定螺栓并确认防松线标线
	紧固电机接线端子	紧固电机接线端子、并确认防松线标线
	电机安全性能检查	检查电机绕组对地绝缘阻值不小于 0.5 MΩ
	风管、保温棉检查	风管无破损、保温棉无脱落
	控制功能测试	1. 就地点动风机，验证就地开启关闭功能并核对显示状态（开启-运行指示灯亮/关闭-停止指示灯亮）； 2. 环控点动风机，验证环控开启关闭功能并核对显示状态（开启-运行指示灯亮/关闭-停止指示灯亮）； 3. 环调启动风机，确认监控状态及现场状态保持一致

4. 消防风阀年检检修内容和检修标准

消防风阀年检检修内容和检修标准见表 9-24。

表 9-24　消防风阀年检检修内容和检修标准

作业项目	检修内容	检修标准
消防风阀	查看综合监控界面，确认设备运行反馈情况	确认实际状态与反馈状态一致，且无报警信息
	执行机构的检修或更换	动作灵敏、可靠
	传动部位松紧度调校及润滑	动作灵敏、可靠
	电气接线及开关触点检查	1. 紧固接线端子； 2. 开关触点有无烧灼痕迹

5. 风机盘管年检检修内容和检修标准

风机盘管年检检修内容和检修标准见表 9-25。

表 9-25　风机盘管年检检修内容和检修标准

作业项目	检修内容	检修标准
风机盘管	检查水管软接头	无漏水、无老化（细微裂痕）
	检查电动二通阀/电磁阀	通过控制器开关确认阀体是否正常动作
	控制器维护更换	接线与功能完好

6. 消声器年检检修内容和检修标准

消声器年检检修内容和检修标准见表 9-26。

表 9-26　消声器年检检修内容和检修标准

作业项目	检修内容	检修标准
消声器	检查消声片形状	表面平直、光滑，无锈蚀
	检查连接接点	无松动、损坏
	调整消声片的间距、垂直度	符合原产品安装标准（各消声片无倾斜）
	支架的检查及防锈、油漆	紧固固定支架，对锈蚀部位做防锈处理

7.一般风阀年检检修内容和检修标准

一般风阀年检检修内容和检修标准见表 9-27。

表 9-27　一般风阀年检检修内容和检修标准

作业项目	检修内容	检修标准
一般风阀	查看综合监控界面，确认设备运行反馈情况	确认实际状态与反馈状态一致，且无报警信息
	执行机构的检修或更换	动作灵敏、可靠
	传动部位松紧度调校及润滑	动作灵敏、可靠
	电气接线及开关触点检查	1. 紧固接线端子； 2. 开关触点有无烧灼痕迹

8. 多联机年检检修内容和检修标准

多联机年检检修内容和检修标准见表 9-28。

表 9-28　多联机年检检修内容和检修标准

作业项目	检修内容	检修标准
多联机	电器控制部位检修	1. 检查电器元件是否有拉弧痕迹（烧灼痕迹），如有需对该元器件进行更换； 2. 紧固电器元件固定螺栓； 3. 紧固接线端子
	室外机换热器的清洗	1. 清洗室外机换热器； 2. 清洁周围易吸附物
	制冷系统泄漏检查	无泄漏（电子检漏仪不发生报警）

9. 射流风机年检检修内容和检修标准

射流风机年检检修内容和检修标准见表 9-29。

表 9-29 射流风机年检检修内容和检修标准

作业项目	检修内容	检修标准
射流风机	机体及支架的防锈及油漆	机体及支架无锈蚀
	紧固电机接线端子	电机接线端子牢固、无松动
	电机安全性能检查	检查电机绕组对地绝缘阻值不小于 0.5 MΩ
	紧固地脚螺丝或吊杆螺丝	紧固固定螺栓并确认防松线标线
	在 IBP 对消防专用风机进行紧急启停功能测试	确认现场设备运行状态与 IBP 下达指令一致

9.4.4 空调季前设备投用专项维护

为确保通风空调设备在空调季来临前处于可投用状态，需要有计划地对水处理设备、冷水机组、群控系统、水系统管道、末端设备、冷却塔进行排查、检测和清洗，以确保完成各站冷机开启、水系统投用的准备工作。

空调季前设备专项维护所需的工器具有试电笔、大螺丝刀（一字、十字）、活动扳手、兆欧表、警示牌、内六角扳手、电子检漏仪、普通扳手、尖嘴钳、手电筒、钳形电流表、油漆刷、润滑油枪、小螺丝刀、美工刀、扫把套装。

1. 空调季前双螺杆冷水机组专项维护

空调季前双螺杆冷水机组检修内容和检修标准见表 9-30。

表 9-30 空调季前双螺杆冷水机组检修内容和检修标准

保养设备	作业内容	作业标准	时间安排
冷水机组（双螺杆）	控制箱内电器元件检查	1. 检查外观是否有拉弧痕迹（烧灼痕迹），如有需对该元器件进行更换； 2. 紧固电器元件固定螺栓； 3. 进行干燥处理	每年 5 月
	接线端子紧固	1. 紧固主回路接线端子并确认防松标线； 2. 紧固控制回路接线端子	
	制冷系统泄漏检查	无泄漏（电子检漏仪不发生报警）	
	机组外观检查	1. 检查机组蒸发器冷凝器有无变形（目测）、渗漏（观察变形处是否有油渍、水渍）； 2. 检查裸露铜管有无变形（目测）、渗漏（观察变形处是否有油渍）； 3. 控制箱外观有无变形（目测）、紧固固定螺栓	

续表

保养设备	作业内容	作业标准	时间安排
冷水机组（双螺杆）	机组冷冻机油的检查	1. 油位（在视液镜 1/2～2/3 为正常）； 2. 油色正常（透彻、无明显杂质、无明显变色）	
	运行状态检查	冷水机组状态、数据与群控柜显示一致	

2. 空调季前磁悬浮冷水机组专项维护

空调季前磁悬浮冷水机组检修内容和检修标准见表 9-31。

表 9-31　空调季前磁悬浮冷水机组检修内容和检修标准

保养设备	作业内容	作业标准	时间安排
冷水机组（磁悬浮）	控制箱内电器元件检查	1. 检查外观是否有拉弧痕迹（烧灼痕迹），如有需对该元器件进行更换； 2. 紧固电器元件固定螺栓； 3. 进行干燥处理	每年 5 月
	接线端子紧固	1. 紧固主回路接线端子并确认防松标线； 2. 紧固控制回路接线端子	
	制冷系统泄漏检查	无泄漏（电子检漏仪不发生报警）	
	机组外观检查	1. 检查机组蒸发器冷凝器有无变形（目测）、渗漏（观察变形处是否有油渍、水渍）； 2. 检查裸露铜管有无变形（目测）、渗漏（观察变形处是否有油渍）； 3. 控制箱外观有无变形（目测）、紧固固定螺栓	每年 5 月
	机组冷冻机油的检查	1. 油位（在视液镜 1/2～2/3 为正常）； 2. 油色正常（透彻、无明显杂质、无明显变色）	
	运行状态检查	冷水机组状态、数据与群控柜显示一致	

3. 空调季前蒸发冷水机组专项维护

空调季前蒸发冷水机组检修内容和检修标准见表 9-32。

表 9-32　空调季前蒸发冷水机组检修内容和检修标准

保养设备	作业内容	作业标准	时间安排
蒸发冷水机组	控制箱内电器元件检查	1. 检查外观是否有拉弧痕迹（烧灼痕迹），如有需对该元器件进行更换； 2. 紧固电器元件固定螺栓； 3. 进行干燥处理	每年 5 月

续表

保养设备	作业内容	作业标准	时间安排
蒸发冷水机组	接线端子紧固	1. 紧固主回路接线端子并确认防松标线； 2. 紧固控制回路接线端子	
	制冷系统泄漏检查	无泄漏（电子检漏仪不发生报警）	
	机组外观检查	1. 检查机组蒸发器冷凝器有无变形（目测）、渗漏（观察变形处是否有油渍、水渍）； 2. 检查裸露铜管有无变形（目测）、渗漏（观察变形处是否有油渍）； 3. 控制箱外观有无变形（目测）、紧固固定螺栓	
	机组冷冻机油的检查	1. 油位（在视液镜 1/2～2/3 为正常）； 2. 油色正常（透彻、无明显杂质、无明显变色）	
	运行状态检查	冷水机组状态、数据与群控柜显示一致	

4. 空调季前空调水泵专项维护

空调季前空调水泵检修内容和检修标准见表 9-33。

表 9-33　空调季前空调水泵检修内容和检修标准

保养设备	作业内容	作业标准	时间安排
空调水泵	检查地脚螺栓减震器/减振	1. 紧固水泵地脚螺栓； 2. 检查减震器有无倾斜并紧固固定螺栓/减振垫有无破损（目测）	每年 5 月
	水泵电气性能检查	1. 检查电机绕组对地绝缘阻值不小于 0.5 MΩ； 2. 紧固设备外壳接地线是否牢固	
	水泵机械检查	管道注水开启水泵，查看机封是否漏水，滴水不大于 10 滴/min 且无明显啸叫声为正常	
	清洗 Y 形过滤器及水泵卫生清洁	1. 清洗 Y 形过滤器，要求滤芯无变形，干净整洁； 2. 清洁水泵及周围卫生	

5. 空调季前冷却塔专项维护

空调季前冷却塔检修内容和检修标准见表 9-34。

表 9-34　空调季前冷却塔检修内容和检修标准

保养设备	作业内容	作业标准	时间安排
冷却塔	风机皮带松紧度检查与调整或更换	1. 松紧度调整：使用 100 N 力按压皮带，位移约 1 cm 为正常； 2. 检查皮带无裂纹、磨损及开层	每年 5 月

续表

保养设备	作业内容	作业标准	时间安排
冷却塔	填料、集水盘及洒水盘的清洁	清洁集水盆、洒水盆，要求清洁、无杂物	
	塔体结构检查	1. 紧固塔体固定件及各部位连接件，视情况进行加固； 2. 清洁塔体及周围卫生	
	控制箱的检查及清洁	1. 检查电器元件是否有拉弧痕迹（烧灼痕迹），如有需对该元器件进行更换； 2. 紧固电器元件固定螺栓； 3. 进行干燥处理； 4. 紧固主回路接线端子并确认防松标线； 5. 紧固控制回路接线端子； 6. 清扫控制箱及周围卫生	

6. 空调季前水处理仪专项维护

空调季前水处理仪检修内容和检修标准见表 9-35。

表 9-35 空调季前水处理仪检修内容和检修标准

保养设备	作业内容	作业标准	时间安排
水处理仪	传动部位松紧度调校及加注润滑油	动作灵敏、可靠，加油周期为 2 周，30 g/次	每年 5 月份
	电气接线及开关触点检查	1. 检查电器元件是否有拉弧痕迹（烧灼痕迹），如有需对该元器件进行更换； 2. 紧固电器元件固定螺栓； 3. 进行干燥处理； 4. 紧固主回路及控制回路接线端子	
	阀体的检查及防锈处理	整洁、牢固、完好、无锈蚀	

7. 空调季前群控柜专项维护

空调季前群控柜检修内容和检修标准见表 9-36。

表 9-36 空调季前群控柜检修内容和检修标准

保养设备	作业内容	作业标准	时间安排
群控柜	电气接线及开关触点检查	1. 检查电器元件是否有拉弧痕迹（烧灼痕迹），如有需对该元器件进行更换； 2. 紧固电器元件固定螺栓； 3. 进行干燥处理； 4. 紧固主回路及控制回路接线端子	每年 5 月

续表

保养设备	作业内容	作业标准	时间安排
群控柜	控制柜内外的检查及清扫	1. 检查柜体有无变形 2. 清洁控制柜内部及周围卫生	
	触摸屏检查	1. 紧固触摸屏电源、通信插接件； 2. 检查有无花屏、触摸不灵敏情况	

8. 空调季前水系统相关附件专项维护

空调季前水系统相关附件检修内容和检修标准见表 9-37。

表 9-37　空调季前水系统相关附件检修内容和检修标准

保养设备	作业内容	作业标准	时间安排
末端管道	恢复拆除的末端保温、软连接、螺栓螺母，并更换生锈严重无法再使用的螺栓、螺母	1. 注水后软连接处无漏水现象； 2. 恢复管道保温； 3. 对锈蚀严重的法兰、螺栓进行更换	3 月初开始
水系统阀门、法兰、伸缩节	注水检漏，并及时整治维修冻伤、冻裂的部件	1. 注水后阀门、法兰、伸缩节处无漏水现象 2. 电动蝶阀测试开闭正常，与群控柜显示状态一致	4 月初开始
水系统附属件	检查水系统管道上压力表表弯情况	表弯无破裂	4 月初开始
	检查水系统末端设备 Y 形过滤器情况	Y 形过滤器内部整洁，外部无锈蚀	
	检查水系统末端动态流量平衡阀情况	动态流量平衡阀无锈蚀，手动操作时动作灵敏	
水系统管道	水系统管道冲洗	水质干净，无杂质	注水检漏后开始
群控系统	就地测试群控一键启停功能、OCC 远程测试一键启停功能	1. 就地、远程一键启停功能测试； 2. 与车站、OCC 对接设备运行状态（设备运行状态与监控显示状态保持一致）	水系统管道冲洗结束后

9.4.5　空调季后设备防冻除锈保养专项维护

为防止水系统管道、阀门、表冷器等设备在冬季被冻裂、冻伤损坏，需要有计划地进行水系统放水、地面补水管保温补修和末端软接拆除工作。

空调季后设备防冻除锈保养专项维护所需工器具：试电笔、大螺丝刀（一字、十字）、活动扳手、兆欧表、警示牌、内六角扳手、电子检漏仪、普通扳手、尖嘴钳、手电筒、钳形电流表、油漆刷、润滑油枪、小螺丝刀、美工刀、扫把套装。空调季后设备防冻除锈保养专项维护内容见表 9-38。

表 9-38　空调季后设备防冻除锈保养专项维护

序号	保养设备	作业内容	作业标准	时间安排
1	水系统管道	水系统管道放水	管道与设备不存水	10 月中旬
2	地面补水管道	地面补水管道、阀门保温是否有破损，及时修补破损保温	补水管道做连续保温，阀门阀体保温包裹严密	10 月中旬
3	冷却塔	填料、集水盘及洒水盘的清洁	1. 清洁冷却塔填料（要求填料上方无水垢、菌藻）； 2. 清洁集水盆、洒水盆，要求清洁、无杂质	10 月中旬
4	末端软连接	水系统放水完成后，为防止末端表冷器因盘管内部存水未放干净而被冻裂，将所有空调组合柜、吊立柜末端进出水管道橡胶软连接拆除，并对组合式空调机组表冷器进行吹扫	拆除全部软连接，吹扫表冷器至无水被吹出	11 月中旬
5	空调水系统设备及其附属件	空调水系统软连接螺栓拆卸后对螺栓进行除锈防腐处理，对腐蚀严重的螺栓进行更换	螺栓无锈迹，整体浸油处理	11 月中旬
		空调水系统管路及阀门等附属件除锈	设备表面无明显锈迹	
6	通风系统设备及其附属件	通风系统设备及支吊架、螺栓等附属件除锈	设备表面无明显锈迹	11 月中旬

9.4.6　过滤网清洗及轴承加油专项修

组合式空调机组和卧式空调柜过滤网需定期清洗，各站过滤网较多，且清洗用时较长，因此该项工作不再列为计划修内容，工班建立清洗台账，至少每月对过滤网进行一次清洗作业。

工班建立各站风机轴承注油台账，定期对有注油嘴的电机轴承加注润滑脂，注意作业前确认机组润滑油的型号与机组是否匹配，确保无误。注油时必须先清除注油嘴内的水迹和尘迹，清洁油枪，以保证注入润滑油的洁净度。

过滤网清洗及轴承加油专项修所需工器具：试电笔、大螺丝刀（一字、十字）、活动扳手、兆欧表、警示牌、内六角扳手、电子检漏仪、普通扳手、尖嘴钳、手电筒、钳形电流表、油漆刷、润滑油枪、小螺丝刀、美工刀、扫把套装。过滤网清洗及轴承加油专项修作业内容和作业标准见表 9-39。

表 9-39　过滤网清洗及轴承加油专项修作业内容和作业标准

序号	保养设备	作业内容	作业标准	时间安排
1	空调机组过滤网	清洗过滤网	无灰尘、柳絮	每月一次
2	风机/空调机组/冷却塔/空调水泵	对设备加注润滑脂	注入新的润滑脂，将原有润滑脂全部排出，直至新的润滑脂排出（针对无注油孔的空调组，需将润滑脂均匀涂抹至轴承滚槽）	隧道风机注油周期为一年、排热风机风机注油周期为一年、回排风机注油周期为三个月、射流风机注油周期为二年、空调机组注油周期为三个月、空调水泵及冷却塔注油周期为一年两次（分别为空调季前/空调后）
3	风机盘管过滤网	清洗过滤网	无灰尘、柳絮	每年一次
4	新风道静电除尘装置滤网	清洗过滤网	无灰尘、柳絮	每月一次
5	新风换气机滤网清洗	清洗过滤网	无灰尘、柳絮	每月一次

9.4.7　轨顶、轨底风道专项修

为保证区间隧道通风质量及轨顶风口固定的可靠性，班组每年需对轨顶风道进行清扫及风口检修工作，并做好记录。

轨顶、轨底风道专项修所需工器具：大螺丝刀（一字、十字）、活动扳手、普通扳手、手电筒、扫把套装。轨顶、轨底风道专项修作业内容和作业标准见表 9-40。

表 9-40　轨顶、轨底风道专项修作业内容和作业标准

保养设备	作业内容	作业标准	时间安排
轨顶、轨底风口	1. 查看并紧固轨顶风口插板阀固定螺栓； 2. 查看轨顶风口插板阀框架是否松动； 3. 查看轨底风口是否牢固	1. 紧固轨顶风口插板阀固定螺栓； 2. 紧固轨顶风口插板阀框架固定螺栓； 3. 检查轨底风口固定是否牢固	每年一次

9.4.8　公共区风口清洗专项修

为保证公共区风口干净整洁，班组需每年对公共区风口进行清扫及风口检修工作，并做好记录。

公共区风口专项修所需工器具：大螺丝刀（一字、十字）、活动扳手、普通扳手、手电筒、扫把套装。公共区风口作业内容和作业标准见表 9-41。

表 9-41　公共区风口专项修作业内容和作业标准

保养设备	作业内容	作业标准	时间安排
公共区风口/分布器	1. 查看并紧固公共区风口/分布器固定螺栓； 2. 公共区风口/分布器清洗	1. 紧固公共区风口/分布器固定螺栓； 2. 风口/分布器无积尘，表面干净整洁	每年一次

思政拓展

地铁背后不为人知的“保健医生”

城市轨道交通检修包括城市轨道交通的车辆检修、线路检修、通风空调设备检修、站台门检修等。可以说，设备检修人员就是城市轨道交通的“保健医生”。

上海地铁维护保障有限公司车辆分公司的高级技师、工程师盛忠明，是经验丰富专治列车疑难杂症的“主治医师”，每天上海地铁结束运营后，盛忠明和同事们就进入闷热的车库，来回穿行于车顶、车厢和地面，反复检查和调试列车的主要部件，判断和处理列车的故障，调试列车的性能，解决车辆发生的各种疑难杂症。

除了为列车治疗“疑难杂症”，盛忠明还有一项特别的爱好——发明创新。在日常列车维修工作结束后，喜欢动脑筋的盛忠明经常会改进这个工艺，发明那个工具，干起活来更加省时省力。多年来，他研究完成工器具及列车部件改造共 43 件，使用后所消耗工时仅为原来的 30%~50%，在提升工作效率的同时，为上海地铁运营节省了大量成本，其创新成果获得国家专利 9 项、市级及行业成果荣誉 12 项。

为了更好地将创新进行推广，在申通地铁集团的支持下，盛忠明于 2015 年底成立了“盛创智维技术工作室”，工作室的核心思想是“技术革新无大小，小改小革也创新”。该工作室成立至今获得多项荣誉，还先后被评为“地铁职工创新工作室”“上海市技师创新工作室”。

自 2004 年入职上海地铁车辆检修行业起，他从普通检修工、班组长到技术主管，再到工作室负责人，先后荣获“上海市技术能手”“全国城市轨道交通行业劳动竞赛维修能手”等荣誉，2021 年 11 月被评为“上海工匠”，2022 年 9 月又获得了“上海市五一劳动奖”。对工作精益求精，与同事互助互爱，不忘初心，是盛忠明作为“上海工匠”的不懈追求。

思考与习题

1. 简述通风空调系统设备巡检的一般要求。
2. 简述通风空调系统设备的检修管理的目的和分类。
3. 简述通风空调设备检修作业流程。

4. 简述空调季冷却塔周检的检修内容和检修标准。
5. 简述月检中空调机组的检修内容和检修标准。
6. 空调季前双螺杆冷水机组如何维护?
7. 空调季后需要对哪些设备进行防冻除锈保养专项维护?

项目 10

通风空调通用维修工具及仪器仪表的使用

知识结构

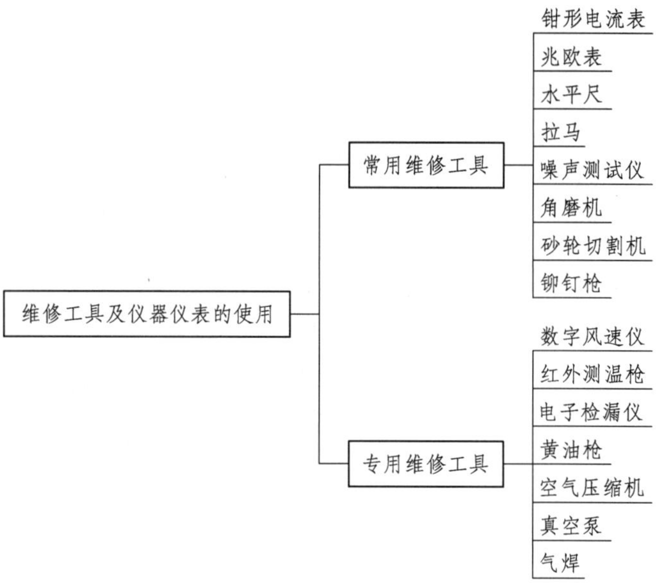

知识目标

1. 掌握通风空调常用维修工具的使用方法，熟悉常用维修工具的工作原理。
2. 掌握通风空调专用维修工具的使用方法。

能力目标

能正确使用通风空调常用维修工具和专用维修工具。

思政目标

培养遵守规范、安全操作、精益求精的工作作风。

10.1 常用维修工具

10.1.1 钳形电流表

钳形电流表简称钳形表，其工作部分主要由一只电磁式电流表和穿心式电流互感器组成。穿心式电流互感器铁心制成活动开口，形成钳形，所以叫钳形电流表。钳形表可以用来测量电缆电线的交流/直流电流、电压、电阻及电路的通断性等，从而检测线路有没有存在短路等情况。它是一种应用十分广泛的测量仪器，是制冷设备电气故障检修中最常用的工具，其外形结构如图 10-1 和图 10-2 所示。

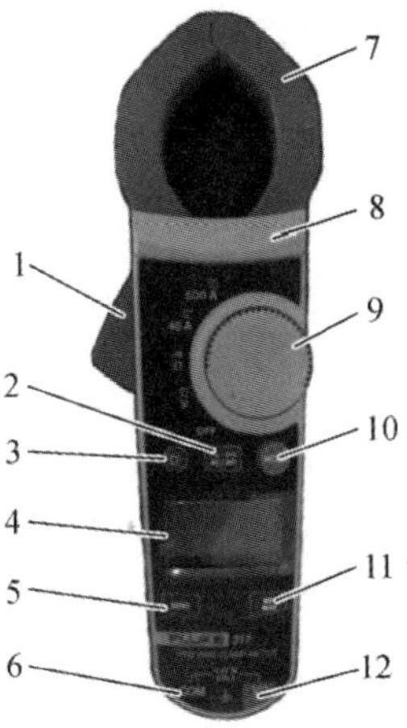

1—钳口开关；2—交流/直流（AC/DC）切换按钮；3—背光灯按钮；4—液晶显示屏；5—“Zero”归零按钮；6—“COM”公共端子；7—电流感测钳；8—触摸挡板；9—旋转功能开关；10—“Hold”保持按钮；11—最小值/最大值（Min/Max）；12—电压/电阻（V/Ω）输入端子。

图 10-1　钳形表测电流

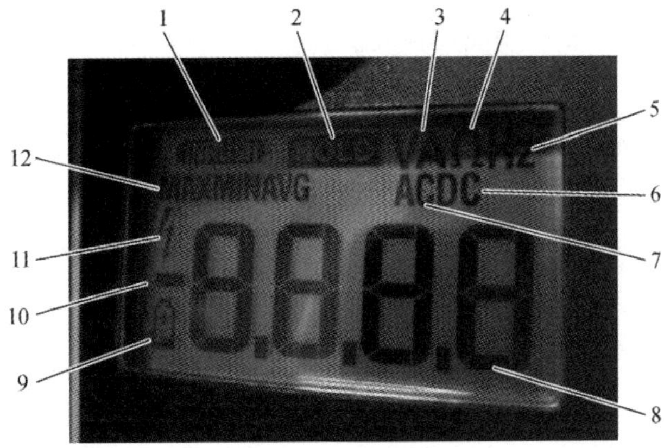

1—启动电流；2—保持功能（HOLD）；3—电压（V）；4—电阻（Ω）；5—频率（Hz）；6—直流模式（DC）；7—交流模式（AC）；8—数值显示；9—电池电量；10—负读数；11—高电压指示符；12—最大读数（MAX）、最小读数（MIN）、平均读数（AVG）。

图 10-2　钳形表显示面板

1. 钳形表工作原理

钳形电流表是由电流互感器和电流表组合而成。电流互感器的铁心在捏紧钳口时可以张开，以便导线可以穿过。穿过铁心的被测电路导线就成为电流互感器的一次线圈，当被测载流导线置于钳口时，使指针偏转，其中通过电流便在二次线圈中感应出电流，从而测出数值。

钳形电流表操作说明

2. 手持钳形表的使用注意事项

（1）测量电流前先按“REL”键清零。

（2）测量电流时，要将测试导线与仪表断开，将手指放在触摸挡板之后。

（3）测量电流时，每次只能测量一相导线的电流，被测导线应置于钳形窗口中央，不可以将多相导线都夹入窗口测量。

（4）测量电压时，使用测试探针，手指应握在护指装置的后面。

（5）测量电阻与通断性时，请确保已经切断电路的电源，并将所有电容器放电。

（6）测量时要使用正确的端子、功能挡和量程。钳形表测量前应先估计被测电流的大小，再决定用哪一量程。若无法估计，可先用最大量程挡然后逐渐减小量程挡，以准确读数。不能使用小电流挡去测量大电流，以防损坏仪表。

（7）被测电路电压不能超过钳形表上所标明的数值，否则容易造成接地事故，或者引起触电危险。

（8）使用完毕，退出被测电线。将量程选择旋钮置于高量程挡位上，以免下次使用时不慎损伤仪表。

3. 钳形表的日常维护

（1）在取下仪表电池盖或后盖前，要先断开测试导线。

（2）钳形口铁心的两个面应很好地吻合，不应有杂质和污垢。

（3）不要将仪表存放在高温或高湿度的环境中。

（4）为了避免损坏仪表，请勿使用腐蚀剂或溶剂清洁仪表。

10.1.2 兆欧表

兆欧表俗称摇表，刻度是以兆欧（MΩ）为单位的，是电工常用的一种测量仪表。一般的兆欧表主要由手摇直流发电机、磁电系比率表和测量线路组成。兆欧表主要用来检查电气设备、电气线路对地及相间的绝缘电阻，以保证这些设备、电器和线路工作在正常状态，避免发生触电伤亡及设备损坏等事故。

使用方法简介：

（1）测量前必须将被测设备电源切断，并对地短路放电。

（2）被测物表面要清洁，减少接触电阻，确保测量结果的正确性。

（3）测量前应将兆欧表进行一次开路和短路试验，检查兆欧表是否良好。即在兆欧表未接上被测物之前，摇动手柄使发电机达到额定转速（120 r/min），观察指针是否指在标尺的“∞”位置。将接线柱“线（L）”和“地（E）”短接，缓慢摇动手柄，观察指针是否指在标尺的“0”位。如指针不能指到该指的位置，表明兆欧表有故障，应检修后再使用。开路、短路实验如图 10-3 所示。

图 10-3　兆欧表开路、短路实验

（4）测量时将兆欧表置于水平位置，摇把转动时其端钮间不许短路。摇动手柄应由慢渐快，若发现指针指零说明被测绝缘物可能发生了短路，这时就不能继续摇动手柄，以防表内线圈发热损坏。

（5）读数完毕，将被测设备放电。放电方法是将测量时使用的地线从兆欧表上取下来与被测设备短接一下即可（不是兆欧表放电），如图 10-4 所示。

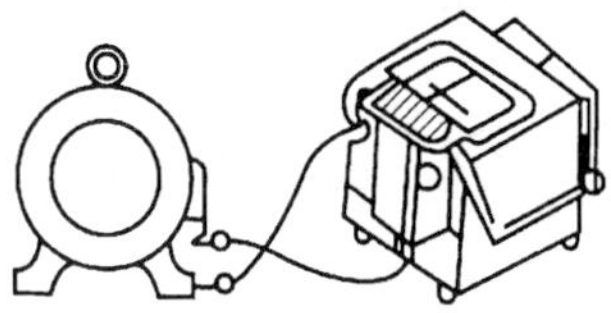

图 10-4　测电机绝缘

在选择兆欧表时，兆欧表的额定电压一定要与被测电气设备或线路的工作电压相适应，另外兆欧表的测量范围要与被测绝缘电阻的范围相符合，以免引起大的读数误差。

10.1.3　水平尺

一般水平尺都有三个玻璃管，每个玻璃管中有一个气泡，横向玻璃管用来测量水平面，竖向玻璃管用来测量垂直面，另外一个一般是用来测量 45°角的。三个水泡的作用都是测量被测面是否水平的，水泡居中则水平，水泡偏离中心，则平面不是水平的，如图 10-5 所示。

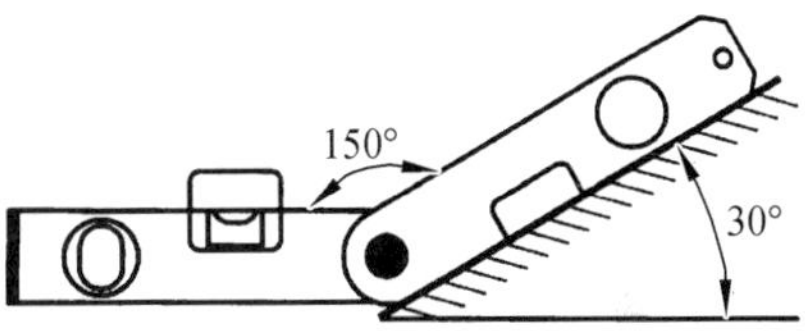

图 10-5　水平尺

使用时，将水平尺放在被测物体上，水平尺气泡偏向哪边，则表示那边偏高，即需要降低该侧的高度，或调高相反侧的高度，将水泡调整至中心，就表示被测物体在该方向是水平的了。

10.1.4　拉　马

拉马是机械维修中经常使用的工具，主要用来将损坏的轴承从轴上沿轴向拆卸下来，由旋柄、螺旋杆和拉爪构成。拉马有两爪或三爪之分，主要尺寸为拉爪长度、拉爪间距、螺杆长度，以适应不同直径及不同轴向安装深度的轴承。常用拉马有手动拉马、液压拉马和电动拉马等，拉马外形如图 10-6 所示。

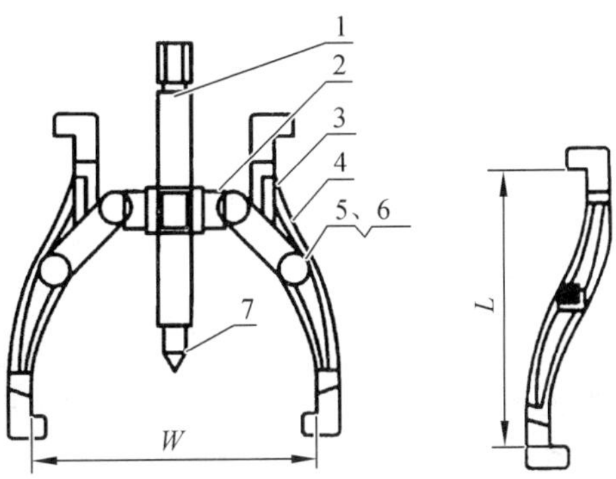

1—丝杆；2—拉座；3—拉脚；4—连接片；5—螺栓；6—螺母；7—顶尖。

图 10-6　拉马

使用时，将螺杆顶尖定位于轴端顶尖孔调整拉爪位置，使拉爪挂钩于轴承外环，旋转旋柄使拉爪带动轴承沿轴向向外移动拆除。

10.1.5 噪声测试仪

噪声测试仪是用于检测工作现场、公共场所、机房等的噪声的仪器。噪声污染是影响较大的环境污染之一，较高分贝的噪声甚至会对人的耳膜造成严重的损伤，导致失聪等。噪声测试仪可以测量噪声所达到的分贝以便采取相关措施控制和减小噪声。声音强度的计量单位是分贝，专业的噪声测试仪具有灵敏度高、精度高、适用范围广等特点，能广泛用于各种环境的噪声测量。

1. 外表结构

噪声测试仪外表结构如图 10-7 所示。

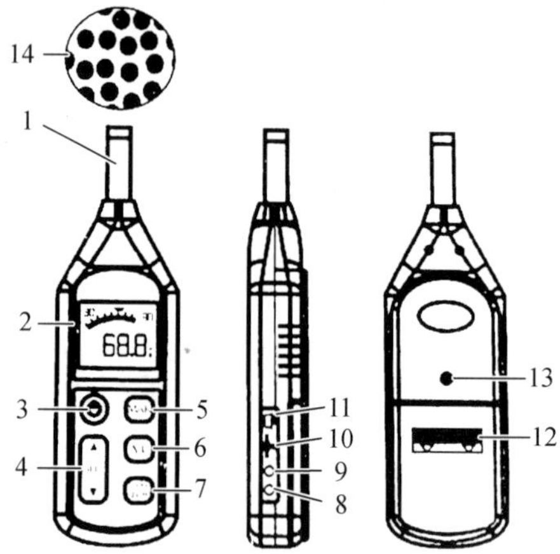

1—铜棒；2—LCD 显示屏；3—电源开关键；4—测量单位功能选择键；5—最大值保持键；6—测量项目选择功能键；7—快速、慢速反应选择键；8—风速或光度探头插孔；9—外界电源插孔；10—噪声校正电位器；11—温湿度探头插孔；12—电池仓；13—三角支架螺母；14—风罩。

图 10-7 噪声测试仪

2. 使用方法

（1）测量开始前，应检查噪声测试仪外观是否正常，开机检查是否运行正常。

（2）将噪声测试仪放置在选定的测量点上。

（3）观察显示的数值，并记录最大数值。

10.1.6 角磨机

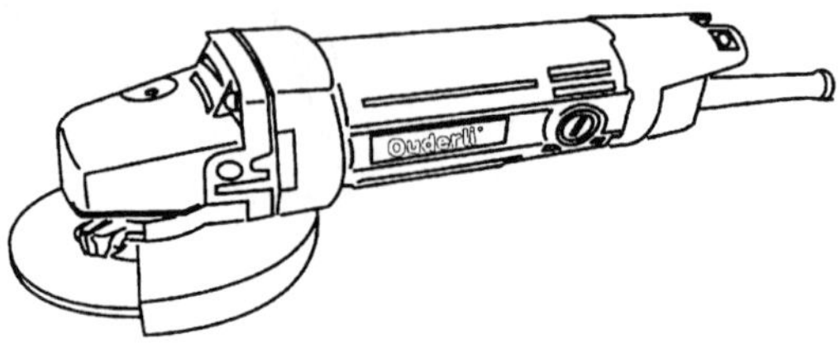

图 10-8 角磨机

角磨机，全名电动角向磨光机，如图 10-8 所示。该机可配用多种工作头，如粗磨砂轮、细磨砂轮、抛光轮、橡胶轮、切割砂轮、钢丝轮等。角磨机就是利用高速旋转的工作头对金属、玻璃钢构件进行磨削、切削、除锈、磨光加工。

1. 使用方法

（1）使用前一定要检查角磨机防护罩和磨片是否安装稳固。

（2）严禁使用已残缺的砂轮片，切割时应防止火星溅到他人，并远离易燃易爆物品。

（3）使用时，要戴保护眼罩，穿好合适的工作服，不可穿过于宽松的工作服，更不要戴首饰或留长发。

（4）角磨机刚运行时会有较大摆动，要用力握稳。

（5）打开开关之后，要等砂轮转动稳定后才能工作。

（6）用角磨机切割或打磨时要握稳角磨机手把均匀用力。

（7）工作完成后清洁工作环境。

2. 角磨机的维护保养

（1）经常检查电源线连接是否牢固，插头是否松动，开关动作是否灵活可靠。

（2）检查电刷是否磨损严重，要及时更换电刷，以防因电刷接触不良而形成火花过大或烧毁电枢。

（3）注意检查工具的进、出风口不可被堵塞，清除工具任何部位的油污与灰尘。

（4）及时添加润滑脂。

10.1.7 砂轮切割机

砂轮切割机，又叫砂轮锯，主要由基座、砂轮、电动机或其他动力源、托架、防护罩和给水器等组成，适用于建筑、五金、石油化工、机械冶金及水电安装等工程。砂轮切割机可对金属方扁管、方扁钢、工字钢、槽钢、圆钢、圆管等材料进行切割。

1. 外表结构

砂轮切割机外表结构如图 10-9 所示。

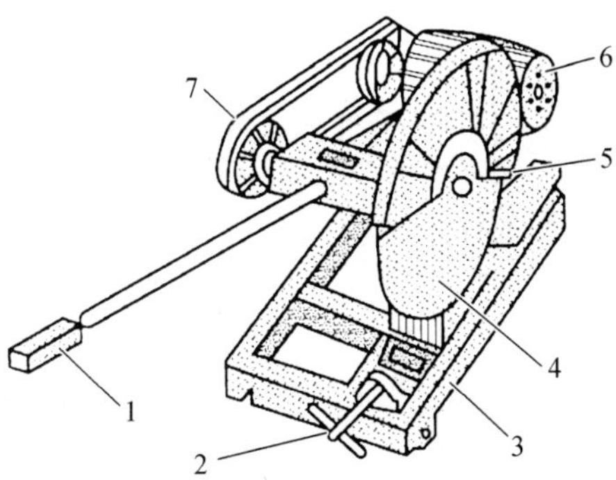

1—手把及电源开关；2—夹紧结构；3—底座；4—砂轮切割片；
5—压紧端盖；6—电机；7—皮带轮。

图 10-9 砂轮切割机

2. 使用方法

（1）工作前必须穿戴好劳动保护用品，检查设备是否接地良好。

（2）切料时不可用力过猛或突然撞击，遇到有异常情况要立即关闭电源。

（3）被切割的材料要用台钳夹紧，在切料时操作人员必须站在砂轮片的侧面。

（4）更换砂轮片时，必须等设备停稳后才进行，并要对新换的砂轮片进行检查确认。

（5）操作过程中，机架上不准存放工具和其他物品。

（6）砂轮切割机应放在平稳的地面上，远离易燃物品，电源线应接漏电保护装置。

（7）切割时操作人员应均匀用力并避开切割片正面，防止因操作不当使切割片打碎发生事故。

（8）工作完毕应擦拭砂轮切割机表面灰尘和清理工作场所，露天存放应有防雨措施。

10.1.8 铆钉枪

铆钉枪按照动力不同分为气动铆钉枪、电动铆钉枪、手动铆钉枪、液压铆钉枪。铆钉枪可用于各类金属板材、管材等制作时的紧固铆接。铆接可解决金属薄板、薄管焊接螺母易熔，攻内螺纹易滑牙等问题，它不需要攻内螺纹，不需要焊接螺母的拉铆产品，并且连接牢固、效率高、使用方便快捷。铆钉枪外形如图 10-10 所示。

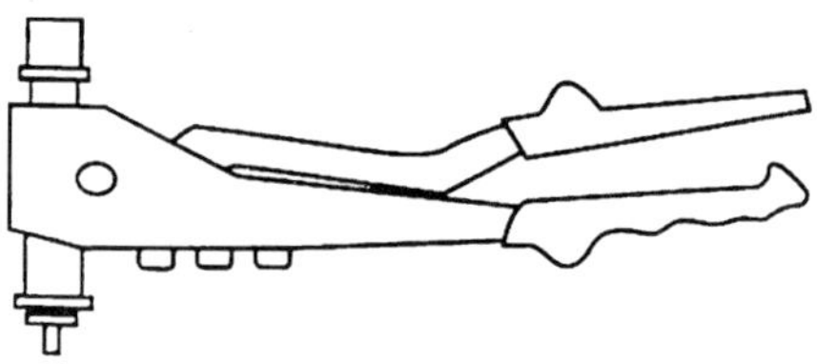

图 10-10 铆钉枪

使用方法：

（1）开始工作前先从进气嘴注入少量润滑油，保证铆钉枪的工作性能和工作寿命。铆钉外形如图 10-11 所示。

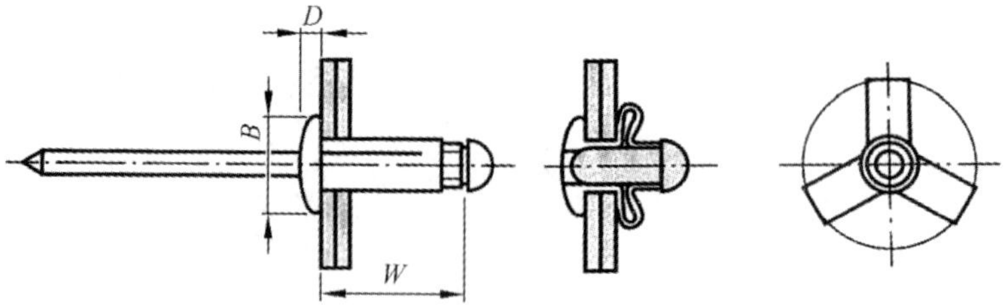

图 10-11 铆钉

（2）冲头顶紧铆钉后才按压按钮。否则，活塞往复运动，会消耗一部分能量，并且活塞会撞击壳体，使铆钉枪损坏。

（3）右手持握手柄，食指按下按钮，启动铆钉枪，可利用按钮调节压缩空气大小，保证铆钉枪平稳工作。

（4）使用中不应随意打空枪，以免损坏机件。

10.2 专用维修工具

10.2.1 数字风速仪

数字风速仪采用了先进的数字通信技术，系统稳定性高、抗干扰能力强、检测精度高，可用于测量瞬时风速和平均风速，具有自动监测、实时显示、超限报警控制等功能，其外形如图 10-12 所示。

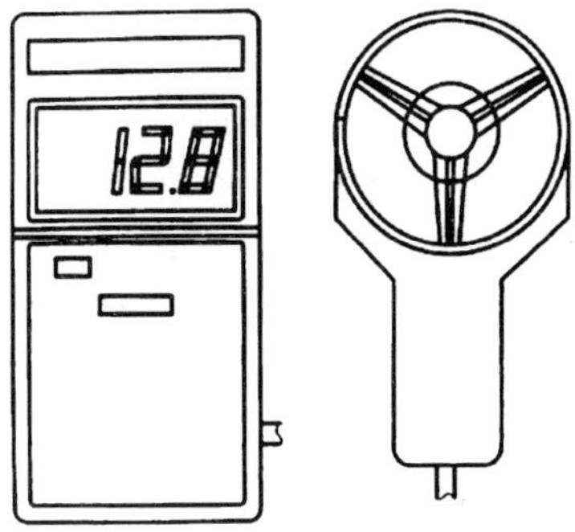

图 10-12 风速仪

使用方法：

（1）调零：将探头拉杆缩回，打开电源开关，经 1 min 预热后仪器工作稳定，显示为“0.00”，若不在零点，可调整仪器前面板上的调零电位器，直到显示为“0.00”。

（2）测量：拉开探头拉杆，露出探头，即可读数，用后随时关闭电源开关，将探头拉杆退回套管。

（3）保持：按下保持键，风速值稳定显示于表头上。

10.2.2 红外测温枪

红外测温枪由光学系统，光电探测器，信号放大器及信号处理、显示输出等部分组成。光学系统汇聚其视场内的目标红外辐射能量，红外能量聚焦在光电探测器上并转变为相应的电信号，该信号再经换算转变为被测目标的温度值。红外测温枪外形如图 10-13 所示。

使用方法：

（1）测温仪会在按下扳机或按下黄色键时打开，若连续 8 s 内没有检测到活动，测温仪会自动关闭。

（2）测量温度时，将测温仪瞄准目标，按下扳机测量温度，松开扳机保持温度读数，如图 10-14 所示。

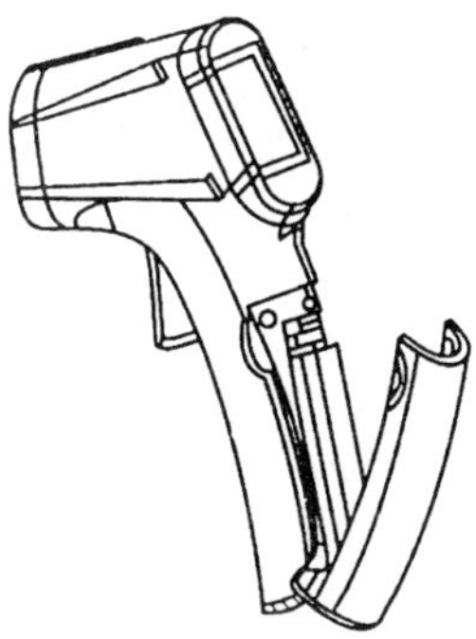

图 10-13 红外测温枪

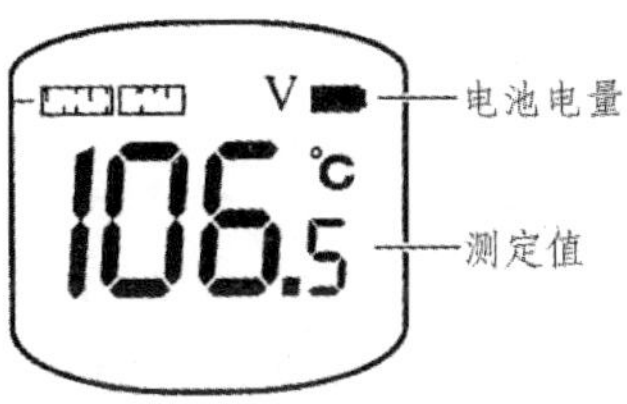

图 10-14 温度显示

10.2.3 电子检漏仪

电子检漏仪用来检测空调和制冷系统中的制冷剂是否泄漏。它有若干个可视泄漏指示，一个灯亮表示传感器检测到制冷剂浓度的最小量，几个指示灯从下向上依次点亮，形象地表明制冷剂的泄漏浓度逐渐升高。

使用方法：

（1）打开电源开关，此时电源指示灯亮，同时听到检漏仪发出缓慢间断的“嘀、嘀”声。

（2）通过观看电源指示灯，核对电池电压。

（3）选择合适的灵敏度，然后将检漏仪的探头沿系统连接管道慢慢移动进行检漏，速度不大于 25 ~ 50 mm/s。

（4）如检漏仪发出“嘀……”的长鸣声时，说明该处存在泄漏。为保证能准确无误地确定漏点，应及时移开探头，重新调节灵敏度到合适值，待检漏仪恢复正常后，在发现的漏点处重复检测 2 ~ 3 次。

（5）如果找到一个漏点后，一定要继续检查剩余管路，以免有其他泄漏点被漏检。

10.2.4 黄油枪

黄油枪是一种给电机轴承加注润滑脂的手动工具，一般由手柄、枪头、枪管、拉手、皮碗、弹簧、钢珠、排气螺栓等组成。对加油位置方便、处于空间宽敞的地方可用铁枪头；对加油位置隐蔽，不易加注的地方就必须用软管平枪头来加油。黄油枪外形如图 10-15 所示。

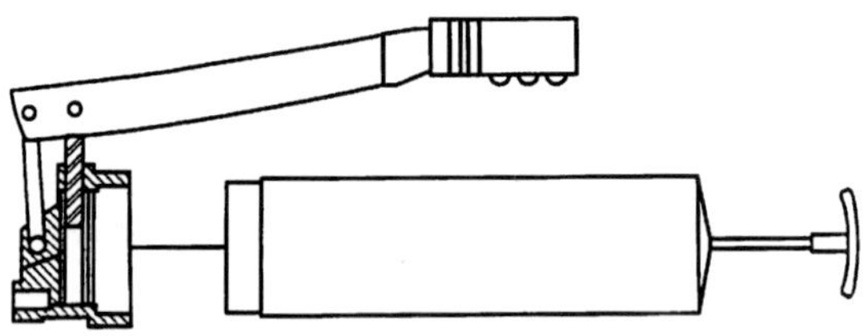

图 10-15　黄油枪

使用方法：

（1）旋开油枪头与枪筒分开。

（2）将枪筒的开口部分浸入到桶装黄油里，大约浸入 30 mm 深时，一手紧握枪筒，另一手向后拉动筒尾部的从动把手，将黄油吸入枪筒内。

（3）装上油枪头，按住枪筒尾部的锁定片，并将从动把手推入枪筒内即可使用。

（4）将枪头压紧在轴承注油口上，按压手柄，直至轴承边缘有黄油溢出。

（5）取下枪头，加油完毕。

10.2.5 空气压缩机

空气压缩机由电动机直接驱动，使曲轴产生旋转运动，带动连杆使活塞产生往复运动，引起气缸容积变化，从而提供气源动力。空气压缩机是气动系统的核心设备，它能将电动机的机械能转换成气体压力能的装置，是压缩空气的气压发生装置，可用于吹干水系统管道、吹洗过滤器等。空气压缩机外形如图 10-16 所示。

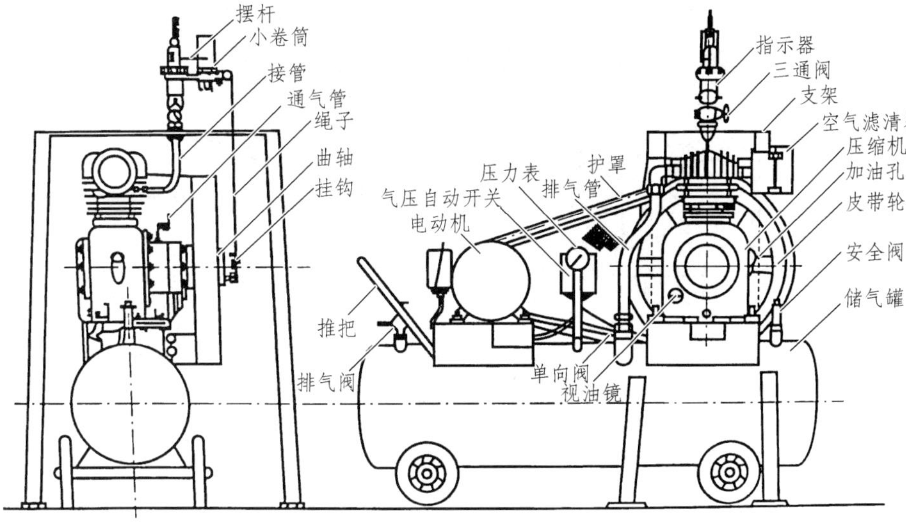

图 10-16　空气压缩机

使用方法：

（1）检查电源电压是否正常，检查供气管上阀门是否打开，手动排水阀是否关闭。

（2）确认无误后开机（空压机面板绿色按钮，关闭按钮为红色或灰色，旁边有突出的急停按钮，可在紧急情况下可使用），听声音是否正常，特别是加载声音。

（3）按停机按钮，自动运行灯熄灭，自动卸载运行 30 s 后，停止空压机。

（4）关闭供气阀，打开手动排水阀。

10.2.6　真空泵

真空泵是指利用机械或物理化学的方法，对被抽容器进行抽气而获得真空的器件或设备。通俗来讲，真空泵是用各种方法在某一封闭空间中改善、产生和维持真空的装置。在给空调器充制冷剂之前，要先用真空泵把系统中的空气排除，使系统成为真空，空调系统真空度的高低直接影响空调器的质量。当系统中含有其他气体时，系统中高、低压的压力就会升高，增加了压缩机的负荷，降低了制冷效率。尤其当系统中含有较多的水分时危害会更大，系统中的水分会使压缩机绝缘电阻下降，腐蚀压缩机及系统管路，使冷冻机油变质，产生冰堵，引起一系列故障。真空泵结构如图 10-17 所示。

使用方法：

（1）将歧管阀充注软管连接于低压阀充注口。

（2）将充注软管接头与真空泵连接，完全打开低压手柄，开启真空泵即可抽真空。

10.2.7　气　焊

施工中常利用氧炔焰进行切割及修补焊缝，气焊的组成如图 10-18 所示。

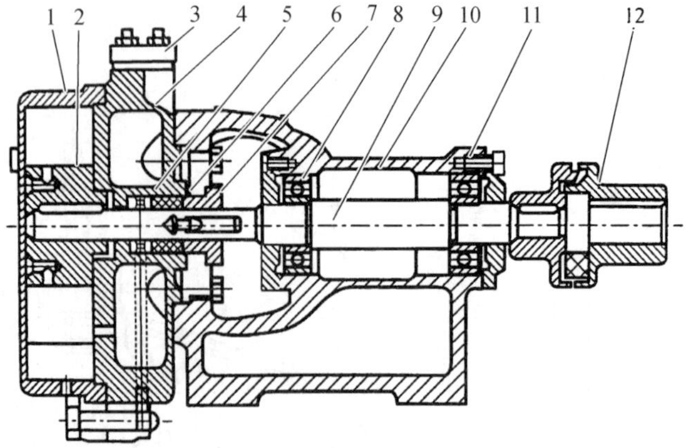

1—泵盖；2—叶轮；3—进出口法兰；4—泵体；5—填料环；6—填料；7—压盖；8，11—轴承；9—轴；10—托架；12—联轴器。

图 10-17 真空泵

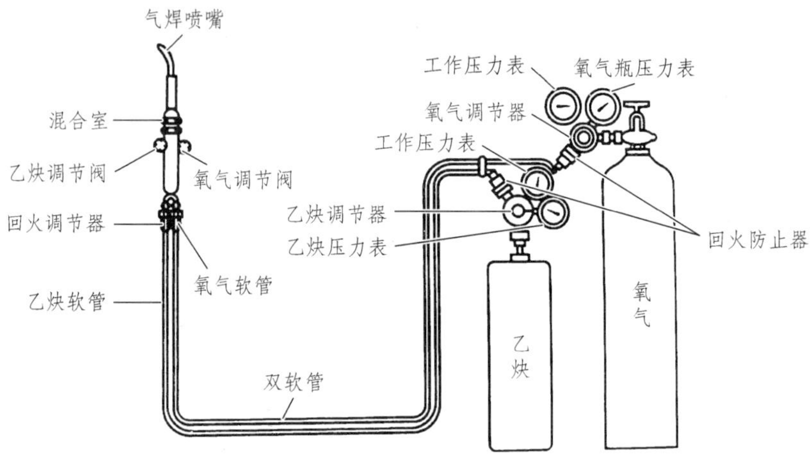

图 10-18 气焊

使用说明：

（1）将氧气减压器、乙炔减压器与氧气、乙炔气瓶正确连接，各自调整到工作压力后，先打开乙炔阀门，点火，然后打开氧气阀门调焰，开始工作。熄火时与此相反。

（2）遇有回火时，应立即关闭乙炔气门，焊枪冷却后，方可继续点火工作。

知识拓展

工器具正确使用

在检修作业中，工器具操作不当会直接影响作业质量，甚至会危及到操作者本人及周围环境的安全，因此，选择合理的工器具，工作过程中严格按标准操作，是作业质量和人身安全的重要保证。在使用工器具时，要做到以下三点：

（1）熟练掌握工器具的操作规范和注意事项；

（2）按规定正确穿戴好劳保用品，比如根据需要穿戴护目镜、口罩、手套、绝缘鞋等，做好个人安全防护；

（3）严格按照岗位操作标准，正确选择和使用工器具。

思考与习题

1. 简述兆欧表的使用方法。
2. 简述水平尺的测量方法。
3. 简述角磨机使用时的注意事项。
4. 简述红外测温枪的使用方法。

项目 11

通风空调设备故障处理

知识结构

- 通风空调设备故障处理
  - 常见故障处理
    - 组合式空调机组及风机盘管常见故障及分析
    - 冷水机组及制冷系统常见故障及分析
    - 冷却塔常见故障及分析
    - 空调水泵常见故障及分析
    - 风机常见故障及分析
    - 风阀、风管及风口常见故障及分析
  - 部分故障维修与处理
    - 某车站风机电机轴承故障维修与处理
    - 某车站冷水机组油位开关故障维修与处理
    - 某车站水泵机械密封故障维修处理

知识目标

1. 掌握通风空调设备常见故障的处理方法。
2. 熟悉通风空调设备典型故障的处理方法。

能力目标

1. 能够对通风空调常用设备常见故障进行分析，并能及时处理。
2. 能够对通风空调设备典型故障进行分析，并能及时处理。

思政目标

1. 培养安全生产的工作意识。
2. 培养严肃认真、科学严谨的职业道德和工作作风。

11.1 常见故障处理

通风空调设备常见故障处理

地铁通风空调在日常运行中出现的故障，需要专业的运营维护人员及时处理，才能保证整个通风空调系统长期高效、安全地运行。下面列举了较常见故障处理及分析。

11.1.1 组合式空调机组及柜式风机盘管常见故障及分析（见表 11-1）

表 11-1 组合式空调机组及柜式风机盘管常见故障及分析

部件	问题和故障	原因分析	解决办法
表冷器	表面温度不均匀	表冷器内有空气	打开表冷器放气阀放气
	热交换能力降低	表冷器管内脏堵	清除管内水垢
	漏水	接口或焊口腐蚀开裂	修补
		放气阀未关或未关紧	关紧放气阀
空气过滤网	阻力增大	积尘太多	清洗过滤网
接水盘	溢水	排水管堵塞	疏通
		接水盘倾斜方向不正确	调整方向，市政排水口处于最低点
	凝结水排放不畅	凝结水管道水平坡度太小	调整排水管坡度，或者就近排水
		排水口部分堵塞	疏通
		未做水封,或水封高度不够	做水封或者将水封高度加大到与送风机压头相对应
离心风机	运行噪声或振动过大	某处紧固部件松动或脱落	紧固或补上
		风机轴承缺油或损坏	加油或更换轴承
		风机叶轮松动或变形擦壳	修理

11.1.2 冷水机组及制冷系统常见故障及分析（见表 11-2）

表 11-2 冷水机组及制冷系统常见故障及分析

部件	问题和故障	原因分析	解决办法
制冷剂	制冷剂不足	制冷剂泄漏	检漏、堵漏，加足制冷剂
冷凝器	冷凝温度偏高/低压保护	冷却水量偏小	查看冷却水泵是否故障或者阀门开启不够
		进水温度偏高	查看冷却塔是否故障或者冷却能力不够
		冷凝器换热不良	清除冷凝器中的水垢
蒸发器	蒸发温度偏高/高压保护	冷冻水量偏小	查看冷冻水泵是否故障或者阀门开启不够
		进水温度偏高	膨胀阀开度不够或者制冷剂不足

续表

部件	问题和故障	原因分析	解决办法
蒸发器	蒸发温度偏高/高压保护	蒸发器换热不良	清除蒸发器中的水垢
		膨胀阀堵塞	拆卸清洗
		干燥过滤器堵塞	更换
		制冷剂管路节流	找出节流原因并检修

11.1.3 冷却塔常见故障及分析（见表 11-3）

表 11-3 冷却塔常见故障及分析

部件	问题和故障	原因分析	解决办法
冷却塔风机	运行噪声或振动过大	某处紧固部件松动或脱落	紧固或补充
		风机轴承缺油或损坏	加油或更换轴承
		风机叶片与其他部件碰撞	修理
		风机转速过高，通风量太大	调整风机转速或者叶片角度
		皮带与防护罩摩擦	张紧皮带，紧固防护罩
塔体	滴水声过大	填料下水偏流	查明原因，使其均匀流动
		冷却水水量过大	控制流量
配水槽	配水槽溢水	配水槽出水孔堵塞	清除堵塞物
	配水槽布水不均	循环水量不足	加大循环水量或者更换容量匹配冷却塔
	有明显飘水现象	循环水量过大	调整合适水量或者更换容量匹配冷却塔
		通风量过大	降低风机转速或调整风机叶片角度或者更换合适风量的冷却塔
		挡水板安装位置不当	调整位置
集水槽	集水槽水量不足	浮球阀损坏或开度不够	修复
	集水槽溢水	浮球阀失灵损坏	修复
出水管	出水温度过高	循环水量过大	降低循环水量
		布水不均	增大循环水量
		进出空气不畅	查明原因
		进水温度过高	查冷水机组方面问题
		室外湿球温度过高	无法解决

11.1.4 空调水泵常见故障及分析（见表 11-4）

表 11-4 空调水泵常见故障及分析

部件	问题和故障	原因分析	解决办法
轴承	轴承温度过高	润滑油不足	补充
		润滑油老化或油脂不佳	清洗后换油
		轴承安装不正确或者间隙不合适	重新安装轴承或者更换
泵体	泵内有异响	泵内有空气，发生气蚀	查明原因，杜绝吸入空气
		泵内有固体异物	拆泵清理
	泵体有振动	地脚螺栓松动	拧紧
		泵内有空气，发生气蚀	查明原因，杜绝吸入空气
		轴承损坏	更换
		叶轮损坏	修复或更换
出水管	在运行中突然停止出水	进水管（口）堵塞	清理堵塞物
		有大量空气吸入	检查进水口、管的严密性，以及轴封的密封性
		叶轮严重损坏	更换叶轮

11.1.5 风机常见故障及分析（见表 11-5）

表 11-5 风机常见故障及分析

部件	问题和故障	原因分析	解决办法
轴承	轴承温升过高	润滑油不够	补充
		润滑油质量不良	清洗后换油
		轴承损坏	更换
		风机轴与电动机轴不同心	调整两轴同心
机壳	噪声过大	叶轮与进风口或机壳有摩擦	紧固或修复
		轴承部件损坏，间隙过大	更换或调整
		转速过高	降低转速或者更换合适风机
	振动过大	地脚或其他连接螺栓、螺母松动	拧紧
		轴承磨损或松动	更换或调整
		叶轮上附有不均匀附着物	清洁
		风机轴与电动机轴不同心	调整同心

11.1.6　风阀、风管及风口常见故障及分析（见表 11-6）

表 11-6　风阀、风管及风口常见故障及分析

部件	问题和故障	原因分析	解决办法
风阀	风阀转不动或不灵活	异物卡住	清除异物
		传动连杆接头生锈	加煤油松动，并加润滑油
	风阀关不严	安装或使用后变形	校正
		制造质量太差	修理或更换
风管/风口	送风量过大	风口阀门开度较大	关小到合适开度
		风速偏大	调整风机转速或者更换风机
	送风温度偏低	室温设定值偏低	调节到合适值
		冷冻水温度偏低	检查冷水机
		冷冻水流量偏大	关小水阀
		新回风比不合适	调节到合适比例
	风管漏风	法兰连接处不严密	拧紧螺栓或更换橡胶垫
		其他连接处不密封	用玻璃胶或万能胶封堵

11.2　通风空调部分故障维修与处理

11.2.1　某车站风机电机轴承故障维修与处理

1. 故障现象

某车站工作人员在巡检时发现车站 A 端环控机房内回排风机有异响，当即就地停机，随后切断电源。

2. 故障影响

车站 A 端通风大系统无法正常运作。

3. 故障分析

风机异响原因主要如下：

（1）三相电压不平衡。

（2）叶轮变形。

（3）轴承损坏。

经过排查判断，本故障由风机轴承磨损严重所致，需更换风机电机轴承。

4. 故障处理

1）工器具准备

扳手、卡簧钳、螺丝刀、撬杠、榔头、拉马等。

2）拆卸轴承步骤

（1）拆卸平键，用一字螺丝刀顶在平键与轴承端面缝隙处，一字螺丝刀保持向上的仰角，轻轻敲击使平键退出。

（2）拆卸轴承盖，松掉端盖预紧螺栓，用撬杠撬松端盖。

（3）双手分开 180°均匀使力，撬出端盖，拆除端盖。

（4）拆卸卡簧，将轴承内盖退掉，用拉马卡住轴承外圈。

（5）加压使拉马轻轻预紧，再观察拉马是否保持平行。

（6）确认拉马调整合适后加压，当听到“噔”的一声后，说明轴承已松，此时继续加压，直到退出轴承为止。

3）轴承安装步骤

（1）将轴承放入轴承挡位置，使用软金属方形杆垫在轴承内圈，沿圆周轻轻敲击，稍稍预紧之后观察轴承是否保持合适位置，观察轴承的水平度、平行度等。

（2）使用另外一块废旧轴承垫在需要更换的轴承外面，然后用软金属方形杆敲击轴承内圈，直至需要更换的轴承安装到位。

（3）将轴承内、外盖清理干净，涂抹新的润滑脂。润滑脂填充量为 25 g，轴承需饱和填充，润滑脂填充至轴承 100% 空间，轴承内盖和轴承外盖分别填充 1/2，填充完润滑脂后，将轴承内盖用力紧贴在轴承上。

（4）安装电机端盖，用榔头轻轻敲击端盖外侧加强筋部位，缓慢预紧，注意要均匀敲击，使端盖平行装入。

（5）敲击到位后，用轴承盖螺栓找正。如果轴承内盖与端盖螺栓孔有偏移，需一只手旋转端盖，另一只手用螺栓找正孔位，找正后进行适当预紧。

（6）装配电机端盖，找正后将端盖与机座预紧，并安装到位。预紧过程中需均匀用力，不能把一个螺栓预拧紧到位后再预紧另外一个螺栓。

（7）取下找正螺栓，装配轴承盖，装配完成后，用枕木垫在轴伸端面上，用榔头敲击枕木来释放装配应力。

11.2.2 某车站冷水机组油位开关故障维修与处理

1. 故障现象

某车站工作人员在调试冷水机组 LS-1 时发现设备无法启动，操作界面显示油位开关报警，清除历史事件后，尝试开机仍然无法启动。

2. 故障影响

因 LS-1 冷水机组无法开启，LS-2 开启后降温效果不佳，站内舒适度较差。

3. 故障分析

有两个原因会导致冷水机组无法启动，显示油位开关报警故障：

（1）冷水机组内冷冻机油少。

（2）冷冻机油油位开关故障。

通过视油镜观察油位正常，排除冷冻机油少的原因，如故障定位在第 2 个原因需更换油位开关。

4. 故障处理

1）工器具准备

扳手、真空泵、检漏仪、螺丝刀、肥皂粉等。

2）更换步骤

（1）打开压缩机吸、排气两端的大工艺球阀，利于油的排放。

（2）从压缩机中部最低点工艺球阀放油。

（3）放一段时间后待放油管中的油呈泡沫状，打开压缩机排气端的放气阀，直至无油流出为止。

（4）无油流出后，从面板端压缩机接线盒下方端盖处放油，铺好纸板、塑料袋保证油流入油桶内，然后拆下端盖（油位开关位于端盖内）。

（5）从八孔端盖取出旧油位开关，取出要更换的新的油位开关，用钳形表测量油位开关两接线端子是否良好导通，油位开关安装好后，重新测量油位开关端子的导通情况，油位开关动作是否灵活。

（6）抽真空。安装好油位开关所在的端盖，用放油管连接真空泵与压缩机排气端的放气孔进行抽真空。抽真空 1 h 左右后，用真空计测量压缩机的真空度（真空度不小于 1 000 Pa），测量真空度时在抽真空的放气孔处测量。

（7）真空度达到要求后，抽真空的同时进行注油操作。

（8）检漏。用肥皂液对设备上各阀出口处进行检漏测试。

（9）检漏结束后，给机组送电预热 8 h 后开机测试。

11.2.3　某车站水泵机械密封故障维修与处理

1. 故障现象

某车站冷水机房内冷却水泵泵体下端滴水。

2. 故障影响

无明显影响，但泵体漏水需处理。

3. 故障分析

导致泵体漏水的主要原因有两个。

（1）泵壳腐蚀穿孔。

（2）机械密封损坏。

经过排除，泵壳无穿孔，漏水属机械密封磨损所致，需更换机械密封。

4. 故障处理

1）工器具准备

活动扳手、套筒扳手、一字螺丝刀、砂纸、干净棉布、润滑脂等。

2）机封拆卸步骤

（1）关闭水泵电源，断开水泵总电源，并做好警示标志，谨防拆卸时误送电。

（2）对称拆开泵体端盖螺丝。

（3）将电机连带叶轮全部抽出，用套筒扳手松开叶轮固定螺栓。

（4）用拉马将叶轮向外拉，如拉不动可用小木块垫在叶轮上，用锤子敲击，并缓慢转动叶轮。如是铸铁叶轮，应注意防止拉马将叶轮拉裂。

（5）拆下叶轮后，观察机械密封状态，先将动环慢慢往外抽出拆下，如比较紧可使用润滑油喷在轴上，取下动环。

（6）取下动环后，可见机械密封静环，静环嵌于泵体口处，可用小一字形螺丝刀轻轻撬动，注意静环外圈有 L 形或 O 形密封圈，撬动时要防止将密封圈撬坏。

3）机械密封安装步骤

（1）对泵轴进行清理，必要时可用砂纸轻轻打磨，用干净布将泵轴及静环槽擦干净，注意一定不能有杂物小颗粒。

（2）在电机轴及静环槽内涂上润滑脂，用干净棉布将新机械密封静环擦干净，在静环外圈及端面也涂上润滑脂，然后将静端面朝外环嵌入静环槽内，注意一定要平整。

（3）将动环擦干净后在内圈及端面涂上润滑脂，端面朝内轻轻旋转慢慢将动环与静环端面贴紧，将动环弹簧压紧。

（4）将叶轮套上泵轴，用小木块垫在叶轮上，用锤子轻轻敲击，将叶轮安装到位，拧紧叶轮固定螺栓。

（5）将电机及叶轮插入泵体，注意端盖外圈的 O 形圈不要压坏，调整叶轮位置，防止盘动叶轮口环处有卡阻现象，均匀拧紧端盖螺栓，检查叶轮是否有卡阻，并做相应调整。

思政拓展

大国工匠金其福：这个“钳工状元”有点轴

在制造业高质量发展的今天，我们该怎样当一名合格的技术工人？河南中原特钢装备制造有限公司“钳工状元”金其福的回答是：要有一股轴劲儿。

这个从两眼一抹黑的学徒工成长起来的省级“钳工状元”，从业 18 年以来，几乎都在做着同样的一件事——与机械设备改造和维修难题较劲。带着这股轴劲儿，他先后获得“河南省五一劳动奖章”“河南省十大能工巧匠”“全国五一劳动奖章”“中原大工匠”等诸多荣誉，成为享受“国务院政府特殊津贴”钳工技能专家。

大国工匠金其福

“作为一名合格技术工人，不仅要保质保量完成生产任务，更要善于解决问题，敢于向技术为企业要效益。”“匠心就是要有责任担当，有精益求精的精神。”金其福说。

思考与习题

1. 简述冷却塔常见的故障现象以及分析产生这些故障的原因并描述解决办法。
2. 简述风阀常见的故障现象以及分析产生这些故障的原因并描述解决办法。

附　录

附录 1　圆形风管单位长度摩擦阻力线算图

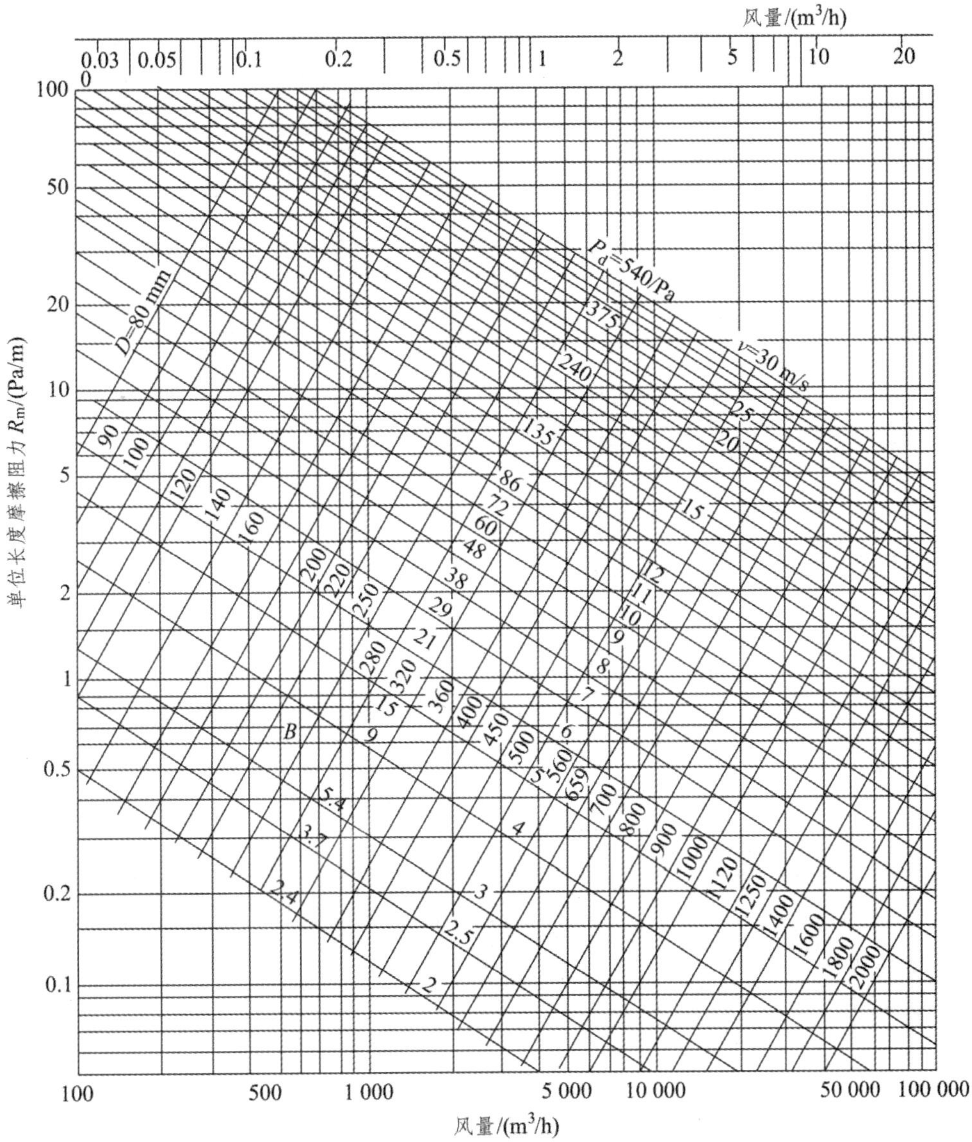

附录 2　部分圆形钢管风管计算表

速度/（m/s）	动压/Pa	风管断面直径/mm　[上行：风量/（m^3/h）]　[下行：单位摩擦阻力/（Pa/m）]								
		100	120	140	160	180	200	220	250	280
1.0	0.60	28	40	55	71	91	112	135	175	219
		0.22	0.17	0.14	0.12	0.10	0.09	0.08	0.07	0.06
1.5	1.35	42	60	82	107	136	168	202	262	329
		0.45	0.36	0.29	0.25	0.21	0.19	0.17	0.14	0.12
2.0	2.40	55	80	109	143	181	224	270	349	439
		0.76	0.60	0.49	0.42	0.36	0.31	0.28	0.24	0.21
2.5	3.75	69	100	137	179	226	280	337	437	548
		1.13	0.90	0.74	0.62	0.54	0.47	0.42	0.36	0.31
3.0	5.40	83	120	164	214	272	336	405	2	658
		1.58	1.25	1.03	0.87	0.75	0.66	0.58	0.50	0.43
3.5	7.35	97	140	191	250	317	392	472	611	768
		2.10	1.66	1.37	1.15	0.99	0.87	0.78	0.66	0.57
4.0	9.60	111	160	219	286	362	448	540	698	877
		2.68	2.12	1.75	1.48	1.27	1.12	0.99	0.85	0.74
4.5	12.15	125	180	246	322	408	504	607	786	987
		3.33	2.64	2.17	1.84	1.58	1.39	1.24	1.05	0.92
5.0	15.00	139	200	273	357	453	560	675	873	1 097
		4.05	3.21	2.64	2.23	1.93	1.69	1.50	1.28	1.11
5.5	18.15	152	220	300	393	498	616	742	960	1 206
		4.84	3.84	3.16	2.67	2.30	2.02	1.80	1.53	1.33
6.0	21.60	166	240	328	429	544	672	810	1 048	1 316
		5.69	4.51	3.72	3.14	2.71	2.38	2.12	1.80	1.57
6.5	25.35	180	260	355	465	589	728	877	1 135	1 425
		6.61	5.25	4.32	3.65	3.15	2.76	2.46	2.10	1.82
7.0	29.40	194	280	382	500	634	784	945	1 222	1 535
		7.60	6.03	4.96	4.20	3.62	3.17	2.83	2.41	2.10
7.5	33.75	208	300	410	536	679	840	1 012	1 310	1 645
		8.66	6.87	5.65	4.78	4.12	3.62	3.22	2.75	2.39
8.0	38.40	222	320	437	572	725	896	1 080	1 397	1 754
		9.78	7.76	6.39	5.40	4.66	4.09	3.64	3.10	2.70

附录 3　部分矩形钢板风管计算表

速度/（m/s）	动压/Pa	风管断面宽×高/（mm×mm）　[上行：风量/（m^3/h）]　[下行：单位摩擦阻力/（Pa/m）]								
		120	160	200	160	250	200	250	200	250
		120	120	120	160	120	160	160	200	200
1.0	0.60	50	67	84	90	105	113	140	141	176
		0.18	0.15	0.13	0.12	0.12	0.11	0.09	0.09	0.08
1.5	1.35	75	101	126	135	157	169	210	212	264
		0.36	0.30	0.27	0.25	0.25	0.22	0.19	0.19	0.16
2.0	2.40	100	134	168	180	209	225	281	282	352
		0.61	0.51	0.41	0.42	0.41	0.37	0.33	0.32	0.28
2.5	3.75	125	168	210	225	262	282	351	353	440
		0.91	0.77	0.68	0.63	0.62	0.55	0.49	0.47	0.42
3.0	5.40	150	301	252	270	314	338	421	423	528
		1.27	1.07	0.95	0.88	0.87	0.77	0.68	0.66	0.58
3.5	7.35	175	235	294	315	366	394	491	494	616
		1.68	1.42	1.26	1.16	1.15	1.02	0.91	0.88	0.77
4.0	9.60	201	268	336	359	419	450	561	565	704
		2.15	1.81	1.62	1.49	1.47	1.30	1.16	1.12	0.99
4.5	12.15	226	302	378	404	471	507	631	635	792
		2.67	2.25	2.01	1.85	1.83	1.62	1.45	1.40	1.23
5.0	15.00	251	336	421	449	523	563	702	706	880
		3.25	2.74	2.45	2.25	2.23	1.97	1.76	1.70	1.49
5.5	18.15	276	369	463	494	576	619	772	776	968
		3.88	3.27	2.92	2.69	2.66	2.36	2.10	2.03	1.79
6.0	21.60	301	403	505	539	628	676	842	847	1 056
		4.56	3.85	3.44	3.17	3.13	2.77	2.48	2.39	2.10
6.5	25.35	326	436	547	584	681	732	912	917	1 144
		5.30	4.47	4.00	3.68	3.64	3.22	2.88	2.78	2.44
7.0	29.40	351	470	589	629	733	788	982	988	1 232
		6.09	5.14	4.59	4.23	4.18	3.70	3.31	3.19	2.81
7.5	33.75	376	503	631	674	785	845	1 052	1 059	1 320
		6.94	5.86	5.23	4.82	4.77	4.22	3.77	3.64	3.20
8.0	38.40	401	537	673	719	838	901	1 123	1 129	1 408
		7.84	6.62	5.91	5.44	5.39	4.77	4.26	4.11	3.61

附录 4　湿空气的焓湿图

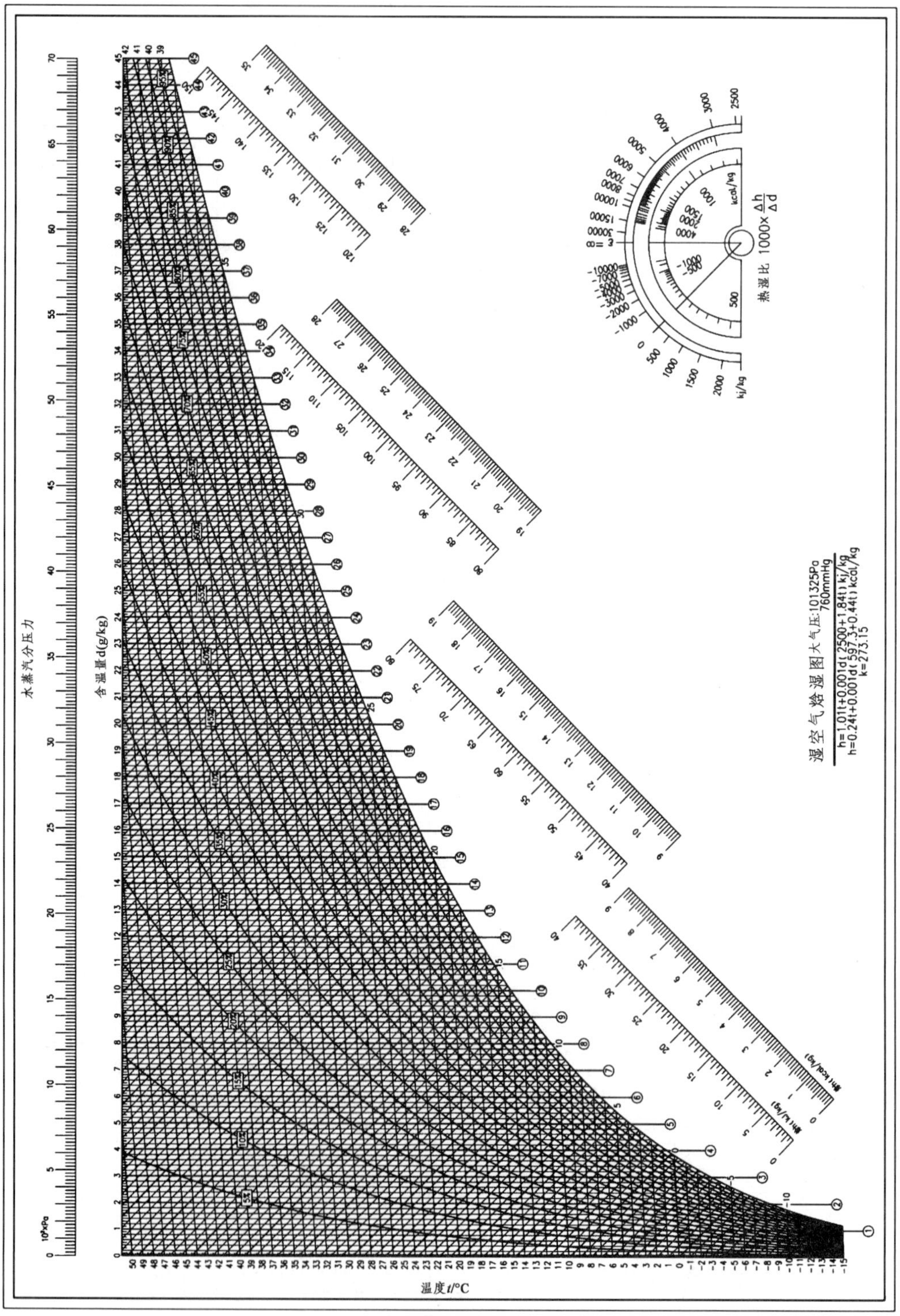
水蒸汽分压力
10^3kPa
含湿量d(g/kg)
温度t/°C
热湿比 1000×Δh/Δd
kJ/kg
kcal/kg
湿空气焓湿图 大气压:101325Pa 760mmHg
h=1.01t+0.001d(2500+1.84t) kJ/kg
h=0.24t+0.001d(597.3+0.44t) kcal/kg
k=273.15

附录 5　部分城市室外空气计算参数

地名	大气压力/Pa		室外空气计算干球温度/ °C		室外空气计算参数		室外平均风速/(m/s)	
	冬季	夏季	冬季	夏季	夏季湿球温度/ °C	冬季相对湿度/%	冬季	夏季
北　京	1 021.7	1 000.2	−12	33.2	26.4	45	2.8	1.9
天　津	1 021.7	1 005.2	−11	33.4	26.9	53	3.1	2.6
沈　阳	1 020.8	1 000.9	−22	31.4	25.4	64	3.1	2.9
石家庄	1 017.3	995.9	−11	35.1	26.6	52	1.8	1.5
哈尔滨	1 004.2	987.7	−29	30.3	23.4	74	3.8	3.5
上　海	1 025.4	1 005.4	−4	34	28.2	75	3.1	3.2
南　京	1 025.5	1 004.3	−6	34.8	28.1	76	2.4	2.6
徐　州	1 022.1	1 000.8	−8	34.3	27.6	66	2.3	2.6
武　汉	1 023.5	1 002.1	−5	35.2	28.4	77	1.8	2.0
长　沙	1 019.6	999.2	−3	35.8	27.7	83	2.3	2.6
广　州	1 019.0	1 004.0	5	34.2	27.8	72	1.7	1.7
重　庆	980.6	963.8	2	35.5	26.5	83	1.1	1.5
成　都	963.7	948	1	31.8	26.4	83	0.9	1.2
昆　明	811.9	808.2	1	26.2	20	68	2.2	1.8
贵　阳	897.4	887.8	−3	30.1	23	80	2.1	2.1
西　安	979.1	959.8	−8	35.0	25.8	66	1.4	1.9
兰　州	851.5	843.2	−13	31.2	20.1	54	0.5	1.2
乌鲁木齐	924.6	911.2	−27	33.5	18.2	78	1.6	3.0
西　宁	774.4	772.9	−15	26.5	16.6	45	1.3	1.5

附录 6　屋面构造类型及传热系数

序号	构造	壁厚 δ /mm	保温层 材料	保温层 厚度/mm	导热热阻/ (m^2 ·K/W)	传热系数/[W/(m^2 · K)]	单位质量/ (kg/m^2)	热容量/ [kJ/(m^2 ·K)]	类型
1	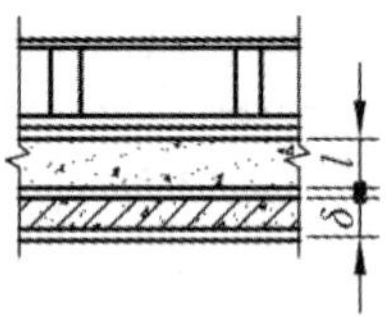 1. 预制细石混凝土板 25 mm，表面喷白色水泥浆； 2. 通风层不小于 200 mm； 3. 卷材防水层； 4. 水泥砂浆找平层 20 mm； 5. 保温层； 6. 隔汽层； 7. 找平层 20 mm； 8. 预制钢筋混凝土板； 9. 内粉刷	35	水泥膨胀珍珠岩	25	0.77	1.07	292	247	Ⅳ
				50	0.98	0.87	301	251	Ⅳ
				75	1.20	0.73	310	260	Ⅲ
				100	1.41	0.64	318	264	Ⅲ
				125	1.63	0.56	327	272	Ⅲ
				150	1.84	0.50	336	277	Ⅲ
				175	2.06	0.45	345	281	Ⅱ
				200	2.27	0.41	353	289	Ⅱ
			沥青膨胀珍珠岩	25	0.82	1.01	292	247	Ⅳ
				50	1.09	0.79	301	251	Ⅳ
				75	1.36	0.65	310	260	Ⅲ
				100	1.63	0.56	318	264	Ⅲ
				125	1.89	0.49	327	272	Ⅲ
				150	2.17	0.43	336	277	Ⅲ
				175	2.43	0.38	345	281	Ⅱ
				200	2.70	0.35	353	289	Ⅱ
			加气混凝土、泡沫混凝土	25	0.67	1.20	298	256	Ⅳ
				50	0.79	1.05	313	268	Ⅳ
				75	0.90	0.93	328	281	Ⅲ
				100	1.02	0.84	343	293	Ⅲ
				125	1.14	0.76	358	306	Ⅲ
				150	1.26	0.70	373	318	Ⅲ
				175	1.38	0.64	388	331	Ⅲ
				200	1.50	0.59	403	344	Ⅲ

续表

<table>
<tr><th rowspan="2">序号</th><th rowspan="2">构造</th><th rowspan="2">壁厚 δ /mm</th><th colspan="2">保温层</th><th rowspan="2">导热热阻/ (m^2 ·K/W)</th><th rowspan="2">传热系数/[W/(m^2 · K).]</th><th rowspan="2">单位质量/ (kg/m^2)</th><th rowspan="2">热容量/ [kJ/(m^2 ·K)]</th><th rowspan="2">类型</th></tr>
<tr><th>材料</th><th>厚度 /mm</th></tr>
<tr><td rowspan="24">2</td><td rowspan="24">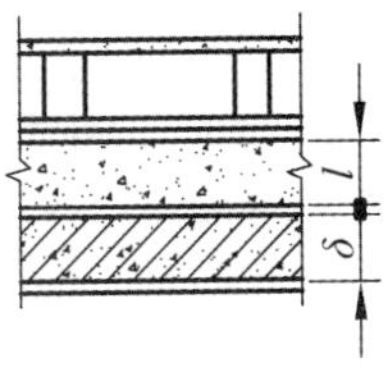
1. 预制细石混凝土板 25 mm，表面喷白色水泥浆；
2. 通风层不小于 200 mm；
3. 卷材防水层；
4. 水泥砂浆找平层 20 mm；
5. 保温层；
6. 隔汽层；
7. 找平层 20 mm；
8. 预制钢筋混凝土板；
9. 内粉刷</td><td rowspan="24">70</td><td rowspan="8">水泥膨胀珍珠岩</td><td>25</td><td>0.78</td><td>1.05</td><td>376</td><td>318</td><td>Ⅲ</td></tr>
<tr><td>50</td><td>1.00</td><td>0.86</td><td>385</td><td>323</td><td>Ⅲ</td></tr>
<tr><td>75</td><td>1.21</td><td>0.72</td><td>394</td><td>331</td><td>Ⅲ</td></tr>
<tr><td>100</td><td>1.43</td><td>0.63</td><td>402</td><td>335</td><td>Ⅲ</td></tr>
<tr><td>125</td><td>1.64</td><td>0.55</td><td>411</td><td>339</td><td>Ⅱ</td></tr>
<tr><td>150</td><td>1.86</td><td>0.49</td><td>420</td><td>348</td><td>Ⅱ</td></tr>
<tr><td>175</td><td>2.07</td><td>0.44</td><td>429</td><td>352</td><td>Ⅱ</td></tr>
<tr><td>200</td><td>2.29</td><td>0.41</td><td>437</td><td>360</td><td>Ⅰ</td></tr>
<tr><td rowspan="8">沥青膨胀珍珠岩</td><td>25</td><td>0.83</td><td>1.00</td><td>376</td><td>318</td><td>Ⅲ</td></tr>
<tr><td>50</td><td>1.11</td><td>0.78</td><td>385</td><td>323</td><td>Ⅲ</td></tr>
<tr><td>75</td><td>1.38</td><td>0.65</td><td>394</td><td>331</td><td>Ⅲ</td></tr>
<tr><td>100</td><td>1.64</td><td>0.55</td><td>402</td><td>335</td><td>Ⅲ</td></tr>
<tr><td>125</td><td>1.91</td><td>0.48</td><td>411</td><td>339</td><td>Ⅱ</td></tr>
<tr><td>150</td><td>2.18</td><td>0.43</td><td>420</td><td>348</td><td>Ⅱ</td></tr>
<tr><td>175</td><td>2.45</td><td>0.38</td><td>429</td><td>352</td><td>Ⅱ</td></tr>
<tr><td>200</td><td>2.72</td><td>0.35</td><td>437</td><td>360</td><td>Ⅰ</td></tr>
<tr><td rowspan="8">加气混凝土、泡沫混凝土</td><td>25</td><td>0.69</td><td>1.16</td><td>382</td><td>323</td><td>Ⅲ</td></tr>
<tr><td>50</td><td>0.81</td><td>1.02</td><td>397</td><td>335</td><td>Ⅲ</td></tr>
<tr><td>75</td><td>0.93</td><td>0.91</td><td>412</td><td>348</td><td>Ⅲ</td></tr>
<tr><td>100</td><td>1.05</td><td>0.83</td><td>427</td><td>360</td><td>Ⅱ</td></tr>
<tr><td>125</td><td>1.17</td><td>0.74</td><td>442</td><td>373</td><td>Ⅱ</td></tr>
<tr><td>150</td><td>1.29</td><td>0.69</td><td>457</td><td>385</td><td>Ⅱ</td></tr>
<tr><td>175</td><td>1.41</td><td>0.64</td><td>442</td><td>398</td><td>Ⅰ</td></tr>
<tr><td>200</td><td>1.53</td><td>0.59</td><td>487</td><td>411</td><td>Ⅰ</td></tr>
</table>

附录 7　外墙结构类型及传热系数

序号	构　造	壁厚 δ /mm	保温厚 /mm	导热热阻/(m² · K/W)	传热系数/[W/(m² · K)]	单位质量/(kg/m²)	热容量/[kJ/(m² ·K)]	类型
1	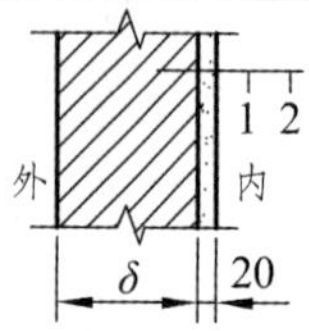 1. 砖墙； 2. 白灰粉刷	240 370 490		0.32 0.48 0.63	2.05 1.55 1.26	464 698 914	406 612 804	Ⅲ Ⅱ Ⅰ
2	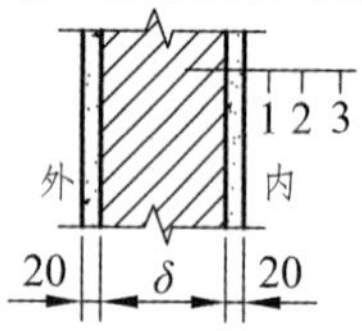 1. 水泥砂浆； 2. 砖墙； 3. 白灰粉刷	240 370 490		0.34 0.50 0.65	1.97 1.50 1.22	500 734 950	436 645 834	Ⅲ Ⅱ Ⅰ
3	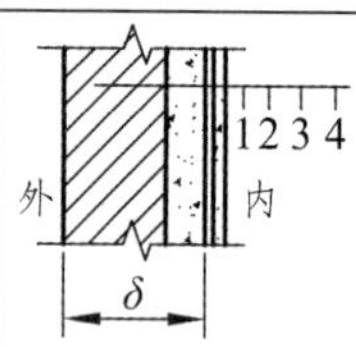 1. 砖墙； 2. 泡沫混凝土； 3. 木丝板； 4. 白灰粉刷	240 370 490		0.95 1.11 1.26	0.90 0.78 0.70	534 768 984	478 683 876	Ⅱ Ⅰ 0
4	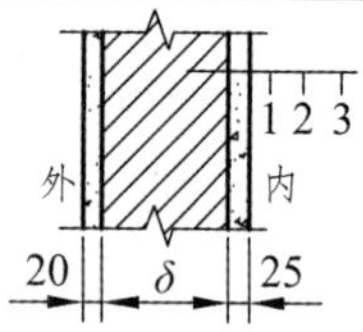 1. 水泥砂浆； 2. 砖墙； 3. 木丝板	240 370		0.47 0.63	1.57 1.26	478 712	432 608	Ⅲ Ⅱ

附录 8 外窗的传热系数

单位：W/（m^2·K）

玻璃	间隔/mm	间隔层充气体	玻璃传热系数 K_1	窗框	K_2
中空玻璃	6	空气	3.00	塑料	2.58～2.79
				铝合金	3.69～4.38
				PA 隔热铝合金	3.18～3.33
	12		2.60	塑料	2.34～2.47
				铝合金	3.38～4.13
				PA 隔热铝合金	2.70～3.09
辐射率≤0.25 Low-E 中空玻璃（在线）	6	空气	2.80	塑料	2.44～2.63
				铝合金	3.47～4.17
				PA 隔热铝合金	2.97～3.16
	9		2.20	塑料	2.09～2.13
				铝合金	2.99～3.81
				PA 隔热铝合金	2.51～2.79
	12		1.90	塑料	1.90
				铝合金	2.76～3.63
				PA 隔热铝合金	2.26～2.62
	6	氩气	2.40	塑料	2.26～2.30
				铝合金	3.17～3.91
				PA 隔热铝合金	2.66～2.93
	9		1.80	塑料	1.82～1.84
				铝合金	2.68～3.56
				PA 隔热铝合金	2.18～2.56
	12		1.70	塑料	1.73～1.79
				铝合金	2.60～3.50
				PA 隔热铝合金	2.11～2.50
辐射率≤0.15 Low-E 中空玻璃（离线）	12	空气	1.80	塑料	1.82～1.84
				铝合金	2.68～3.56
				PA 隔热铝合金	2.18～2.56
		氩气	1.50	塑料	1.58～1.67
				铝合金	2.45～3.38
				PA 隔热铝合金	1.94～2.39
双银 Low-E 中空玻璃	12	空气	1.70	塑料	1.73～1.79
				铝合金	2.60～3.50
				PA 隔热铝合金	2.11～2.50
		氩气	1.40	塑料	1.50～1.60
				铝合金	2.37～3.32
				PA 隔热铝合金	1.86～2.32

注：表中玻璃性能数据取自有关研究报告及厂家的产品样本，窗框对窗传热系数的影响是根据窗标比及窗框和玻璃的计算传热系数通过计算得出的，供参考。

其他类型的玻璃可参考其他有关资料。

附录 9　外墙冷负荷计算温度

单位：°C

时间	朝向							
	Ⅰ型外墙				Ⅱ型外墙			
	S	W	N	E	S	W	N	E
0	34.7	36.6	32.2	37.5	36.1	38.5	33.1	38.5
1	34.9	36.9	32.3	37.6	36.2	38.9	33.2	38.4
2	35.1	37.2	32.4	37.7	36.2	39.1	33.2	38.2
3	35.2	37.4	32.5	39.2	36.1	38.0	33.2	38.0
4	35.3	37.6	32.6	37.7	35.9	39.1	33.1	37.6
5	35.3	37.8	32.6	37.6	35.6	38.9	33.0	37.3
6	35.3	37.9	32.7	37.5	35.3	33.6	32.8	36.9
7	35.3	37.9	32.6	37.4	35.0	38.2	32.6	36.4
8	35.2	37.9	32.6	37.3	34.6	37.8	32.3	36.0
9	35.1	37.8	32.5	37.1	34.2	37.3	32.1	35.5
10	34.9	37.7	32.5	36.8	33.9	36.8	31.8	35.2
11	34.8	37.5	32.4	36.6	33.5	36.3	31.0	35.0
12	34.6	37.3	32.2	36.9	33.2	35.9	31.4	35.0
13	34.4	37.1	32.1	36.2	32.9	35.5	31.3	35.2
14	34.2	36.9	32.0	36.1	32.8	35.2	31.2	35.6
15	34.0	36.6	31.9	36.1	32.9	34.9	31.2	36.1
16	33.9	36.4	31.8	36.2	33.1	34.8	31.3	36.6
17	33.8	36.2	31.8	36.3	33.4	34.8	31.4	37.1
18	33.8	36.1	31.8	36.4	33.9	34.9	31.6	37.5
19	33.9	36.0	31.8	36.6	34.4	35.3	31.8	37.9
20	34.0	35.9	31.8	36.8	34.9	35.8	32.1	38.2
21	34.1	36.0	31.9	37.0	35.3	36.5	32.4	38.4
22	34.3	36.1	32.0	37.2	35.7	37.3	32.6	38.5
23	34.5	36.3	32.1	37.3	36.0	38.0	32.9	38.6
最大值	35.5	37.9	32.7	37.7	36.2	37.9	33.2	38.8
最小值	33.8	35.9	31.8	36.1	32.8	34.8	31.2	35.0

续附表

时间	朝向							
	Ⅰ型外墙				Ⅱ型外墙			
	S	W	N	E	S	W	N	E
0	38.1	42.9	34.7	39.1	37.8	44.0	34.9	38.0
1	37.5	42.5	34.4	38.4	36.8	42.6	34.3	37.0
2	36.9	41.8	34.1	37.6	35.8	41.0	33.6	35.9
3	36.1	40.8	33.6	36.7	34.7	39.5	32.9	34.9
4	35.3	39.8	33.1	35.9	33.8	38.0	32.1	33.9
5	34.5	38.6	32.5	35.0	32.8	36.5	31.4	32.9
6	33.7	37.5	31.9	34.1	31.9	35.2	30.7	32.0
7	33.0	36.4	31.3	33.3	31.1	33.9	30.0	31.1
8	32.2	35.4	30.8	32.5	30.3	32.8	29.4	30.6
9	31.5	34.4	30.3	32.1	29.7	31.9	29.1	30.8
10	30.9	33.5	30.0	32.1	29.3	31.3	29.1	32.0
11	30.5	32.8	29.8	32.8	29.3	30.9	29.2	33.9
12	30.4	32.4	29.8	34.1	29.8	30.9	29.6	36.2
13	30.6	32.1	30.0	35.6	30.8	31.1	30.1	38.5
14	31.3	32.1	30.3	37.2	32.3	31.6	30.7	40.3
15	32.3	32.3	30.7	38.5	34.1	32.3	31.5	41.4
16	33.5	32.8	31.3	39.5	36.1	33.5	32.3	41.9
17	34.9	33.7	31.9	40.2	37.8	35.3	33.1	42.1
18	36.3	35.0	32.5	40.5	39.1	37.7	33.9	42.0
19	37.4	36.7	33.1	40.7	39.9	40.3	34.5	41.7
20	38.1	38.7	33.6	40.7	40.2	42.8	35.0	41.3
21	38.6	40.5	34.1	40.6	40.0	44.6	35.5	40.7
22	38.7	42.0	34.5	40.2	39.5	45.3	35.6	39.9
23	38.5	42.8	34.7	39.7	38.7	45.0	35.4	39.0
最大值	38.7	42.9	34.7	40.7	40.2	45.3	35.6	42.1
最小值	30.4	32.1	29.8	32.1	29.3	30.9	29.1	30.6

附录 10　屋面冷负荷计算温度

单位：°C

时间	屋面类型					
	Ⅰ	Ⅱ	Ⅲ	Ⅳ	Ⅴ	Ⅵ
0	43.7	47.2	47.7	46.1	41.6	38.1
1	44.3	46.4	46.0	43.7	39.0	35.5
2	44.8	45.4	44.2	41.4	36.7	33.2
3	45.0	44.3	42.4	39.3	34.6	31.4
4	45.0	43.1	40.6	37.3	32.8	29.8
5	44.9	41.8	38.8	35.5	31.2	28.4
6	44.5	40.6	37.1	33.9	29.8	27.2
7	44.0	39.3	35.5	32.4	28.7	26.5
8	43.4	38.1	34.1	31.2	28.4	26.8
9	42.7	37.0	33.1	30.7	29.2	28.6
10	41.9	36.1	32.7	31.0	31.4	32.0
11	41.1	35.6	33.0	32.3	34.7	36.7
12	40.2	35.6	34.0	34.5	38.9	42.2
13	39.5	36.0	35.8	37.5	43.4	47.8
14	38.9	37.0	38.1	41.0	47.9	52.9
15	38.5	38.4	40.7	44.6	51.9	57.1
16	38.3	40.1	43.5	47.9	54.9	59.8
17	38.4	411.9	46.1	50.7	56.8	60.9
18	38.8	43.7	48.3	52.7	57.2	60.2
19	39.4	45.4	49.9	53.7	56.3	57.8
20	40.2	46.7	50.8	53.6	54.0	54.0
21	41.1	47.5	50.9	52.5	51.0	49.5
22	42.0	47.8	50.3	50.7	47.7	45.1
23	42.9	47.7	49.2	48.4	44.5	41.3
最大值	45.0	47.8	50.9	53.7	57.2	60.9
最小值	38.3	35.6	32.7	30.7	28.4	26.5

附录 11　部分典型城市外窗逐时冷负荷计算温度

单位：°C

地点	北京	天津	石家庄	太原	沈阳	大连	长春	哈尔滨	上海	南京	杭州	宁波
1	27.8	27.4	27.7	23.7	25.7	25.4	24.4	24.3	29.2	29.6	29.8	28.6
2	27.5	27.0	27.2	23.2	25.3	25.2	24.0	23.9	28.9	29.3	29.4	28.2
3	27.2	26.6	26.8	22.7	25.0	24.9	23.7	23.6	28.6	29.0	29.1	27.8
4	26.9	26.3	26.5	22.4	24.7	24.8	23.4	23.3	28.3	28.7	28.8	27.5
5	26.8	26.2	26.4	22.3	24.6	24.7	23.3	23.2	28.2	28.6	28.7	27.4
6	27.1	26.5	26.7	22.6	24.9	24.9	23.6	23.5	28.5	28.9	29.0	27.7
7	27.7	27.2	27.5	23.4	25.5	25.3	24.2	24.1	29.0	29.4	29.6	28.4
8	28.5	28.1	28.5	24.5	26.3	25.8	25.1	25.0	29.7	30.1	30.4	29.3
9	29.3	29.0	29.6	25.6	27.2	26.3	25.9	25.9	30.5	30.9	31.3	30.2
10	30.0	29.9	30.6	26.7	27.9	26.8	26.8	26.8	31.2	31.6	32.0	31.1
11	30.8	30.8	31.6	27.8	28.7	27.3	27.6	27.7	31.9	32.3	32.8	32.0
12	31.5	31.6	32.5	28.7	29.4	27.7	28.3	28.4	32.5	32.9	33.5	32.8
13	32.1	32.2	33.2	29.5	30.0	28.1	28.9	29.1	33.1	33.5	34.1	33.4
14	32.4	32.6	33.6	30.0	30.4	28.3	29.3	29.4	33.4	33.8	34.5	33.8
15	32.4	32.7	33.7	30.0	30.4	28.3	29.3	29.5	33.4	33.8	34.5	33.9
16	32.3	32.5	33.5	29.8	30.2	28.2	29.2	29.3	33.3	33.7	34.3	33.7
17	32.0	32.2	33.2	29.5	30.0	28.1	28.9	29.1	33.1	33.5	34.1	33.4
18	31.5	31.6	32.5	28.8	29.5	27.7	28.4	28.5	32.6	33.0	33.6	32.8
19	30.8	30.8	31.6	27.8	28.8	27.3	27.6	27.7	31.9	32.3	32.9	32.0
20	30.1	30.0	30.7	26.8	28.0	26.8	26.9	26.9	31.3	31.7	32.1	31.2
21	29.6	29.4	30.0	26.1	27.5	26.5	26.3	26.3	30.8	31.2	31.6	30.6
22	29.1	28.8	29.3	25.4	27.0	26.2	25.8	25.7	30.3	30.7	31.1	30.0
23	28.7	28.3	28.8	24.8	26.6	25.9	25.3	25.3	30.0	30.4	30.7	29.5
24	28.3	27.9	28.3	24.3	26.2	25.7	24.9	24.8	29.6	30.0	30.3	29.1

附录 12　夏季透过标准玻璃窗日射得热因数最大值

单位：W/m^2

城市	北京	天津	上海	福州	长沙	昆明	长春	贵阳	武汉	成都	乌鲁木齐
东	579	534	529	574	575	572	577	574	577	480	639
南	312	299	210	158	174	149	362	161	198	208	372
西	579	534	529	574	575	572	577	574	577	480	639
北	133	143	145	139	138	138	130	139	137	157	121
城市	太原	石家庄	南京	厦门	广州	拉萨	沈阳	合肥	青岛	海口	西宁
东	579	579	533	525	524	736	533	533	534	521	691
南	287	290	216	156	152	186	330	215	265	149	254
西	579	579	533	525	524	736	533	533	534	521	691
北	136	136	136	146	147	147	140	146	146	150	127
城市	哈尔滨	郑州	重庆	银川	杭州	南昌	济南	南宁	兰州	深圳	西安
东	575	534	480	579	532	576	534	523	640	525	534
南	384	248	202	295	198	177	272	151	251	159	243
西	575	534	480	579	532	576	534	523	640	525	534
北	128	146	157	135	145	138	145	148	128	147	146

附录 13　透过遮阳标准玻璃太阳辐射冷负荷系数

地点	北京							
房间类型	轻				重			
朝向	东	南	西	北	东	南	西	北
1	0.03	0.05	0.03	0.11	0.07	0.10	0.08	0.20
2	0.02	0.03	0.02	0.08	0.06	0.09	0.07	0.18
3	0.02	0.03	0.02	0.07	0.05	0.08	0.07	0.16
4	0.01	0.02	0.01	0.05	0.05	0.08	0.06	0.15
5	0.01	0.02	0.01	0.05	0.06	0.07	0.06	0.14
6	0.13	0.06	0.03	0.23	0.18	0.10	0.07	0.31
7	0.30	0.11	0.06	0.38	0.32	0.13	0.09	0.40
8	0.43	0.16	0.09	0.37	0.41	0.18	0.10	0.38
9	0.55	0.24	0.12	0.50	0.48	0.24	0.13	0.47
10	0.58	0.34	0.14	0.60	0.49	0.33	0.14	0.55
11	0.56	0.46	0.16	0.69	0.45	0.43	0.16	0.61
12	0.17	0.44	0.17	0.75	0.21	0.42	0.17	0.66
13	0.18	0.63	0.22	0.79	0.21	0.55	0.22	0.69
14	0.19	0.65	0.31	0.80	0.21	0.55	0.30	0.71
15	0.19	0.62	0.42	0.80	0.21	0.52	0.40	0.71
16	0.17	0.54	0.52	0.74	0.20	0.46	0.48	0.68
17	0.15	0.28	0.59	0.70	0.18	0.30	0.52	0.65
18	0.13	0.24	0.60	0.67	0.16	0.26	0.52	0.66
19	0.09	0.17	0.48	0.50	0.13	0.21	0.40	0.53
20	0.07	0.13	0.07	0.29	0.11	0.17	0.13	0.36
21	0.06	0.11	0.06	0.25	0.10	0.16	0.12	0.32
22	0.04	0.08	0.04	0.19	0.09	0.14	0.11	0.28
23	0.04	0.07	0.04	0.17	0.08	0.13	0.10	0.25
24	0.03	0.05	0.03	0.13	0.07	0.11	0.09	0.22

续表

地点	西安							
房间类型	轻				重			
朝向	0.03	0.06	0.03	0.10	0.07	0.12	0.08	0.19
1	0.02	0.05	0.02	0.08	0.06	0.11	0.08	0.17
2	0.02	0.04	0.02	0.07	0.06	0.10	0.07	0.15
3	0.01	0.03	0.01	0.05	0.05	0.09	0.06	0.14
4	0.01	0.03	0.01	0.04	0.05	0.08	0.05	0.13
5	0.11	0.07	0.03	0.18	0.18	0.12	0.07	0.27
6	0.27	0.14	0.07	0.34	0.31	0.17	0.10	0.36
7	0.42	0.21	0.10	0.43	0.41	0.22	0.12	0.41
8	0.54	0.30	0.13	0.48	0.48	0.30	0.14	0.46
9	0.59	0.40	0.16	0.59	0.48	0.39	0.16	0.54
10	0.57	0.51	0.19	0.68	0.45	0.47	0.18	0.61
11	0.20	0.53	0.20	0.74	0.22	0.48	0.19	0.65
12	0.22	0.67	0.25	0.79	0.23	0.58	0.26	0.69
13	0.22	0.68	0.34	0.80	0.23	0.57	0.35	0.70
14	0.22	0.65	0.46	0.79	0.23	0.54	0.44	0.70
15	0.20	0.44	0.55	0.75	0.21	0.41	0.51	0.67
16	0.18	0.39	0.60	0.69	0.19	0.37	0.52	0.65
17	0.14	0.32	0.58	0.63	0.17	0.32	0.48	0.61
18	0.10	0.22	0.10	0.37	0.13	0.25	0.16	0.40
19	0.08	0.17	0.08	0.29	0.12	0.21	0.14	0.34
20	0.07	0.14	0.07	0.24	0.11	0.19	0.12	0.30
21	0.05	0.11	0.05	0.19	0.09	0.17	0.11	0.27
22	0.04	0.09	0.04	0.16	0.08	0.15	0.10	0.24
23	0.03	0.07	0.03	0.12	0.07	0.13	0.09	0.21
24	0.03	0.05	0.03	0.13	0.07	0.11	0.09	0.22

附录 14　照明散热冷负荷系数

灯具类型	空调设备运行时数/h	开灯时数/h	开灯后小时数											
			0	1	2	3	4	5	6	7	8	9	10	11
明装荧光灯	24	13	0.37	0.67	0.71	0.74	0.76	0.79	0.81	0.83	0.84	0.86	0.87	0.89
	24	10	0.37	0.67	0.71	0.74	0.76	0.79	0.81	0.83	0.84	0.86	0.87	0.29
	24	8	0.37	0.67	0.71	0.74	0.76	0.79	0.81	0.83	0.84	0.29	0.26	0.23
	16	13	0.60	0.87	0.90	0.91	0.91	0.93	0.93	0.94	0.94	0.95	0.95	0.96
	16	10	0.60	0.82	0.83	0.84	0.84	0.84	0.85	0.85	0.86	0.88	0.90	0.32
	16	8	0.51	0.79	0.82	0.84	0.85	0.87	0.88	0.89	0.90	0.29	0.26	0.23
	12	10	0.63	0.90	0.91	0.93	0.93	0.94	0.95	0.95	0.95	0.96	0.96	0.37
暗装荧光灯或明装白炽灯	24	10	0.34	0.55	0.61	0.65	0.68	0.71	0.74	0.77	0.79	0.81	0.83	0.39
	16	10	0.58	0.75	0.79	0.80	0.80	0.81	0.82	0.83	0.84	0.86	0.87	0.39
	12	10	0.69	0.86	0.89	0.90	0.91	0.91	0.92	0.93	0.94	0.95	0.95	0.50

灯具类型	空调设备运行时数/h	开灯时数/h	开灯后小时数											
			12	13	14	15	16	17	18	19	20	21	22	23
明装荧光灯	24	13	0.90	0.92	0.29	0.26	0.23	0.20	0.19	0.17	0.15	0.14	0.12	0.11
	24	10	0.26	0.23	0.20	0.19	0.17	0.15	0.14	0.12	0.11	0.10	0.09	0.08
	24	8	0.20	0.19	0.17	0.15	0.14	0.12	0.11	0.10	0.09	0.08	0.07	0.06
	16	13	0.96	0.97	0.29	0.26								
	16	10	0.28	0.25	0.23	0.19								
	16	8	0.20	0.19	0.17	0.15								
	12	10												
暗装荧光灯或明装白炽灯	24	10	0.35	0.31	0.28	0.25	0.23	0.20	0.18	0.16	0.15	0.14	0.12	0.11
	16	10	0.35	0.31	0.28	0.25								
	12	10												

附录 15　人体显热散热冷负荷系数

在室内的总小时数	每个人进入室内后的小时数											
	1	2	3	4	5	6	7	8	9	10	11	12
2	0.49	0.58	0.17	0.13	0.10	0.08	0.07	0.06	0.05	0.04	0.04	0.03
4	0.49	0.59	0.66	0.71	0.27	0.21	0.16	0.14	0.11	0.10	0.08	0.07
6	0.50	0.60	0.67	0.72	0.76	0.79	0.34	0.26	0.21	0.18	0.15	0.13
8	0.51	0.61	0.67	0.72	0.76	0.80	0.82	0.84	0.38	0.30	0.25	0.21
10	0.53	0.62	0.69	0.74	0.77	0.80	0.83	0.85	0.87	0.89	0.42	0.34
12	0.55	0.64	0.70	0.75	0.79	0.81	0.84	0.86	0.88	0.89	0.91	0.92
14	0.58	0.66	0.72	0.77	0.80	0.83	0.85	0.87	0.89	0.90	0.91	0.92
16	0.62	0.70	0.75	0.79	0.82	0.85	0.87	0.88	0.90	0.91	0.92	0.93
18	0.66	0.74	0.79	0.82	0.85	0.87	0.89	0.90	0.92	0.93	0.94	0.94

在室内的总小时数	每个人进入室内后的小时数											
	13	14	15	16	17	18	19	20	21	22	23	24
2	0.03	0.02	0.02	0.02	0.02	0.01	0.01	0.01	0.01	0.01	0.01	0.01
4	0.06	0.06	0.05	0.04	0.04	0.03	0.03	0.03	0.02	0.02	0.02	0.01
6	0.11	0.10	0.08	0.07	0.06	0.06	0.05	0.04	0.04	0.03	0.03	0.03
8	0.18	0.15	0.13	0.12	0.10	0.09	0.08	0.07	0.06	0.05	0.05	0.04
10	0.28	0.23	0.20	0.17	0.15	0.13	0.11	0.10	0.009	0.08	0.07	0.06
12	0.45	0.36	0.30	0.25	0.21	0.19	0.16	0.14	0.12	0.11	0.09	0.08
14	0.93	0.94	0.47	0.38	0.31	0.26	0.23	0.20	0.17	0.15	0.13	0.11
16	0.94	0.95	0.95	0.96	0.49	0.39	0.33	0.28	0.24	0.20	0.18	0.16
18	0.95	0.96	0.96	0.97	0.97	0.97	0.50	0.40	0.33	0.28	0.24	0.21

附录 16　有罩设备和用具显热潜热冷负荷系数

连续使用小时数	开始使用后的小时数											
	1	2	3	4	5	6	7	8	9	10	11	12
2	0.27	0.40	0.25	0.18	0.14	0.11	0.09	0.08	0.07	0.06	0.05	0.03
4	0.28	0.41	0.51	0.59	0.39	0.30	0.24	0.19	0.16	0.14	0.12	0.06
6	0.29	0.42	0.52	0.59	0.65	0.70	0.48	0.37	0.30	0.25	0.21	0.11
8	0.31	0.44	0.54	0.61	0.66	0.71	0.75	0.78	0.55	0.43	0.35	0.18
10	0.33	0.46	0.55	0.62	0.68	0.72	0.76	0.79	0.81	0.84	0.60	0.29
12	0.36	0.49	0.58	0.64	0.69	0.74	0.77	0.80	0.82	0.85	0.87	0.93
14	0.40	0.52	0.61	0.67	0.72	0.76	0.79	0.82	0.84	0.86	0.88	0.93
16	0.45	0.57	0.65	0.70	0.75	0.78	0.81	0.84	0.86	0.87	0.89	0.94
18	0.52	0.63	0.70	0.75	0.79	0.82	0.84	0.86	0.88	0.89	0.91	0.95
连续使用小时数	开始使用后的小时数											
	13	14	15	16	17	18	19	20	21	22	23	24
2	0.04	0.03	0.03	0.30	0.02	0.02	0.02	0.02	0.01	0.01	0.01	0.01
4	0.09	0.08	0.07	0.06	0.05	0.05	0.04	0.04	0.03	0.03	0.02	0.02
6	0.16	0.14	0.12	0.11	0.09	0.08	0.07	0.06	0.05	0.05	0.04	0.04
8	0.25	0.22	0.19	0.16	0.14	0.13	0.11	0.10	0.08	0.07	0.06	0.06
10	0.39	0.33	0.28	0.24	0.21	0.18	0.16	0.14	0.12	0.11	0.09	0.08
12	0.64	0.51	0.42	0.36	0.31	0.26	0.23	0.20	0.18	0.15	0.13	0.12
14	0.91	0.92	0.67	0.54	0.45	0.38	0.32	0.28	0.24	0.21	0.19	0.16
16	0.92	0.93	0.94	0.94	0.69	0.56	0.46	0.39	0.34	0.29	0.25	0.22
18	0.93	0.94	0.95	0.95	0.96	0.96	0.71	0.58	0.48	0.41	0.35	0.30

附录 17　无罩设备和用具显热潜热冷负荷系数

连续使用小时数	开始使用后的小时数											
	1	2	3	4	5	6	7	8	9	10	11	12
2	0.56	0.64	0.15	0.11	0.08	0.07	0.06	0.05	0.04	0.04	0.03	0.03
4	0.57	0.65	0.71	0.75	0.23	0.18	0.14	0.12	0.10	0.08	0.07	0.06
6	0.57	0.65	0.71	0.76	0.79	0.82	0.29	0.22	0.18	0.15	0.13	0.11
8	0.58	0.66	0.72	0.76	0.80	0.82	0.85	0.87	0.33	0.26	0.21	0.18
10	0.60	0.68	0.73	0.77	0.81	0.83	0.85	0.87	0.89	0.90	0.36	0.29
12	0.62	0.69	0.75	0.79	0.82	0.84	0.86	0.88	0.89	0.91	0.92	0.93
14	0.64	0.71	0.76	0.80	0.83	0.85	0.87	0.89	0.90	0.92	0.93	0.93
16	0.67	0.74	0.79	0.82	0.85	0.87	0.89	0.90	0.91	0.92	0.93	0.94
18	0.71	0.78	0.82	0.85	0.87	0.99	0.90	0.92	0.93	0.94	0.94	0.95
连续使用小时数	开始使用后的小时数											
	13	14	15	16	17	18	19	20	21	22	23	24
2	0.02	0.02	0.02	0.02	0.01	0.01	0.01	0.01	0.01	0.01	0.01	0.01
4	0.05	0.05	0.04	0.04	0.03	0.03	0.02	0.02	0.02	0.02	0.01	0.01
6	0.10	0.08	0.07	0.07	0.06	0.06	0.04	0.04	0.03	0.03	0.03	0.02
8	0.15	0.13	0.11	0.11	0.09	0.09	0.07	0.06	0.05	0.04	0.04	0.03
10	0.24	0.20	0.17	0.17	0.13	0.13	0.10	0.08	0.07	0.07	0.06	0.05
12	0.38	0.31	0.25	0.25	0.18	0.18	0.14	0.12	0.11	0.09	0.08	0.07
14	0.94	0.95	0.40	0.40	0.27	0.27	0.19	0.17	0.15	0.13	0.11	0.10
16	0.95	0.96	0.96	0.96	0.42	0.42	0.28	0.24	0.20	0.18	0.15	0.13
18	0.96	0.96	0.97	0.97	0.97	0.97	0.43	0.35	0.29	0.24	0.21	0.18

参考文献

[1] 田娟荣．通风与空调工程[M]．北京：机械工业出版社，2013．

[2] 陈昌进．城市轨道交通通风空调、给排水、低压配电检修工[M]．北京：人民交通出版社，2016．

[3] 杨婉．通风与空调工程[M]．北京：中国建筑工业出版社，2018．

[4] 徐勇．通风与空气调节工程[M]．北京：机械工业出版社，2015．

[5] 赵荣义，范存养，等．空气调节[M]．北京：中国建筑工业出版社，2009．

[6] 魏龙．制冷与空调设备[M]．北京：机械工业出版社，2013．

[7] 中华人民共和国住房和城乡建设部．GB 50736—2012 民用建筑供暖通风与空气调节设计规范[S]．北京：中国建筑工业出版社，2012．

[8] 中华人民共和国住房和城乡建设部．GB 50325—2020 民用建筑工程室内环境污染控制规范[S]．北京：中国计划出版社，2020．

[9] 国家质量监督检验检疫总局．GB/T 18883—2022 室内空气质量标准[S]．北京：中国标准出版社，2022．

[10] 中华人民共和国公安部．GB 50067—2014 汽车库、修车库、停车场设计防火规范[S]．北京：中国计划出版社，2014．

[11] 中华人民共和国住房和城乡建设部．GB 50016—2014 建筑设计防火规范[S]．北京：中国计划出版社，2014．

[12] 中华人民共和国公安部．GB 50045—95 高层民用建筑设计防火规范（2005 年版）[S]．北京：中国计划出版社，2005．

[13] 中华人民共和国国家标准．GB/T 51357—2019 城市轨道交通通风空气调节与供暖设计标准[S]．北京：中国建筑工业出版社，2019．

[14] 姚旭辉．建筑冷源系统能耗分析与节能研究[D]．北京：北京建筑大学，2016．

[15] 刘叶．商场中央空调系统能耗模拟与优化控制研究[D]．武汉：华中科技大学，2015．

[16] 曹旦．中央空调系统仿真与节能优化[D]．上海：东华大学，2016．

[17] 韦梓春．空调水系统设备运行优化分析[D]．北京：北京建筑大学，2014．